MW01711046

VIVRE UN COURS *en* MIRACLES

VIVRE UN COURS *en* MIRACLES

Jon Mundy, Ph.D.

Traduit de l'anglais par
Serge Allaire

ADA éditions

Éditeur : François Doucet
Traduction : Serge Allaire
Révision linguistique : Féminin pluriel
Correction d'épreuves : Nancy Coulombe, Katherine Lacombe
Montage de la couverture : Mathieu C. Dandurand
Design de la couverture : Karen Nelson
Image de la couverture : Brad Wilson/Photonica/Getty Images
Photo de la couverture : © Thinkstock
Mise en pages : Sébastien Michaud
ISBN papier 978-2-89752-259-9
ISBN PDF numérique 978-2-89752-260-5
ISBN ePub 978-2-89752-261-2
Première impression : 2014
Dépôt légal : 2014
Bibliothèque et Archives nationales du Québec
Bibliothèque Nationale du Canada

Éditions AdA Inc.
1385, boul. Lionel-Boulet
Varennes, Québec, Canada, J3X 1P7
Téléphone : 450-929-0296
Télécopieur : 450-929-0220
www.ada-inc.com
info@ada-inc.com

Diffusion

Canada :	Éditions AdA Inc.
France :	D.G. Diffusion
	Z.I. des Bogues
	31750 Escalquens — France
	Téléphone : 05.61.00.09.99
Suisse :	Transat — 23.42.77.40
Belgique :	D.G. Diffusion — 05.61.00.09.99

Imprimé au Canada

Participation de la SODEC.
Nous reconnaissons l'aide financière du gouvernement du Canada par l'entremise du Fonds du livre du Canada (FLC) pour nos activités d'édition.
Gouvernement du Québec — Programme de crédit d'impôt pour l'édition de livres — Gestion SODEC.

Catalogage avant publication de Bibliothèque et Archives nationales du Québec et Bibliothèque et Archives Canada

Mundy, Jon

[Living A Course in Miracles. Français]
Vivre Un cours en miracles : un guide essentiel au texte classique
Traduction de : Living A Course in Miracles.
ISBN 978-2-89752-259-9
1. Course in Miracles. 2. Vie spirituelle. I. Titre. II. Titre : Living A Course in Miracles. Français.

BP605.C68M8714 2014 299'.93 C2014-941933-3

Ce cours peut être résumé simplement ainsi :

Rien de réel ne peut être menacé.

Rien d'irréel n'existe.

En cela réside la paix de Dieu.

Tiré de l'introduction d'*Un Cours en miracles*

*

TABLE DES MATIÈRES

PARTIE II

La métaphysique des miracles

PARTIE III

Vivre *Un Cours en miracles*, son application

Références à *Un Cours en miracles*

Les citations et paraphrases extraites d'*Un Cours en miracles* proviennent de la troisième édition publiée par la Foundation for Inner Peace, traduite et publiée par les Éditions du Roseau. Leur emplacement est identifié par le numéro de chapitre, section, paragraphe et phrase comme dans (T-4.III.5:7). Les citations en italique placées au milieu et ne comportant aucune référence sont de moi.

T : Texte
E : Exercices
M : Manuel pour enseignants
C : Clarification des termes
P : La Psychothérapie : son but, son processus et sa pratique
Ch : Le Chant de la prière
In : Introduction
R : Révision

Les citations de la Bible sont tirées de la version Traduction Œcuménique de la Bible (TOB).

Une définition des termes

Quand, dans un paragraphe, les premiers mots que vous voyez apparaissent en caractères gras incluant le mot « est », c'est la définition d'un terme qui est fréquemment employé dans le Cours.

PARTIE I

TERMES ET CONCEPTS DE BASE

*

CHAPITRE 1

Il doit y avoir une autre façon

COMMENT CELA A-T-IL COMMENCÉ

Un bon enseignant clarifie ses propres idées
et les renforce en les enseignant.

T-4.I.1:1

Un Cours en miracles est le livre le plus sage, le plus sensé, le plus profond que je connaisse. C'est un document spirituel unique; un manuel autodidactique convaincant par sa beauté et son niveau de raffinement psychologique. C'est un classique moderne spirituel considéré par plusieurs comme le livre le plus important depuis la Bible. C'est manifestement un document qui appartient aux XXe et XXIe siècles, à la fois simple et savant. Il propose une façon *complètement* différente de voir, tout à fait à l'extérieur du royaume de ce que nous appelons l'ego et la vision physique. C'est aussi un livre pratique essentiel, car il tente de nous aider à cesser les machinations insensées de l'esprit, de nous guérir des faux cadres de référence, et de reprendre les rênes de notre esprit juste. Il améliore la confiance, l'honnêteté, la tolérance, la gentillesse, la joie, la vulnérabilité, la générosité, la patience, la fidélité, l'ouverture d'esprit et bien davantage. Ouvrez le livre à n'importe quelle page et lisez. Il y a des chances que le mot « tu » paraîtra sur cette page. Le Cours a été écrit pour vous ! En lisant le Cours, vous aurez l'impression d'être de retour à la maison et que vous vous entretenez avec un ami de longue date, que l'on vous réintègre à quelque chose de très familier – votre Vrai Soi.

Une philosophie radicale

Ce cours est une philosophie radicale puisqu'il nous demande un revirement total de nos pensées. Notre perception, y est-il dit, est sens dessus dessous et à l'envers. Nous devons cesser de chercher l'intérieur à l'extérieur. Nous devons faire un virage à 180°. Nous apprenons à voir le monde sous un éclairage totalement nouveau, non plus du point de vue de l'ego. Il s'agit maintenant de le voir totalement à partir du royaume de l'Esprit. Radical signifie « racine », et le Cours nous mène tout droit au cœur de notre problème fondamental – « la décision de l'esprit pour l'ego ». À ce moment, et seulement à ce moment, pouvons-nous défaire cette perception erronée « choisir encore une fois » et commencer à suivre un chemin qui nous ramène à la maison.

Vivre le Cours signifie arrêter de nous blâmer et par conséquent cesser de blâmer les autres. Vivre le Cours signifie nous affranchir du jugement, de la colère et de la condamnation. Cela signifie s'affranchir de la culpabilité et de la peur. Le but du cours est de récolter la paix et le bonheur. Il vise à nous mener jusqu'au Ciel. Prenez le livre, ouvrez-le à n'importe quelle page, commencez à lire, et vous direz d'emblée : « Génial ! Qui a écrit ceci ? » Nous y retrouvons une réflexion claire sur la vérité, merveilleusement écrite, et, si nous écoutons attentivement, il est aussi admirablement clair.

La simplicité est très difficile pour des esprits tordus.
T-14.II.2:3

Le Cours n'essaie pas d'enseigner ce qui ne peut être saisi facilement. Il est simple et franc. Il n'y va pas par quatre chemins. La vérité est vraie. La vérité est simple. Ce qui n'est pas simple, c'est que nous ne sommes pas simples. Nos esprits sont complexes. La vérité est cohérente. Nous sommes incohérents. Nous essayons d'accorder une part de notre allégeance à Dieu (l'amour) et une part à notre ego (la peur) ; et nous tombons entre les deux.

Les leçons que tu t'es enseignées
ont été tellement sur-apprises et fixées qu'elles montent comme
de lourds rideaux pour obscurcir le simple et l'évident.
T-31.I.3:3-4

Quoique le Cours soit simple, il est facile de le lire et ne pas le comprendre ou ne pas être prêt à l'accepter. Nous n'entendons pas ou « ne recevons pas » le Cours parce que nous avons sur-appris les leçons de l'ego et sommes si habitués à sa voix que nous ne savons même pas qu'il en existe une autre – la voix de la raison et de la santé d'esprit. Nous n'entendons pas le Cours parce que nous ne le voulons pas. Comme tous les enfants récalcitrants, nous avons un problème avec l'autorité. Qui parmi nous veut entendre que le

Soi que nous avons fabriqué et le monde que nous avons bâti pour l'accompagner ne sont pas réels ? Vivre le Cours signifie que je devrai renoncer entièrement à l'idée d'un Soi séparé, indépendant, et qui veut cela ?

Dans ce monde où tu sembles vivre, tu n'es pas chez toi. Et quelque part dans ton esprit, tu connais que c'est vrai.

E-182.1:1-2

Imaginez un instant qu'il y a un dictateur, un despote, un persécuteur qui cherche à s'emparer de votre esprit. Nous croyons être libres, que nous pouvons faire tout ce que nous voulons ; et pourtant, cette chose que nous appelons ego peut prendre en charge l'esprit de telle sorte que nous ne sommes même pas conscients qu'il en a pris les rênes. Néanmoins, peu importe à quel point nous sommes séduits, il demeure toujours une petite voix qui dit : « Le monde que vous voyez n'est pas la réalité. Il doit y avoir une autre façon. »

Croire qu'il y a une autre façon de percevoir, voilà l'idée la plus élevée dont soit capable la pensée de l'ego. C'est qu'elle contient un soupçon de re-connaissance de ce que l'ego n'est pas le Soi.

T-4.II.4:10-11

L'histoire du Cours

Le Cours a commencé en 1965 avec la Dre Helen Schucman et le Dr William Thetford, professeurs de psychologie médicale au Columbia University's College of Physicians and Surgeons à New York. Un jour, irrité par la compétitivité et les luttes internes qui caractérisaient leurs relations, Bill se tourna vers son assistante Helen et lui dit :

— Il doit y avoir une autre façon, en voulant dire qu'il devait y avoir une façon quelconque de travailler sans qu'il y ait tous ces coups bas, ces luttes et ces jeux d'ego qui perturbent tous les bureaux, hôpitaux, écoles, entreprises, églises et familles partout dans le monde.

Sans s'y attendre, Helen se tourna vers Bill et lui dit :

— Tu as raison — et je vais t'aider à la trouver.

Compte tenu de cet empressement soudain de cesser d'être sur la défensive, un terrain d'entente pour la guérison est né. Grâce à la décision harmonisée d'Helen et de Bill de guérir, les semences du Cours ont trouvé un sol fertile et ont pris racine.

Le 21 octobre 1965, pendant qu'elle écrivait ses pensées dans un carnet, Helen a entendu : « Ceci est *Un Cours en miracles.* » Imaginez que vous êtes un poète et vous entendez un poème ou que vous êtes un compositeur et entendez les notes d'une chanson. Il ne s'agit pas ici d'écriture automatique. Rien n'avait pris la main d'Hélène et n'écrivait pour elle. C'était comme si une voix intérieure lui parlait. Elle pouvait s'interrompre de prendre en note cette *dictée* à tout moment, répondre au téléphone, ou s'occuper d'autres questions et reprendre l'écriture, comme s'il n'y avait eu aucune interruption. Helen a eu l'aptitude remarquable de simplement « laisser le champ libre » et laisser l'Amour — ce que nous appelons maintenant *Un Cours en miracles* — s'écrire librement.

Durant sept ans, Helen a pris des notes et elle a terminé le Cours en septembre 1972. Un *Texte* de 669 pages précise les enseignements de ce Cours. Il y a un livre d'*Exercices pour les étudiants* constitué de 365 leçons ou exercices quotidiens, et un *Manuel pour enseignants* de 92 pages. Elle a reçu également deux dépliants provenant de la même source que ce Cours : *Le Chant de la prière,* et *La Psychothérapie : son but, son processus et sa pratique.* Au final, il contient approximativement près d'un demi-million de mots. Le Cours a été publié le 22 juin 1976. Plus de deux millions d'exemplaires ont été vendus. Il est maintenant offert en 18 langues, et plusieurs traductions supplémentaires sont en voie de réalisation. Après l'anglais, l'espagnol est la deuxième édition la plus vendue.

Une des qualités exceptionnelles du Cours est le livre d'exercices qui est constitué de 365 leçons quotidiennes conçues pour nous aider à éliminer notre façon habituelle de voir le monde du point de vue de l'ego. Pour l'ensemble du Cours, la règle qui prévaut est de ne pas faire plus d'une leçon par jour ; cependant, vous pouvez passer plus d'une journée sur certaines leçons. Ce n'est pas la rapidité qui compte, mais la pratique.

En 1973, lors d'un congrès commandité par la Spiritual Frontier Fellowship, Helen et Bill ont assisté à une conférence que j'ai donnée sur le mysticisme, basée sur un de mes livres *Learning to Die.* Ce soir-là, on m'a présenté Helen et Bill. Tout ce que je savais d'Helen à ce moment-là, c'est qu'elle avait écrit « un livre inspirant ». En 1974, alors que je travaillais à un mémoire qui traitait de la relation entre la psychologie et la spiritualité, j'ai écrit une lettre qui a été publiée dans le bulletin d'information de l'Association for Transpersonal Psychology, exprimant l'intérêt d'être en contact avec tous ceux qui travaillent dans le domaine de la psychothérapie et de la spiritualité. Bill a vu ma lettre, s'est souvenu de notre rencontre, et a suggéré à Helen que cela était un signe qu'elle devait compléter l'écriture communément appelée maintenant le dépliant de la Psychothérapie, qu'elle avait entrepris antérieurement, mais qu'elle n'avait jamais complété.

Helen a accepté, m'a contacté en avril 1975, et m'a dit qu'elle avait quelque chose pour moi. Je n'avais aucune idée de ce dont elle parlait, mais j'ai accepté de la rencontrer avec Bill, le père Benedict Groschel et le Dr Kenneth Wapnick au petit studio de Ken sur la 17e Rue Est à New York. J'étais, à ce moment-là, doctorant, professeur à l'université et pasteur, et je vivais tout près du General Theological Seminary sur la 19e Rue Ouest. Le petit studio de Ken était un des appartements les plus rudimentaires que j'aie vu. Il n'y avait aucun appareil électronique ou autres bidules, seulement une machine à écrire, quelques livres, une théière, une serviette, une brosse à dents — les éléments indispensables.

Helen s'est assise sur la chaise longue de Ken et elle m'a parlé du Cours, de quelle manière il avait pris forme, et à quel point ce cours les avait touchés tous les quatre. Même si j'avais déjà exploré diverses philosophies, y compris la recherche d'un gourou et une aventure en sac à dos à travers l'Inde en 1971, toutes m'avaient laissé sur mon appétit. Bien qu'impressionné par mes collègues, je craignais d'être de nouveau insatisfait. Pourtant, je suis retourné à la maison ce soir-là pensant que *probablement* la chose la plus importante pour moi venait tout juste de se produire. Je n'étais, toutefois, pas du tout certain de ce que c'était.

Plus tard, Ken est venu me rendre visite au General Theological, et j'ai commencé à parrainer ses conférences données dans la ville de New York et dans les comtés de

Westchester et d'Orange dans l'État de New York. Il a été tout au long de ces années un grand frère formidable. Helen, à son tour, est devenue une sorte de « mère poule » et une guide lors de périodes difficiles. Je rencontrais Helen soit à l'appartement de Judy Whitson ou de Ken Wapnick et je pouvais toujours la joindre par téléphone. Elle savait, semblait-il, évaluer rapidement ma situation et me proposer la guidance appropriée. J'éprouvais constamment des problèmes relationnels avec les femmes, et Helen était là pour m'aider à démêler mes sentiments. J'étais aussi sceptique quant à ma relation avec l'Église Méthodiste. Tout en me sentant appelé par le poste de pasteur, je ne cessais de penser que je devais démissionner. Helen persistait à dire :

– Pas maintenant. Tu auras toujours la possibilité de démissionner plus tard.

Ce que j'ai fait, 16 ans plus tard.

La Voix et le langage du Cours

En lisant le Cours, il est rapidement apparu que la Voix du Cours n'est pas celle d'une personne ordinaire. Il n'est manifestement pas écrit par un ego. Prenez-le – ouvrez-le à n'importe quelle page au hasard et lisez. Il n'est pas question du passé, du futur, ou d'événements mondiaux. Il n'y a pas de « hache à aiguiser ». Il n'y a aucune intention, hormis celle de nous aider à atteindre la paix intérieure, et par conséquent notre plus grand bonheur. Le Cours est clair, sincère, compatissant et compréhensif. La philosophie recherche la vérité par l'argumentation. Quoique cohérent sur le plan de la logique, il n'y a pas d'argumentation dans le Cours. Il n'y a aucune « preuve » de l'existence de Dieu. Le Cours nous rappelle simplement la Vérité d'Être. La Voix du

Cours est celle de Jésus, ou celle du Saint-Esprit, ou votre Voix à son plus haut niveau. C'est votre Soi, mon Soi, notre Soi — le Soi unique, Dieu, ou le Christ. Elle provient d'un Esprit guéri qui représente chacun de nous dans notre esprit juste.

C'est ta voix que tu écoutes tandis qu'Il te parle.
E-125.8:1

Le Cours emploie « Fils de Dieu » pour parler de chaque enfant de Dieu. Quoiqu'il y ait deux genres possibles, dans ce monde il n'y a littéralement aucune division. Ce qui est entier n'est pas divisé. Ce dont nous parlons ici est le genre humain comme un tout ou encore mieux, de l'esprit en tant que tout. Si, lorsque vous lisez les phrases suivantes : « *Je suis tel que Dieu m'a créé. Son Fils ne peut souffrir. Et je suis Son Fils* », il vous semble préférable de dire fille ou enfant, changez-le pour fille ou pour enfant. Le but de ce Cours consiste à nous aider à entrer en contact avec le Christ (le Soi) intérieur.

[...] les mots ne sont que des symboles de symboles. Ils sont donc doublement éloignés de la réalité.
M-21.1:9

Seule la Vérité est vraie — Une philosophie perpétuelle

Le Cours est une forme de cursus universel (M-1.4:1) et un chemin unique, à la hauteur de la sagesse des enseignements spirituels les plus profonds du monde. Ce que dit le Cours n'est pas nouveau. Comment l'éternel peut-il être nouveau ? Les mystiques, les maîtres, les saints et les sages de partout dans le monde et à travers les âges ont parlé de ce qui dépasse la perception. Nous retrouvons des « thèmes », « chants » et « représentations » du Cours dans les plus anciennes philosophies du monde — la philosophie de l'advaïta vedanta de l'hindouisme, le bouddhisme, le gnosticisme, le mysticisme chrétien, le soufisme, l'idéalisme allemand, le transcendantalisme américain, le mouvement de la pensée nouvelle, l'unité, la science religieuse, la science chrétienne, et plusieurs milliers d'autres formes.

Que la fleur du mysticisme ait éclos en Inde ou en Chine, en Perse ou sur le Rhin, son fruit est unique.
RUDOLF OTTO, THÉOLOGIEN ALLEMAND (1869-1937)

Le Cours n'est pas une religion. Il n'y a aucune hiérarchie organisationnelle dans ce Cours. Il n'y a pas d'évangélisme dans le Cours. Il ne s'agit pas de propager le message dans le monde, il s'agit de lui faire pénétrer le cœur. Conserver l'esprit dans le cœur est l'*intériorité*. Laisser l'esprit sortir est l'*externalisation*. Si j'évangélise, je dois penser que j'ai raison et que vous avez besoin de rectificatif. Si les mots pénètrent, le cours peut alors être vécu de façon à ce que les autres voient l'efficacité de l'enseignement, et le monde se transformera subtilement et efficacement. Le changement ne se produit pas dans la révolte, il survient par la révélation. Le Cours est, comme son nom le suggère, une étude spirituelle. Si vous faites partie d'une religion organisée, vous avez quelqu'un au-dessus, quelqu'un en dessous, d'autres au milieu et des jeux d'ego entre les membres en vue d'un poste. Le Cours est simplement un manuel pratique d'autoassistance par excellence. Il peut être étudié entièrement seul. Comme son but est de guérir toutes nos relations, il tente aussi de nous faire vivre le Cours avec tous ceux que nous rencontrons.

AVERTISSEMENT :

Un ami m'a raconté que, lorsqu'il a commencé à aller aux réunions des Alcooliques anonymes, quelqu'un lui avait dit que le programme gâcherait vraiment ses beuveries. En d'autres mots, s'il adhérait au programme, il arrêterait de boire. Adhérez au Cours et il gâchera vraiment votre ego. Nous nous dirigeons vers rien de moins que l'illumination.

Chapitre 2

À l'intérieur réside la santé d'esprit

L'égoïsme, la solitude et l'insanité

Il y a une histoire danoise à propos d'une araignée qui vivait sur un chevron tout en haut d'une vieille grange. Un jour, l'araignée décida de descendre sur une poutre inférieure où elle découvrit qu'il y avait là une abondance de mouches qui étaient plus faciles à attraper. Elle décida donc de vivre en permanence à ce niveau inférieur. Elle se tissa une toile confortable. Un jour, elle remarqua le fil d'où elle venait et se dit qu'elle n'en avait plus besoin. Elle le cassa et détruisit par le fait même l'appui de sa nouvelle toile.

Un fil ténu nous connecte à l'infini. Nous provenons de Dieu et nous retournerons à Sa Demeure. Tout le monde s'éveille un jour ou l'autre. Tout finit par retourner à sa source. En naissant, nous sommes facilement fascinés par le monde et oublions notre source. Nous regardons le fil qui nous connecte à l'infini et pensons : « Ce fil est encombrant ». Nous cassons le fil et devenons fous.

Quand tu regardes ton monde les yeux grand ouverts, il doit te venir à l'esprit que tu t'es retiré dans l'insanité. [...]. Tu ne communiques avec personne et tu es aussi isolé de la réalité que si tu étais seul dans tout l'univers. […]. Dieu t'appelle et tu n'entends pas, car tu te préoccupes de ta propre voix. Et la vision du Christ est hors de ta vue, car tu ne regardes que toi.

T-13.V.6:1, 4 ET 6-7

1. Notre premier intérêt est nous-mêmes

Soyons honnêtes, nous nous plaçons au centre de l'univers. Notre Soi est notre première préoccupation. Selon une étude faite sur les réactions en cas de catastrophes, rapportée dans *Science News* le 1er mars 2010, il a été établi sans surprise que « nos premiers réflexes sont égoïstes ». C'en est ainsi dans le monde de l'ego et cela est tel depuis qu'il y a eu un « nous », un « moi » et un ego. Prendre soin de nous-mêmes, d'abord et avant tout, a créé tout le système de pensée de l'ego. Cela ne veut pas dire que nous ne sommes jamais altruistes, ni n'avons des pensées d'amour, ou n'agissons avec amour. Néanmoins, notre première pensée est consacrée à notre confort, aux soulagements de nos maux et de nos douleurs, à notre apparence, à notre besoin de satisfaction, à notre rang dans la société, à nos finances, à nos relations, et davantage.

2. Nous pensons que nous sommes seuls dans l'univers

L'ego est la croyance de l'esprit d'être complètement seul avec lui-même.

T-4.II.8:4

Il y a des milliards de personnes sur cette planète, mais cela ne nous empêche pas de nous sentir isolés. Quand je suis tombé amoureux d'une amie au secondaire, j'étais vraiment amoureux. Bien qu'ayant une famille aimante et que j'aimais la nature et la ferme sur laquelle j'avais été élevé, cet amour était complètement nouveau et différent. C'était la chose la plus merveilleuse, la plus envahissante et la plus magnifique que j'aie connue. On veut se fondre, retomber dans l'Unité — et j'y suis vraiment « tombé ». Nous étions jeunes, et je voulais attendre d'avoir terminé mes études collégiales avant de nous marier. Toutefois, ayant besoin de fuir un père alcoolique et une mère exigeante, ma compagne est tombée intentionnellement enceinte d'un autre homme pendant mes études collégiales, puis s'est enfuie avec lui. J'étais dévasté — totalement et complètement. Aucune chance qu'elle revienne. Je me suis senti abandonné par le seul amour que j'avais connu, et je pensais à ce moment que ce serait le seul amour que je connaîtrais. Me promenant en automobile, je frappais le volant du poing, pleurant, criant, m'adressant à haute voix à Dieu, et pensant : « Je suis tout seul. Il n'y a que moi et l'univers. »

3. Nous sommes tous fous

Ce monde est insane, et ne sous-estime pas l'étendue de son insanité. Il n'est pas un domaine de ta perception qu'elle n'ait touché, et ton rêve est sacré pour toi. C'est pour cela que Dieu a placé le Saint-Esprit en toi, où tu as placé le rêve.

T-14.I.2:6-8

La première fois que j'ai vu les deux avions emboutir les deux tours du World Trade Center, la première pensée qui m'a passé par l'esprit était la première phrase de la citation ci-haut : « Ce monde est insane, et ne sous-estime pas l'étendue de son insanité. » Dans ce monde, il y a plusieurs parcours merveilleux. Au haut de la liste, il y a l'amour que nous éprouvons qui émane de nous envers l'autre. Notre regard se porte sur de nombreuses choses merveilleuses : les fleurs, les oiseaux, les montagnes, les océans et de magnifiques œuvres d'art. Nos oreilles entendent avec délectation la musique, les rires d'enfants, le miaulement des chatons, l'aboiement des chiens et la douce voix de ceux que nous aimons. Nos lèvres et nos langues goûtent des mets délicieux. Nos mains se tendent vers les autres, nos animaux domestiques, les couvertures chaudes, et quoi encore. Et pourtant, tout cela est ce que les yeux du corps voient, et nous cherchons encore à nous *souvenir* de notre vraie identité.

> *Car le souvenir de Dieu ne peut se faire jour que dans un esprit qui choisit de se souvenir, et qui a renoncé au désir insane de contrôler la réalité.*
>
> T-12.VIII.5:3

Quand il s'agit du monde de l'ego, le Cours fait appel à un réalisme incroyable ; il y a, *semble-t-il,* un tyran qui veut vivre à l'intérieur de mon esprit. Ce tyran me dit de nombreuses choses absurdes ; la dissimulation et le subterfuge sont acceptés ; l'avidité est bonne ; la colère, justifiée ; et la guerre, inévitable. Dire que le monde est insane ne veut pas dire le condamner. C'est simplement pour voir les choses comme elles sont dans la structure de l'ego. La plus grande partie de l'histoire de l'humanité se résume à l'histoire des guerres, une tribu tuant l'autre, un empereur éjectant un autre empereur, une classe qui supprime une autre classe, une nation dominant une autre nation. Comme l'a exprimé Ralph Waldo Emerson, transcendentaliste du XIXe siècle (1803-1882) : « L'histoire est un enchaînement sans fin d'absurdités. » Ou, comme l'a dit l'historien anglais Edward Gibbon (1737-1794), auteur d'*Histoire de la décadence et de la chute de l'Empire romain* : « L'histoire est à peine plus que la consignation des crimes, des sottises et des malheurs du genre humain. » L'histoire d'un frère en lutte contre son frère est la plus ancienne histoire racontée dans la Bible. Lorsque nous avons eu un corps, nous avons hérité d'un ego ; nous avons obtenu la projection et la compétition ; et *nous avons eu des problèmes juste ici à River City.* (Tiré de *The Music Man* au cas où vous ne vous en souveniez pas.)

> *Le monde n'a pas encore fait l'expérience d'une renaissance ou d'un réveil global. Une telle renaissance est impossible tant que tu continues à projeter ou à malcréer.*
>
> T-2.I.3:7-8

Dans nos grandes « tragédies », on voit la folie de l'ego. *Moi, Claude empereur,* de Robert Graves (1895-1985), à propos des empereurs romains du Ier siècle, nous raconte l'histoire d'un réseau alambiqué de mensonges et d'intrigues tissés initialement par Lydia, l'épouse d'Auguste César. Pour s'assurer que son fils, Tibère, devienne empereur, avec un égocentrisme total et une ambition débridée, elle organisa l'empoisonnement de tous ses beaux-enfants, et même, semble-t-il, celui de César. Les dernières paroles de César furent : « Ai-je bien joué mon rôle dans cette tragédie ? » Il savait que c'était une tragédie. L'histoire de la succession d'empereurs est un drame épineux d'intrigues et de meurtres. Néron a même tué sa mère parce qu'elle avait tenté de lui dicter ce qu'il devait faire. Il y avait tant d'hypocrisie et d'insatisfaction. Il y avait si peu d'innocence et de simplicité. Il en est de même dans les tragédies de Shakespeare ou chez tous les dramaturges, ou dans les feuilletons télévisés. Tout au long de l'histoire, nous découvrons la perception erronée, l'insanité et le malheur. Rarement trouvons-nous un bien-être durable et la présence de la paix de Dieu. Cela ne constituerait pas une histoire intéressante.

Et maintenant pour une toute nouvelle vision

En dépit de la morosité de cette vision, qu'arriverait-il si vous *saviez* qu'au-delà de tout doute il y a un vous qui transcende ce monde illusoire ? Si vous *saviez* que vous n'êtes pas un ego tourmenté de problèmes de culpabilité et de honte, de peur et de perte ? De plus, si vous *saviez* que le monde dans lequel nous vivons est une pensée, une « réalité consensuelle » fabriquée par un énorme groupe d'ego, développée dans la peur depuis des millions d'années, sans mauvaise intention, mais simplement constituée de notre propre désespoir collectif ?

Conscient de tout cela, mais vous sentant à la fois coincé dans un corps, dans l'espace et dans le temps, que dire si l'on vous présentait une carte – un système G.P.S. conçu par Dieu (un plan de Dieu pour notre salut[1]) qui pourrait

1. N.d.T.: G.P.S. = God's Plan for Salvation.

vous montrer comment sortir de ce labyrinthe — la matrice de l'inconscience — au-delà du corps et de l'ego vers notre Maison réelle, notre Soi réel et un état d'Être véritable ? Et si vous *saviez* que le Royaume de Dieu est à l'intérieur de vous ? Et s'il était possible de savoir cela, pas plus tard, mais maintenant. Y arriver, puis nous aider à soutenir cette conscience est la tâche, l'objectif et la promesse du Cours. C'est ce que chaque étudiant sincère du Cours vous dira, que c'est cela qu'il veut savoir ou qu'il sait qu'il le trouvera.

À l'intérieur est la santé d'esprit ; l'insanité est à l'extérieur de toi.

T-18.I.7:4

Au centre d'un ouragan, tout est parfaitement calme. À l'extérieur, c'est le chaos. Quand nous sommes centrés, nous sommes calmes. Quand nous sommes en colère et que nous faisons de la projection, nous sommes dans un état chaotique. Le Cours indique clairement qu'on ne peut trouver aucune forme de paix dans une quête extérieure. La santé est la paix intérieure. Les traditions contemplatives de toutes les religions du monde nous parlent d'un lieu qui n'est pas de ce monde — une maison qui n'est pas bâtie par l'homme. On trouve le Ciel dans l'éveil, non pas dans le sommeil. Quand nous nous réveillons le matin, nous voyons que nous ne sommes allés nulle part. Nous étions tout simplement étendus dans notre lit, à rêver. L'Éveil veut dire que nous « avons » rêvé. L'éveil est la découverte que nous n'avons jamais quitté le Ciel. Le Ciel « n'arrive » pas comme cela un jour.

Le Ciel est ici. Il n'y a pas d'ailleurs.
Le Ciel est maintenant. Il n'y a pas d'autre temps.

M-24.6:4-7

La liberté est le principal élément du bonheur. La liberté provient toujours « de » quelque chose. Se libérer des désirs et des besoins ; se libérer des dépendances ; se libérer de l'anxiété et des peurs, des douleurs corporelles ; de la pauvreté, du manque et des factures ; des relations où l'on se sent piégé ; de la tyrannie politique ; et bien davantage. Vivre le Cours signifie chercher à s'affranchir de quelque chose qui, paradoxalement, n'existe pas ; cela veut dire se libérer de l'illusion, se libérer de quelque chose appelé « ego », de quelque chose qui n'a aucune réalité.

Ne te contente pas d'un bonheur futur.
Il n'a aucune signification et n'est pas ta juste récompense.
Car tu as cause de liberté maintenant.

T-26.VIII.9:1

Chapitre 3

C'est ça !

Une introduction à *Un Cours en miracles*

Ceci est un cours en miracles. C'est un cours obligatoire. Seul le moment où tu le suis relève de ta volonté. Une volonté libre ne signifie pas que tu peux établir le curriculum. Cela signifie seulement que tu peux choisir ce que tu veux suivre à un moment donné. Le cours ne vise pas à enseigner la signification de l'amour, car cela est au-delà de ce qui peut s'enseigner. Toutefois, il vise à enlever les blocages qui empêchent de prendre conscience de la présence de l'amour, qui est ton héritage naturel. L'opposé de l'amour est la peur, mais ce qui embrasse tout ne peut avoir d'opposé. Ce cours peut donc se résumer très simplement de cette façon : Rien de réel ne peut être menacé. Rien d'irréel n'existe. En cela réside la paix de Dieu.

T-IN.1:1-8 et 2:1-4

C'est ça !

Je commence parfois mes conférences publiques en racontant cette histoire d'un soldat qui se promenait sur une base militaire. Il ramasse un bout de papier (je prends à ce moment un bout de papier). Le soldat examine le bout de papier et dit : « Ce n'est pas ça », et il le jette. (Je fais la même chose.) Puis, il continue et ramasse un autre bout de papier. (Je prends alors un autre bout de papier.) Il dit encore : « Ce n'est pas ça », et il le jette aussi. (Je fais la même chose.) Son officier superviseur l'observe et conclut que le gars est probablement dérangé, il l'envoie donc rencontrer le psychologue de l'armée pour un examen.

Le psychologue l'examine et conclut que, en effet, il est dérangé, et il écrit une lettre de congédiement de l'armée. Il la lui remet en main propre. L'homme prend la lettre, y jette un coup d'œil et dit : « C'est ça ! » À ce moment, je montre un exemplaire du *Cours en miracle* et dis : « C'est ça ! » Puis, je cite la première ligne du cours : « Ceci est un cours en miracles. C'est un cours obligatoire. Seul le moment où tu le suis relève de ta volonté » (T-IN.1:1-3).

Il y a un cours pour chaque enseignant de Dieu.
La forme du cours varie grandement. Ainsi que les différents aides à l'enseignement. Mais le contenu du cours ne change jamais. Son thème central est toujours : « Le fils de Dieu est non coupable et dans son innocence est son salut. »

M-I.3:1-5

Ceci est un « Cours » en miracles

Je ne connais aucune tradition spirituelle qui n'affirme pas que le monde est une salle de classe. Une fois que je me vois comme étudiant dans une salle de cours, je peux faire tout ce que les étudiants responsables font. Plutôt que d'ignorer mon devoir, plutôt que de dormir ou de rater des cours, je commence à apprendre mes leçons pour qu'un jour je puisse obtenir mon diplôme et ainsi acquérir plus de liberté. Ultimement, nous sommes tous sur terre pour apprendre, tout comme Jésus ou tout maître éclairé — comment devenir un enseignant de Dieu — ce qui signifie se souvenir de notre identité en tant qu'enfant de Dieu.

Chacun a droit aux miracles, mais une purification est d'abord nécessaire.

T-1.I.7

Nous sommes sur terre pour apprendre comment « enlever les blocages qui empêchent de prendre conscience de la présence de l'amour » (T-IN.1:7). En recherchant une meilleure santé du corps, nous nous engageons d'abord dans un processus de purification. Dans le même esprit, le Cours fait appel à la purification de l'esprit. Notre tâche n'est pas de chercher l'amour (la vérité), mais de chercher et de trouver à l'intérieur de nous toutes les barrières que nous avons dressées contre l'amour (la vérité). Ainsi, vivre le Cours nous fait passer de la noirceur à la lumière. Il n'est pas nécessaire de chercher ce qui est vrai, mais nous devons chercher ce qui est faux (T-16.IV.6:1-2). En venant dans ce monde, nous nous inscrivons à une variété de cours qui nous enseignent exactement ce que nous devons apprendre. Ces cours sont identifiés comme nos « relations particulières » dans le Cours en miracles.

Une relation particulière est « un mécanisme pour limiter notre Soi à un corps et pour limiter les autres à leurs corps » (T-16.VI.4:4). Notre première relation particulière est celle que nous entretenons avec notre corps. Nous l'aimons ;

nous le détestons — nous pensons que le corps est ce que nous sommes. Le corps est un mécanisme d'apprentissage pour l'esprit. Son seul but est de faciliter l'apprentissage. La leçon 97 du livre d'exercices affirme, *Je suis pur esprit* et ajoute, « aucun corps ne peut contenir l'esprit, ni imposer une limitation que Dieu n'a pas créée. » Nous développons aussi des relations particulières avec les gens, les animaux et avec les choses du monde. Nous avons beaucoup d'attentes et d'espérances quant à la manière que l'autre personne est censée se comporter envers nous, et si elle ne s'y conforme pas, nous sommes contrariés. Les relations particulières sont donc la salle de cours dans laquelle nous pratiquons le pardon, et ainsi, nous souvenons-nous de l'amour.

C'est un Cours « obligatoire »

Helen Schucman, le scribe d'*Un Cours en miracles,* était une enseignante, et quand elle a entendu pour la première fois : « *Ceci est un cours en miracles* », elle a répondu : « Sans doute, ce cours est facultatif. » Et la réponse fut : « Non, il ne l'est pas. C'est incontestablement une exigence. » Quand nous allons à l'école, il y a plusieurs cours obligatoires et des cours facultatifs. Certains cours sont fondamentaux. *La vie est un cours obligatoire.* Que cela nous plaise ou non, chaque matin nous nous levons dans une salle de classe appelée « la vie ». Il est impossible de l'éviter. Même si nous préférons faire l'autruche et retourner à notre inconscience, nous ne pouvons éviter l'inévitable — nous devons nous lever et composer avec le monde. Nous devons composer avec notre corps ; le nettoyer, le vêtir et le nourrir. Nous devons gagner de l'argent et faire notre chemin dans le monde. Quelque part le long de la route, nous espérons trouver la tranquillité d'esprit.

Il y a de nombreux cours dans ce cursus. Je peux choisir un cours où je dois apprendre à dominer une dépendance à l'alcool, aux médicaments, à la cigarette, à la gloutonnerie, aux pilules et à bien d'autres. Il y a une relation particulière appelée « argent » et plusieurs options dans ce domaine ; je puis choisir de jouer, de magasiner ou de dépenser jusqu'à l'excès. Il y a aussi un cours qui aborde une variété de relations particulières appelées « idylle », « mariage » et « parentalité ». Il y a un cours appelé « profession et travail », et, à l'intérieur, je trouve un nombre de possibilités de pardonner aux employeurs, aux superviseurs, aux subalternes et aux collègues de travail.

Par une journée ensoleillée, ma femme, Dolores, et moi avons participé à un pique-nique organisé par l'église. Comme je voulais passer un peu de temps avec tous les gens présents, je me suis promené, en commençant la conversation par « comment allez-vous », et après l'incontournable « très bien », ou « ça va », on commençait à me raconter une histoire. Il semblait que tout le monde vivait quelque chose de difficile, une leçon quelconque, un trouble physique quelconque, un drame, une tragédie ; le classique « quelqu'un m'a blessé ». Chacun tentait de traiter avec sa propre insanité et celle des autres personnes dans leur vie. Tout compte fait, chacun me parlait de sa relation particulière et à quoi ressemblait sa salle de classe.

Le moment où nous décidons de suivre le cours se fait de façon volontaire. Libre arbitre ne veut pas dire que nous pouvons décider à l'avance ce que sera le cursus. En effet, le chemin pour chacun de nous est hautement individualisé (M-29.II.6). Le libre arbitre ne signifie pas, toutefois, que nous pouvons choisir ce que nous voulons étudier à un certain moment.

Tout et rien

On a souvent désigné ce cours de védantisme chrétien. Il représente un système moniste ou non dualiste absolu. Le Cours fait la distinction entre deux mondes : l'Un (le Ciel) est totalement réel ; l'autre (le monde de l'ego) est totalement illusoire. Nous percevons ces deux mondes comme étant le monde de Dieu – l'amour – le bonheur – la joie – la vérité – l'éternité – le Ciel ; et le monde de l'ego – la peur – la culpabilité – la douleur – la mort – la fausseté – l'espace – le temps – l'illusion. Le Ciel est une réalité et l'ego est un rêve ; c'est-à-dire, quelque chose qui semble se passer dans le temps. Le Cours est donc une philosophie du tout ou rien. Soit que l'Amour parfait existe soit il n'existe pas. Soit Dieu existe ou n'existe pas. La perfection n'est pas une question de degré. Soit nous sommes entiers ou nous sommes en morceaux. Soit la Vérité est vraie ou il n'y a pas de vérité. Seule la perfection de l'Unité existe et ce qui englobe tout ne peut avoir de contraire.

La vie et la mort, la lumière et les ténèbres, la connaissance et la perception sont inconciliables.

T-3.VII.6:6

Mon compagnon d'études et professeur, Ken Mallory, cite comme exemple le système binaire (0 et 1), 0 étant l'ego,

1 étant l'Esprit. L'ego n'est rien. Dieu (l'Esprit) est tout. Il est impossible que Dieu puisse se diviser de lui-même. L'Unité est unité et non pas dualité ; Dieu est en charge, l'a toujours été et le sera toujours. Il peut pourtant sembler que nous ayons les rênes « temporaires » de notre propre vie, mais *ultimement,* ce n'est pas vrai ; et seul ce qui est *ultimement* vrai est vrai.

Le Manuel pour enseignants débute en décrivant 10 caractéristiques d'un Enseignant de Dieu. Chaque caractéristique s'inspire de la précédente et la première est la confiance. On nous demande d'avoir une confiance totale en Dieu et en rien d'autre, parce qu'il n'y a rien d'autre. C'est notre plus grand bonheur. C'est seulement de cette manière que nous trouvons la tranquillité d'esprit.

Tu n'as encore que très peu de confiance en moi,
mais elle augmentera lorsque tu retourneras de plus en plus
souvent vers moi plutôt que vers ton ego pour être guidé.
T-4.VI.3:1

Un émissaire anglais du leader politique Oliver Cromwell (1599-1659) avait été envoyé en France avec son secrétaire afin de rencontrer le roi Louis XIV pour une affaire importante. Ayant traversé la Manche, ils passèrent la nuit dans une ville portuaire. Parce qu'il craignait que la prochaine rencontre ne se déroule pas bien, l'émissaire anglais eut une nuit agitée et il était incapable de dormir. Finalement, il réveilla son secrétaire qui, lui, dormait paisiblement. L'émissaire demanda à son secrétaire comment il pouvait dormir si profondément pendant que lui, l'émissaire, ne le pouvait pas.

– Maître, dit le secrétaire, puis-je vous poser une question ?

– Oui, répondit l'émissaire.

– Dieu régissait-il l'univers avant que nous naissions ?

– Assurément qu'il le régissait, de répondre l'émissaire.

– Et le régira-t-il après notre mort ? poursuivit le secrétaire.

– Certainement, Il le fera, dit l'émissaire.

– Alors, maître, pourquoi ne pas le laisser régir le présent ?

Le nouveau commencement devient maintenant le point de mire du curriculum. Le but est clair, mais maintenant tu as besoin de méthodes concrètes pour l'atteindre. La rapidité avec laquelle il peut être atteint dépend uniquement de cette seule chose : ton désir de t'exercer à chaque étape. Chacune aide un petit peu, chaque fois qu'elle est tentée. Ensemble, ces étapes te conduiront des rêves de jugement aux rêves de pardon et hors de la douleur et de la peur.

T-30.IN.1:1-5

Chapitre 4

L'histoire du salut

Les principaux personnages

Un mythe est une image par laquelle nous essayons de saisir la signification du monde.
Alan Watts (1915-1973, États-Unis)

L'Évangile de Matthieu dit que Jésus ne parlait *jamais* sans utiliser de paraboles. En fait, Matthieu dit : « Il ne leur parlait jamais sans paraboles » (Matthieu 13,34). Selon le mythologue américain Joseph Campbell (1904-1987), la plus grande histoire interprétée dans toute la littérature mythique est le monomythe. La vie ne consiste pas seulement à dormir, à manger, à gagner sa vie, à élever une famille et à mourir. Un héros ou une héroïne cherche à remplir une quête. Le héros ou l'héroïne cherche à remplir une mission souvent perçue comme découvrir l'entrée du Royaume des Cieux. Il rencontre inévitablement une variété d'épreuves et de difficultés sur son chemin et il succombe aux ruses de son ego. Souvent, comme il est raconté dans l'histoire de l'enfant prodigue, le héros expérimente une sorte d'échec, quelques « chocs et brûlures », une sorte de dépression et une découverte. Après avoir atteint le fond du baril et renoncé à agir de sa propre initiative, le héros en vient à l'éveil, capitulant face à sa propre volonté, et abandonnant tout à une autorité supérieure. Dans de nombreuses histoires, le héros ou l'héroïne rencontre un guide, un livre, une carte, un enseignement ou devient simplement de plus en plus conscient de son Enseignant intérieur.

Ce « guide » montre au héros ou à l'héroïne le chemin du retour à l'aide d'un processus de purification graduelle, un renoncement aux manières anciennes et à une réunification au Soi spirituel. La tâche consiste à intégrer sa nouvelle sagesse dans une pratique quotidienne. Même si le sentier est hautement individualisé, il mène ultimement chacun vers l'Unité – l'Amour – la Vérité – la Maison – Dieu – l'Éternité, tous ces termes étant synonymes.

Une histoire très ancienne – l'Hymne de la perle

Avant d'examiner « l'histoire » du Cours, regardons une brève interprétation d'une des histoires les plus anciennes du monde. Reflétant le message du *Cours en Miracles*, *l'Hymne de la perle* est un conte syriaque, encore plus ancien que le texte du IIIe siècle, *les Actes de Thomas,* où on le trouve.

> Un jeune homme vivait dans un merveilleux et riche royaume. Ses parents l'envoyèrent en mission, équipé d'un gros ballot et pourtant si léger qu'à lui seul il pouvait le porter. Avant de partir, il retira son vêtement resplendissant ainsi que son manteau de pourpre. Ils conclurent un pacte avec lui et l'écrivirent dans son cœur. Il devait rapporter la perle de la sagesse, celle qui est au milieu de la mer, là où demeure le serpent sifflant.

Il partit accompagné de deux messagers royaux. Le chemin était difficile et semé d'embûches, et il était jeune pour entreprendre ce voyage. Lorsqu'il atteignit ce nouveau pays, il se vêtit comme les autres autour de lui et resta seul jusqu'à ce qu'il reconnaisse un de sa race, un « fils de l'onction » avec qui il se lia. Son ami le mit en garde contre les êtres impurs qui, lorsqu'ils trouvent un étranger, s'insinuent dans ses bonnes grâces pour le tromper. Mais il tomba dans le piège des impurs en acceptant leur boisson et leur viande. Il tomba dans un lourd sommeil et oublia sa mission. Il ne se rappelait plus qu'il était fils de roi ; il oublia la perle de la sagesse.

Ses parents apprirent tout ce qui était advenu à leur fils et ils lui écrivirent une lettre l'adjurant de s'éveiller, de sortir de son esclavage et de se rappeler sa destinée. La lettre s'envola comme l'aigle, se posa près du fils et devint toute parole. Il s'éveilla au son de son cri, embrassa la lettre, en brisa le sceau et la lut. Il se souvint des mots gravés dans son cœur, qu'il était fils de roi, une âme libre. Il se rappela la perle et le serpent sifflant. Il alla vers le serpent, le charma en répétant le nom de son Père et le plongea dans un profond sommeil. Il s'empara alors de la perle, se dépouilla des vêtements souillés et impurs et entreprit son retour chez lui.

La voix de la lettre le guida par sa lumière, effaça ses peurs et le ramena à la maison. Il avait oublié le vêtement resplendissant qu'il avait laissé derrière lui dans sa jeunesse. En le revoyant, le vêtement devint son miroir : « Je le vis en moi-même tout entier, comme lui-même le retrouvai tout entier en moi. » Vêtu de ce vêtement, il remonta à la porte du salut et adora la splendeur de son Père, qui l'avait envoyé en mission et dont il avait rempli les commandements.

Interprétons (démythifions) cette histoire. Nous venons dans ce monde – en retenant dans notre cœur le souvenir de nos parents qui nous ont envoyés en mission. Nous devons découvrir (nous rappeler) notre Vraie Identité en tant qu'âme libre (le Pur Esprit). Nous nous dissimulons dans des corps comme ceux qui nous entourent, « ceux qui sont souillés » (le monde dirigé par l'ego), avec ruse, ils nous font boire, nous donnent leur viande – ils nous racontent leur histoire du monde et nous entraînent à rêver leurs rêves. Devenant amoureux du monde rêvé, nous tombons dans l'absence de conscience et prenons notre rêve pour la réalité. Nous oublions notre mission ; nous oublions que nous sommes les Enfants de Dieu. Nos parents, voyant que nous dormons, écrivent une lettre nous appelant à nous éveiller. Cette lettre peut être la Bible, le Coran, les Vedas, le Tao Te Ching, *Un Cours en miracles,* ou toute *forme* d'inspiration ou d'enseignement de la sagesse. La Voix de la lettre « devient toute parole », et après avoir entendu son message, notre éveil débute. En charmant le serpent (l'ego) et en l'endormant, nous recouvrons la perle de la sagesse, et nous souvenant de notre Vraie Identité comme « âmes libres », nous laissons derrière nos vêtements impurs (nos corps) et retournons à la Maison vers notre Père.

Présentation des « personnages » de la pièce

Les opéras commencent parfois par une scène d'ouverture annonçant l'action à venir. Familiarisons-nous d'abord avec quelques mots présentés, non pas alphabétiquement, mais plutôt dans un ordre qui donne un aperçu du thème de base et des enseignements pratiques du Cours. Examinons les *personnages* de la pièce, le thème fondamental du Cours, l'intrigue et la solution au problème présentés dans cette « histoire. »

« Dieu » est un des mots les plus employés dans le Cours. Helen a décrit un rêve, une vision dans laquelle elle s'est retrouvée à l'entrée d'une caverne. En y entrant, elle découvrit un vieux rouleau. Elle le déroula et vit les mots « Dieu est » au centre du texte. De petites lettres commencèrent à apparaître à gauche et à droite du panneau central, et elle comprit qu'en déroulant le rouleau vers la gauche elle serait en mesure de regarder dans le passé, et qu'en le déroulant vers la droite elle serait en mesure de voir le futur. Elle décida, toutefois, de le laisser là où il était et elle entendit une voix lui dire : « Cette fois, tu as réussi. Merci. » Nous pourrions tout simplement le laisser à « Dieu est. » L'ego, le présumé coupable dans notre histoire, nous incite à dérouler le rouleau et aussitôt fait, nous sommes piégés dans le temps – dans un drame – dans une histoire. Notre drame est empreint d'une série de problèmes interminables. Comme le personnage du film Indiana Jones, nous (l'ego) passons d'une aventure (problème) à une autre.

Dieu (l'Amour) est indescriptible et va bien au-delà de la définition que nous nous en faisons. Le Bouddha a refusé de définir Dieu, affirmant que cela était impossible. Essayez de définir Dieu. Vous ne le pouvez pas. Définissez l'amour. Vous ne le pouvez pas.

Le Cours tente de vous aider à vous souvenir de ce qui est informe et abstrait. L'ego nous rappellera ce qui est concret et défini par le temps et l'espace. La partie concrète de l'esprit croit en l'ego. L'ego dépend du concret

(T-4.VII.1:4). Dieu est une divine abstraction. Dieu est Esprit. Dieu est Vie. Dieu est Amour. Plus nous sommes vivants, plus nous sommes en amour; plus nous sommes en amour, plus nous sommes vivants – plus nous connaissons Dieu. La Vie, l'Amour, la Vérité, Dieu ne peuvent être définis. Dieu, le donneur de vie, est décrit dans le Cours comme le Père. Le Père a un Fils appelé Christ. « Vous » êtes le Fils de Dieu. Nous sommes fils et filles de Dieu. Dieu veut pour nous tous le « parfait bonheur » souvent décrit comme étant la paix, la joie, l'innocence et la liberté.

Le Saint-Esprit est la Voix de Dieu, l'Esprit du Christ, la Lumière, le pont menant au Ciel et le lien de communication entre nous et Dieu. C'est une pensée de mon esprit qui m'aide à comprendre mon esprit juste. C'est donc un souvenir dans l'esprit du Fils de Dieu. Ce souvenir n'a jamais été perdu – il a seulement été assombri par notre rêve déraisonné du monde. Le Saint-Esprit est la « motivation » pour l'esprit de miracle. Il est la réponse de Dieu à la séparation (T-5.II.2:5) et « la décision » requise pour se guérir de la séparation. Il voit nos perceptions de peur et essaie de nous aider à travers celles-ci. Il est en nous dans un sens très littéral (T.5.II.3-4). Il est notre Enseignant intérieur, notre consolateur, notre guide, notre guérisseur et notre médiateur.

La Voix du Saint-Esprit ne commande pas, parce qu'Elle est incapable d'arrogance. Elle n'exige pas, parce qu'Elle ne cherche pas à contrôler. Elle ne vainc pas, parce qu'Elle n'attaque pas. Elle ne fait que rappeler. Elle est irrésistible uniquement à cause de ce qu'Elle te rappelle

T-5.II.7:1-5

Jésus est celui qui s'est rappelé qu'il était un pur esprit. Il s'est rappelé son identité – « Moi et le Père sommes un » (Jean 10,29-31). Il était un homme qui a vu la face du Christ, qui n'est que bonté, dans tous ses frères et sœurs, et s'est souvenu de Dieu. (C-5.2:1). Jésus est aussi le « Je » dans le Cours, tel que dans, « Tu peux faire tout ce que Je demande. Je t'ai demandé de faire des miracles. » (T-8:1-3).

Le Christ est le Fils de Dieu. Comme nous sommes tous de sa filiation, nous sommes aussi le Christ. Coincés dans le système de pensée de l'ego, nous ne connaissons pas, toutefois (ne nous souvenons pas de) notre réalité en tant que Christ.

Tu est (normalement, cela ne serait pas du bon français, mais dans ce cas-ci, « tu » est un personnage dans le Cours) le personnage le plus fréquemment mentionné dans le Cours, il apparaît 18 068 fois. Il y a dans le Cours trois différents « tu ».

1. Quelquefois, le Cours réfère au *tu* de l'ego. Comme dans : « Tu penses que tu es la demeure du mal, des ténèbres et du péché. (E-93.1:1). C'est le « tu » du corps, de la personnalité.

2. Puis, il y a le « tu » qui est celui qui choisit ou observe. C'est le *tu* dont parle le Cours la plupart du temps. C'est la partie qui surveille et choisit entre l'ego et le Saint-Esprit ; entre la fausseté d'esprit et la justesse d'esprit.

3. Enfin, il y a le *Tu* qui est le Soi, le Fils de Dieu, le Christ, le Tu qui est l'Unité.

L'ego est une *croyance* ou un faux concept que nous avons de nous-mêmes. C'est un *rêve* au sujet de ce que nous pensons que nous sommes. C'est une *pensée* à laquelle nous réfléchissons à l'écart de Dieu. C'est une erreur, une perception erronée, un fantasme qui n'a rien à voir avec la vérité. Pour l'ego, c'est l'ego qui est Dieu (T-13.II.6:3). C'est une « volonté » en opposition à la Volonté de Dieu. C'est la partie de nous qui aime être un individu séparé. L'ego n'est rien, et pourtant, à l'intérieur du rêve il ressemble à tout. C'est ce qui définit, interprète, projette et juge. C'est ce qui invente constamment le monde. Vous êtes — je suis — nous sommes — toujours en train d'inventer le monde. En réalité, l'ego n'existe pas. C'est *juste* une idée. Selon ce Cours, ce monde a pris fin depuis longtemps (T-28.I.1:6). Le texte est écrit. Nous pouvons changer notre perception du monde, mais pas le monde, et nous ne pouvons absolument pas changer le Ciel. Accepter la vérité signifie reconnaître ce qui est déjà. Cela veut dire cesser de rêver.

Avoir pleinement conscience de l'Expiation,
c'est donc reconnaître que la séparation ne s'est jamais produite. L'ego ne peut pas prévaloir contre cela, parce que c'est l'énoncé explicite que l'ego ne s'est jamais produit.

T-6.II.10:7-8

Le diable est aussi une *croyance* et, tout comme l'ego, il n'existe pas. L'esprit peut toutefois rendre la croyance dans la séparation très réelle et très effrayante. Cette *croyance* est le diable (T-3.VIII.5:1). Le diable est donc à peu près l'équivalent de l'ego tout en étant autre que notre vrai Soi.

Le corps est la demeure choisie par l'ego (T-23.I.3:3), une limitation dans le rêve qui, comme l'a dit Shakespeare, « vit son heure de gloire sur la scène puis on ne le voit plus. » C'est une image que nous avons de nous-mêmes à l'extérieur de nous. C'est une partie du masque, du personnage, du déguisement. Ne connaissant pas notre Vraie Identité, qui s'étend bien au-delà du corps, nous nous considérons comme un corps. Le corps n'est ni bon ni mauvais. À l'instar du « monde », le corps est neutre. Le seul but du corps est celui que lui donne l'esprit qui est *un moyen d'enseignement* afin d'apprendre comment s'éveiller et se sortir du rêve. Les corps sont une *limitation* temporaire au niveau de la forme. Démontrer que nous ne sommes pas qu'un corps signifie que dans 40 ou 50 ans le corps de plusieurs qui lisent ces mots n'existera plus. Ceci ne révèle absolument rien de notre éternité en tant qu'esprit. Qui est celui qui semble posséder le corps ? Quand quelqu'un posait une question au sage indien Ramana Maharsi (1879-1950), il répondait souvent par : « Qui veut savoir ? » Qui est derrière cette question ?

Une idole est tout ce que nous préférons à Dieu ; quelque chose qui se substitue à Dieu. Les idoles passent souvent inaperçues, car nous ne nous rendons pas compte que nous les avons substituées à Dieu.

Tu places ta foi dans les symboles les plus banals
et les plus insanes : pilules, argent, vêtements « protecteurs »,
influence, prestige, être aimé, connaître les « bonnes »

personnes, et toute une liste interminable de ces formes de rien que tu dotes de pouvoirs magiques.

E-50.1:3

Une idole est l'image d'un frère ou d'une sœur que nous valorisons davantage pour ce qu'il ou elle est en réalité. C'est un souhait, rendu tangible et réel (T-29.VIII.3:2). C'est une « croyance ». Quand on enlève la croyance, l'idole meurt.

Un miracle est une correction introduite dans la pensée fausse (T-1.I.37). C'est un changement d'esprit qui transforme la perception de l'absence de conscience à la pleine conscience. C'est une diminution de toutes nos défenses, de toutes nos dissimulations et de nos pensées d'attaque. C'est la fin des illusions. C'est l'annulation de notre croyance au péché, à la culpabilité et à la peur. Ce n'est pas un changement des circonstances extérieures. C'est une correction d'une perception erronée, un mécanisme d'apprentissage, une leçon de vérité introduite dans une idée fausse. C'est une renonciation aux faux dieux. C'est l'acceptation de l'expiation. Le miracle ne fait rien. Il défait. (T-28.I.1:1-2).

Notre définition des termes se poursuit dans les deux prochains chapitres alors que nous examinerons l'*intrigue* de base de notre histoire, le fonctionnement de l'esprit et la dynamique fondamentale de l'ego.

Chapitre 5

De l'absence de conscience à la pleine conscience

Comment fonctionne l'Esprit selon *Un Cours en miracles*

Rares sont ceux qui apprécient la puissance réelle de l'esprit, et nul n'en reste pleinement conscient tout le temps. Toutefois, si tu espères t'épargner la peur, il y a certaines choses dont tu dois te rendre compte, et pleinement compte. L'esprit est très puissant et jamais il ne perd sa force créatrice. Il ne dort jamais. Il crée à chaque instant.

T-2.VI.9:3-7

Le Cours fait référence plusieurs fois aux mots « choix et choisir » et à « décider et prendre une décision ». Le Dr Ken Wapnick insiste souvent sur l'importance de la prise de décision. Vivre le Cours en miracles signifie reconnaître que nous avons pris une décision pour l'ego ; nous pardonner d'avoir fait ce choix et puis choisir de voir les choses différemment. La prise de décision est aussi inconnue au Ciel que l'est le pardon, puisqu'être en Unité d'Esprit ne comporte aucune séparation, aucune division et, par conséquent, aucune décision (aucun jugement) à prendre. En ce sens, nous pourrions affirmer que « la liberté n'est qu'un autre mot pour dire qu'il n'y a plus rien à choisir. » Le Ciel est l'Unité d'esprit. L'Esprit est de Dieu et ne peut être en désaccord. À cet instant, maintenant, je connais la paix de Dieu, ou je ne la connais pas. Il en est de même pour le prochain moment, et le suivant. Le pouvoir de décider est la seule liberté qui nous reste (T-12.VII.9:1).

L'Esprit est fondamental. Tout est dans l'Esprit. Il n'y a *rien* en dehors de l'Esprit. L'Esprit est l'agent activateur ou énergisant du pur esprit (C-1.1). Dans le Cours, il y deux façons d'utiliser le mot « esprit ». Le mot esprit avec un *E* majuscule est l'Esprit de Dieu qui équivaut à l'Amour, au Ciel et à la Vérité. Avec un *e* minuscule, il nous réfère à l'agent du choix dans le monde. Nous sommes libres de croire ce que nous voulons. Nous pouvons choisir d'aligner notre esprit à celui du Saint-Esprit, ou à celui de l'esprit avec le *e* minuscule – l'ego, qui est également utilisé dans le Cours pour la fausseté d'esprit. L'esprit de miracle signifie justesse d'esprit (T-2.V.3:1). Nous accédons à la justesse d'esprit par le processus d'Expiation (le démantèlement de l'ego). Ainsi, vivre le Cours en miracles signifie atteindre la justesse d'esprit. Nous devons être dans la justesse d'esprit afin de surmonter la culpabilité et la séparation. La justesse d'esprit est le désir de changer les choses. La justesse d'esprit n'est pas l'Unité d'esprit du Saint-Esprit. C'est, cependant, l'état que nous devons d'abord atteindre dans le but de rétablir l'Unité d'esprit (T-4.II.10:1). Nous *choisissons* la fausseté d'esprit ou la justesse d'esprit. La seule limite placée sur l'esprit est d'accepter qu'il ne puisse servir deux maîtres (le Saint-Esprit et l'ego).

Nul ne peut servir deux maîtres. Car, ou il haïra l'un, et aimera l'autre ; ou il s'attachera à l'un, et méprisera l'autre. Vous ne pouvez servir Dieu et Mamon.

MATTHIEU 6,24

La perception est le processus par lequel nous donnons signification et valeur à ce que nous voyons, entendons ou pensons. C'est le reflet de notre propre réflexion. La perception est *un miroir et non un fait* (E-304.1:3). Dieu, la Vérité et l'Amour ne changent jamais. La perception est *un processus* d'acceptation et de rejet qui se transforme et évolue. L'ego limite la perception aux corps de nos frères et sœurs et aux choses de ce monde. Il définit ou concrétise le monde. La perception est aussi un choix. Pratiquer le Cours *purifie* la perception en nous aidant à nous défaire des blocages (les enseignements de la peur) vers un éveil de la présence de l'amour.

Car les yeux et les oreilles sont des sens dénués de sens ; et ce qu'ils voient et entendent, ils ne font que le rapporter. Ce n'est pas eux qui voient et entendent, mais toi, qui assembles tous les morceaux biscornus, chaque bribe insensée et chaque miette de preuve, et fais un témoin du monde que tu veux.

T-28.V.5:6-7

La connaissance, qui provient de notre Esprit vrai (l'Esprit de Dieu), est éternelle, impersonnelle, au-delà du sujet et de l'objet, et le résultat de la révélation (T-3.III.5:10). C'est un contact direct avec Dieu qui transcende le temps et abolit la peur. C'est faire l'expérience de l'Unité ; l'expérience de l'Essence ou de l'Être. C'est « l'illumination », et une pénétration dans l'Essence. C'est stable, immuable et sans conflit.

L'esprit de miracle est celui qui, en questionnant la nature du rêve (la douleur, la souffrance et la mort), commence à pratiquer les étapes menant à l'éveil du rêve de l'ego. L'esprit de miracle signifie justesse d'esprit (T-2.V.3:1).

Comment fonctionne l'Esprit selon *Un Cours en miracles*

1. **La vie est Pensée et Dieu est la vie** (T-14.IX.4:5). Nous sommes des pensées avec un petit *p* qui « pensent » que nous pourrions être séparés de la Pensée avec un *P* majuscule. Nous pouvons concevoir la vie sans un corps, mais ne pouvons imaginer la vie sans l'esprit. La vie ne peut être limitée par une plante, un animal, un corps humain ou par quelque « chose ». La vie ne commence pas à la naissance d'un corps. La vie ne se termine pas avec la mort d'un corps. La vie est une constante (éternelle). Le corps est impermanence (fini).

Quand tu as rendu visible ce qui n'est pas vrai,
ce qui « est » vrai t'est devenu invisible.

T-12.VIII.3:1

2. **La pensée vient en premier.** Dieu a créé la pensée. Avant que toute « chose » (idée ou objet) puisse devenir réalité, c'est d'abord une pensée. Dieu n'a pas créé l'extérieur. Dieu ne pourrait pas créer ce qui n'est pas de Dieu. Dieu n'a pas créé l'ego. Dieu n'a

pas créé un monde insignifiant. Le monde que nous voyons est à l'extérieur et de notre fait.

Au commencement était la Parole, et la Parole
était avec Dieu, et la Parole était Dieu.
Elle était au commencement avec Dieu.
Toutes choses ont été faites par elle, et rien de
ce qui a été fait n'a été fait sans elle.
En elle était la vie, et la vie était la lumière des hommes.
La lumière luit dans les ténèbres, et les ténèbres
ne l'ont point reçue.

JEAN 1,1-5

3. **L'abstraction complète est la condition naturelle de l'esprit** (E-161.2:1). L'amour est abstrait et ne peut être défini, et pourtant nous sommes tous d'accord qu'il y a quelque chose appelé « amour ». Dieu est abstrait et ne peut être défini, et pourtant la plupart des gens sont d'accord qu'il y a un Dieu.

L'esprit qui s'est enseigné à penser concrètement ne peut plus saisir l'abstraction dans le sens où elle englobe tout. Nous avons besoin de voir un peu, pour apprendre beaucoup.

E-16.4:7-8

Penser de façon spécifique signifie penser au corps, au monde et à toutes les idoles — toutes les choses extérieures que voient les yeux du corps. La pensée abstraite s'applique à la connaissance. La perception est toujours spécifique. La vie semble prendre forme dans les corps, ils semblent donc vrais, mais les corps sont éphémères et durent seulement un petit moment, et le temps lui-même est une illusion

(T-20.VI.8:7-8). L'Abstraction divine (Dieu) se fait une joie de partager (T-4.VII.5:4) ce qui est dans la création.

> *Et pourquoi regardes-tu la paille dans l'œil*
> *de ton frère, tandis que tu ne vois pas la poutre dans ton œil ?*
> *Ou comment dis-tu à ton frère : Permets que j'ôte cette paille*
> *de ton œil, et voici une poutre est dans le tien ? Hypocrite !*
> *Ôte premièrement de ton œil la poutre,* ***et alors tu penseras***
> ***à ôter la paille de l'œil de ton frère****.*
>
> MATTHIEU 7,3-5

4. **La projection fait la perception.** Cette phrase de cinq mots qui paraît deux fois dans le Cours est simple, profonde et pourtant pas facile à comprendre (à accepter), parce que nous sommes continuellement engagés dans la projection que nous ne voyons pas que nous projetons. Nous ne nous apercevons pas que nous inventons le monde que nous voyons. Nous voyons le monde comme insane et ne voyons pas que nous sommes « les faiseurs d'images ». Le but de toute vue est de nous montrer ce que nous souhaitons voir, et toute ouïe amène à ton esprit les sons que nous voulons entendre (E-161.2.3:5-6).

Selon les principes physiques de Heisenberg, il est impossible pour l'observateur de ne pas influencer l'objet perçu. Le préambule de l'UNESCO commence par cette phrase : « Les guerres prennent naissance dans l'esprit des hommes. » Si les guerres commencent dans l'esprit des hommes, alors elles se terminent aussi dans l'esprit des hommes. Tout est projection – une assertion – à partir du moment où le nouveau-né pousse son premier cri. « La projection fait la perception et perception signifie interprétation » (T-3.I.1:6). Nous superposons notre interprétation sur le monde, et croyons ainsi que ce que nous voyons est la réalité.

L'ego analyse ; le Saint-Esprit accepte.
T-11.V.13:1

La différence fondamentale entre l'esprit ordinaire de l'ego, qui inclut en grande partie notre réflexion la majorité du temps, et l'esprit de miracle est que l'esprit de l'ego est un *projecteur.* L'esprit de miracle est « réceptif » plutôt que « projectif ». Il voit, tout simplement. Dans le Saint Instant, quand le temps arrête ses marées continues, nous voyons vraiment. L'esprit de miracle voit sans être contaminé par l'ego – sans projeter quoi que ce soit sur le monde. Nous ne pouvons à la fois être projectifs et réceptifs.

5. **Le but ultime de la projection est toujours de se débarrasser de la culpabilité** (T-13.II.1:1). Si nous ne nous sentions pas coupables, nous ne projetterions pas. Comme la culpabilité fait obstacle à notre souvenir de Dieu, nous essayons de nous en défaire en la projetant à l'extérieur.

6. **Les idées ne quittent pas leur source.** Nous n'avons jamais quitté la maison (le Ciel) parce que l'impossible ne peut pas arriver. C'est précisément parce que les idées ne quittent pas leur source que je ne suis pas un corps. Je suis un esprit. Voyant comment je suis un esprit, l'Enseignant intérieur (le

Saint-Esprit) parviendra à passer au niveau qu'il peut atteindre et c'est au niveau de l'esprit. Comme les idées ne quittent pas leur source, nous ne pouvons pas être séparés de Dieu. L'idée de Dieu n'a jamais quitté l'Esprit qui l'a pensé, ce qui explique pourquoi, afin d'être entier, je dois donner mon esprit entier à Dieu. De la même manière, l'idée de la culpabilité ne quitte pas son point de départ dans l'esprit. L'idée de la séparation n'a jamais quitté l'esprit qui l'a pensé. Pour cette raison, je ne suis jamais en colère envers quelqu'un d'autre. Je suis toujours en colère envers moi-même.

Puisque le Saint-Esprit est dans ton esprit,
ton esprit peut aussi croire seulement ce qui est vrai. Le Saint-Esprit ne peut parler que pour cela, parce qu'Il parle pour Dieu. Il te dit de retourner à Dieu ton esprit tout entier, parce qu'il ne L'a jamais quitté.

T-6.II.10:3-5

Lorsque j'avais 18 ans, j'ai écouté une cassette enregistrée par Earl Nightingale appelée *The Greatest Secret in the World*. D'après Nightingale, le plus grand secret dans le monde est que « nous devenons ce que nous pensons ». Ou, nous sommes ce que nous pensons. Ce qui semble être à l'extérieur n'est pas en dehors de l'esprit. Ce que je vois est témoin de mes pensées. Le monde que je perçois est la représentation de mon esprit ; *l'image extérieure d'une condition intérieure.* Ou, comme l'a dit quelqu'un : « L'univers se réarrange constamment pour accommoder mon interprétation de la réalité. » La leçon 35 du livre d'exercices est *Mon esprit fait partie de Celui de Dieu. Je suis très saint.* De toute évidence, ce n'est pas la manière dont nous nous voyons nous-mêmes. C'est, toutefois, la manière dont les choses sont en vérité. La perception peut être changée ; l'objet de la perception ne peut être changé. Nos pensées changent nos vies. Obtenez-les et vous l'aurez !

> *N'oublie pas que ta volonté a plein pouvoir sur tous les fantasmes et tous les rêves. Compte sur elle pour t'aider à les traverser et te transporter au-delà d'eux tous.*
>
> E-RII.IN-4

7. **Les pensées que « nous pensons penser » ne sont pas nos pensées réelles.** (E-45:1-2). La vie est pensée. La vie est Dieu. Nos *pensées réelles* sont ces pensées que nous alignons sur l'Esprit de Dieu. Lorsque nous ne pensons pas comme Dieu, nous ne pensons pas réellement (T-5.V.6:12). Toutes les pensées de solitude, d'isolement, de douleur, de culpabilité et de peur ne sont pas réelles (éternelles). Toutes les pensées qui se trouvent à l'extérieur de l'Esprit de Dieu ne sont que *fantaisies, désirs, illusions ou rêves* Toutes nos « pensées secrètes », ce que nous pensons que nous ne pouvons pas partager, sont tout aussi irréelles. Comme tous les rêves, ils durent un moment et disparaissent. Ils sont une déformation de la réalité. Elles sont de faux-semblants ou des inventions. Quand quelqu'un altère son apparence en décorant son visage, nous appelons cela maquillage[2]. Nous inventons le monde. Nos fantaisies, nos rêves et nos illusions ne sont pas vrais ; et il

2. N.d.T.: En anglais maquillage se dit *makeup*, qui veut également dire inventer lorsqu'il est écrit *make up*.

y a un endroit à l'intérieur de nous qui sait que ces pensées sont éphémères, non pas éternelles, et ainsi, non réelles. Et pourtant …

Ton Soi garde Ses Pensées, et elles restent au-dedans de ton esprit et dans l'Esprit de Dieu.

E-96.7:1

8. **Il n'y a pas de pensées neutres.** Nos pensées sont effrayantes ou aimantes, mais jamais neutres. Il n'y a pas de vaines pensées. Toute pensée produit une forme à un certain niveau (T-2.VI.9:13). Cela est vrai à l'intérieur du monde du rêve (ce monde) et pour le monde réel (le Ciel). Dans le contexte de « ce monde », mes pensées créent un monde temporaire, artificiel et effrayant.

9. **Le monde réel est un état dans lequel le bon et le mauvais n'existent pas.** Le philosophe néerlandais Benedict de Spinoza (1632-1677) a observé que « Si les hommes étaient nés libres, ils resteraient libres aussi longtemps qu'ils n'ont formulé aucune conception du bon et du mauvais. » Bien qu'il n'en soit pas ainsi dans ce monde (dans l'illusion), dans la « réalité » il n'y a aucune division et, encore une fois, il n'y a aucune décision. La connaissance ne comporte jamais de comparaisons (T-4.II.11:12).

De fait, le monde réel peut être perçu. Tout ce qui est nécessaire, c'est le désir de ne percevoir rien d'autre. Car si tu perçois à la fois le bien et le mal, tu acceptes à la fois le faux et le vrai sans faire de distinction entre eux.

T-11.VII.2:6-8

10. **Notre seul problème est notre croyance dans la séparation!** Il n'y a qu'une solution : l'acceptation de l'Expiation (défaire l'ego) ce qui signifie que la séparation ne s'est jamais produite. « En apparence », on croit qu'elle s'est faite. La séparation en fait n'a jamais eu lieu. Ce n'était (ce n'est) qu'un rêve. Nous arrivons à ce souvenir par le processus du pardon — en laissant le monde être ce qu'il est sans projeter sur lui. Quand nous cessons de projeter notre perception, nous faisons l'expérience de l'Unité. Seulement à ce moment éprouvons-nous une vraie empathie, seulement à ce moment pouvons-nous être vraiment serviable.

Croire qu'il y a une autre façon de percevoir,
voilà l'idée la plus élevée dont soit capable la pensée de l'ego.
C'est qu'elle contient un soupçon de re-connaissance
de ce que l'ego n'est pas le Soi.

T-4.II.4:10-11

11. **Il n'y a pas de pensées privées.** Les esprits sont joints et seuls les esprits communiquent (T-7.V.2:1). Un frère est tous les frères et chaque esprit contient tous les esprits (E-161.4:1-2). Alors que l'idée de la séparation doit être partagée avant qu'il puisse y avoir séparation, quand l'unité est partagée, il n'y a alors que l'unité. La joie, la paix, l'unité et l'amour en viennent à un désir intégrant de partager et favorisent l'impulsion naturelle de l'esprit à répondre en ne faisant qu'un (T-5.IN.1.6). Notre seule relation complètement significative se fait avec Dieu qui est

Unité. Nous connaissons l'unité de Dieu quand nous partageons littéralement cette unité avec chaque esprit.

12. **Seuls les esprits communiquent** (T-2.V.2:1), et les esprits n'ont pas besoin de corps pour communiquer. Le corps peut seulement faire ce que l'esprit lui demande de faire. Alors que le corps, au service de l'ego, peut certes blesser d'autres corps, les esprits ne peuvent pas blesser. Nous connaissons tous le vieil adage au sujet des enfants : « La bave du crapaud n'atteint pas la colombe. » Communiquer, c'est se rapprocher. Attaquer, c'est se séparer. Quoique les esprits puissent communiquer, ils peuvent communiquer seulement dans l'amour. Autrement, c'est une forme de séparation ou de mauvaise communication.

13. **Nous ne sommes jamais seuls à éprouver les effets de notre vue** (Leçon 18). Je peux faire appel à mes pensées aimantes qui partagent tout avec tous. De même que mes pensées de séparation me déconnectent des autres, mes pensées réelles éveillent les pensées réelles des autres (E-54.3:6). Tout comme se cacher nous rend malheureux, rien d'autre n'est plus agréable que le partage. Cela est amour. Dieu est amour.

14. **Tout ce que je dis, fais ou pense enseigne à l'univers.** Nous sommes tous, en tout temps, des étudiants et des enseignants. Nous enseignons le Cours en vivant le Cours.

Si le centre du système de pensée est vrai, seule la vérité s'étend à partir de lui. Mais si un mensonge est en son centre, seule la tromperie en procède.

T-6.V.B.1:10-11

15. **Tous les faux systèmes de croyances échouent.** Le système totalitaire du communisme a échoué parce qu'il était un système totalitaire. Nous ne pouvons pas être égaux en empêchant la liberté. Il y a de nombreuses années, j'ai pris conscience d'un *culte* du *Cours en miracles,* établi autour d'un leader charismatique. Inquiet quant à la possibilité d'une mauvaise interprétation, j'ai appelé Ken Wapnick. La réaction de Ken fut de citer un texte sacré qui dit, « Si cela vient de Dieu, il n'y a rien à faire pour l'arrêter, et si ce n'est pas de Dieu, cela ira au néant. » Une étude de l'histoire montre que l'ego implose constamment. Lorsqu'il le fait, la vérité prend automatiquement toujours le premier plan.

16. **Je suis déterminé à voir.** L'amour peut remplacer la peur. Le rire peut remplacer les larmes. L'abondance peut remplacer la perte. Cela n'est pas seulement possible pour ma volonté et la Volonté de Dieu d'être Un, c'est le seul chemin — la seule vérité qui soit.

Qui est en charge de l'esprit ? Le Cours dit que *vous* (le décideur) êtes en charge du voyage, de la Filiation, du processus d'Expiation, de la seconde venue, du Royaume et de l'univers. En m'engageant dans le processus de purification, en défaisant l'ego et en alignant mon esprit avec l'Esprit de Dieu, je sais que ces déclarations sont vraies.

Quand tu laisses ton esprit être attiré par
des préoccupations corporelles, par des choses que tu achètes,
par l'éminence telle que le monde l'estime, tu demandes
le chagrin, et non le bonheur.

E-133.2:2

Quel est celui qui *laisse son esprit être attiré* et, quand je vois que je laisse l'esprit être attiré par la malcréation, puis-je recentrer mon esprit afin d'obtenir de vrais résultats et non pas quelque chose du monde ? Au service de qui vais-je placer l'esprit ? Et qui est ce « je » qui fait le placement ? Nous n'arrêtons jamais de décider. Nous pouvons mettre l'esprit au service du Un qui peut nous guider vers notre vraie Maison et pas seulement le retourner à l'absence de conscience — un lieu où nous errons perdus dans un rêve du monde.

Ton esprit ne peut pas être arrêté en cela, à moins
que tu ne choisisses de l'arrêter.

E-44.7:3

Arrêtez !

Il y a un clip télévisé des années 1980 avec le comédien Bob Newhart, dans lequel Bob joue le rôle d'un psychiatre. Une femme entre dans son bureau pour obtenir un conseil et Bob lui dit que la consultation coûtera cinq dollars, payables à l'avance, et elle dit :

— Cinq dollars à l'avance, pourquoi cinq dollars ?

— Je demande un dollar par minute, et cela ne prendra que cinq minutes.

— Très bien, répondit-elle et lui donne cinq dollars.

– En quoi puis-je vous aider ? demande-t-il.

– J'ai peur d'être enterrée vivante dans une boîte, lui répond-elle.

– Eh bien, arrêtez cela !

– Vous voulez dire que je devrais cesser de ne penser qu'à cela ?

– Oui, arrêtez cela !

Puis, elle dit qu'elle avait un autre problème. Il lui demande lequel était-ce et elle précisa qu'elle laisse les hommes la dominer. Alors il dit :

– Arrêtez cela !

La correction ne se fait pas toujours aussi instantanément, mais le principe demeure le même. C'est seulement lorsque je me serai rendu compte que j'ai le choix et que je décide de suivre la Voix de Dieu qu'il me sera possible de prendre cette décision.

Quand le jugement cesse, la guérison survient

Le jugement se dissipe quand nous changeons notre façon de voir les choses. La vigilance (épier nos pensées) requiert un effort jusqu'à ce que cela ne requière aucun effort (devienne automatique). Toute notre vie nous avons jugé et nous ne cesserons pas volontiers de juger. Surveillez ce qui se passe sans porter de jugements. Ne pas juger ne signifie pas ne porter aucun jugement simple ni n'avoir aucun discernement. « Est-ce que je vais prendre des œufs ou du gruau pour déjeuner ? » ou « Comment vais-je me vêtir ? » Les vêtements que nous portons n'ont peu d'importance à moins que ce soit pour obtenir du pouvoir ou pour être sexy, dans lequel cas, nous essayons de manipuler l'univers.

Habillez-vous comme les gens ordinaires. Habillez-vous pour être confortable.

Ce que nous surveillons est la projection, la condamnation, la critique, l'attaque et le blâme. Si je condamne un frère, je condamne quelqu'un que Dieu ne condamne pas. La condamnation n'est pas de Dieu. Condamner mon frère, c'est me poser une couronne d'épines sur la tête. Et me clouer moi-même sur la croix. Essayez d'arrêter de juger. Prenez-en conscience et arrêtez. Prenez-en conscience et arrêtez. L'ego parle toujours en premier (T-5.VI.3:5). Comme nous essayons de rééduquer l'esprit, alors réfléchissez plus que deux fois avant de parler. Regardez le monde sans rien y ajouter. Voyez-le tel qu'il est. Laissez-le être ce qu'il est. Le monde a toujours été le domaine de l'ego. Il le sera toujours. C'est quelque chose qui arrive dans le temps. Pour cette raison, on ne résoudra jamais le problème du terrorisme — dans ce monde. Au Ciel, le terrorisme n'existe pas. Cela ne pourrait être. Vous êtes intemporel et à partir d'une position d'intemporalité vous pouvez le voir — étant donc, au-dessus du champ de bataille. Je ne suis pas meilleur ni pire que quelqu'un d'autre. Mes besoins ne sont pas plus importants que ceux d'autrui et je reconnais mon Unité avec toutes choses. Voir cela est vraiment de l'amour.

Un Moment saint est tout moment où en ne jugeant pas je ne me vois pas séparé. La psychothérapie fonctionne lorsque le psychothérapeute ne juge pas son client. Il existe, bien sûr, des différences dans la forme, mais pas dans le contenu. Littéralement, Dieu n'a pas de fils ou de filles préférés. Comme le dit mon amie la révérende Sara Emrie : « Pourquoi ne pas dire les choses comme elles le sont ? Nous sommes Un. »

Les miracles sont des pensées. Les pensées peuvent représenter le niveau inférieur ou corporel de l'expérience, ou le niveau supérieur ou spirituel de l'expérience. L'un fait le physique et l'autre crée le spirituel.

PRINCIPE NUMÉRO 12 DES 50 PRINCIPES DES MIRACLES, T-1.I.12

Se mettre en hypervitesse

Que signifie amener les choses à un niveau supérieur ou spirituel ? Dans la trilogie originale de *La Guerre des étoiles,* notre héros, Hans Solo (interprété par Harrison Ford) et ses compagnons parviennent à s'échapper de Darth Vader et de l'Empire du mal en mettant leur vaisseau spatial, le *Faucon millénaire,* en hypervitesse, le faisant ainsi passer dans une autre dimension. De la même façon, lorsque nous allons de l'esprit de l'ego (absence de conscience) vers la partie supérieure de l'esprit (la pleine conscience), nous passons dans une dimension supérieure en dehors du temps et de l'espace et de notre mode ordinaire de penser, nous passons de l'ego à l'esprit, des yeux de la peur aux yeux de l'amour, de la projection à la réceptivité.

Après que Dr Bill Thetford eut pris sa retraite, quand quelqu'un lui demandait ce qu'il faisait, il disait qu'il pratiquait le pardon. Tant que je n'ai pas entièrement aligné mon esprit avec l'Esprit de Dieu, je continue de me demander : « Est-ce une vraie pensée d'amour ou suis-je en train de faire de la projection ? » Si cela est suscité par la culpabilité ou par la peur ; si c'est un lieu où je me cache ; si cela est provoqué par la colère ; si c'est une forme de vengeance ; je suis certain que ce n'est pas vrai et qu'il me faut l'amener à un niveau supérieur. J'ai besoin d'une autre façon de voir. La dernière leçon d'*Un Cours en miracles* est répétée dans les leçons 361 et 365.

Cet instant saint, je voudrais Te le donner.
Sois en charge. Car je voudrais Te suivre, certain que
Ta direction me donne la paix.

EXERCICES, LEÇONS 361 ET 365

CHAPITRE 6

La dynamique de l'ego

DÉMYTHIFIER ADAM ET ÈVE

Le jardin d'Éden, ou la condition d'avant la séparation, était un état d'esprit dans lequel il n'y avait aucun besoin. Quand Adam prêta l'oreille aux « mensonges du serpent », tout ce qu'il entendit était faux. Tu n'es pas obligé de continuer à croire ce qui n'est pas vrai à moins que tu ne choisisses de le faire.

T-2.I.3:1-3

Devenir désillusionné — Comment l'ego a-t-il commencé ?

Peu importe à quel point il peut sembler en être tout autrement — nous ne sommes pas un ego et nous ne sommes pas un corps. Parce qu'il est une croyance ou un rêve, l'ego n'a jamais commencé ; pourtant, il nous semble que si ! La question fondamentale n'est pas comment l'ego a-t-il commencé, mais pourquoi le perpétuons-nous ? Pourquoi sommes-nous incapables de le faire taire ? Pourquoi sommes-nous incapables de le laisser aller ? Être immergé dans l'ego, c'est comme si l'arbre nous cachait la forêt. Comment renoncer à une illusion, si nous ne savons pas que nous y sommes coincés ? Après tout, la qualité principale d'une illusion, c'est d'être une illusion.

Dans le troisième chapitre du livre de la Genèse, au début de la Bible, nous retrouvons le mythe le plus fondamental du monde occidental, la base du judaïsme, du christianisme et de l'islamisme. Ce mythe explique l'origine et la persistance de l'ego. Adam (l'homme) et Ève (la femme) sont créés dans un état d'innocence, d'inconscience de soi. Adam croque dans le fruit de la connaissance du bien et du mal et soudainement « ses yeux se sont ouverts. » La dualité germe dans son esprit, et Adam pense qu'il est possible de penser en dehors de l'esprit de Dieu. L'homme est vraisemblablement chassé du Paradis (l'Unité) et jeté en enfer (la Dualité). Tenter de vivre dans la dualité crée la confusion.

Adam et Ève, l'homme, la femme, vous, moi, nous, *nous* avons décidé qu'il était possible de vivre en dehors de l'Esprit de Dieu. Cette pensée est une sorte de malédiction, une sorte de damnation temporelle, mais pas éternelle. Il est impossible d'être séparé de Dieu (l'Éternité). À travers le temps, toutefois, durant plusieurs millions d'années, plusieurs milliards d'entre nous ont « essayé » de penser en dehors de l'Esprit de Dieu. Nous n'écoutons pas la Voix de Dieu ; nous écoutons plutôt la voix qui nous dit des absurdités. Elle nous dit qu'il est de circonstance d'être égoïste ; qu'il est acceptable d'être en colère ; qu'il est correct de chercher la faute et de trouver l'erreur. Qu'il est normal d'attaquer. Nous pouvons même, dans la droiture, aller à la guerre et tuer nos frères et sœurs et être totalement blanchis. Cependant, blesser quelqu'un n'est jamais une expérience heureuse. Nous ne pouvons pas infliger la douleur à autrui sans nous l'affliger à nous-mêmes.

Dans l'éternité, où tout est un, s'est glissée une minuscule idée de laquelle le Fils de Dieu s'est souvenu de ne pas rire.
T-27.VIII.6:2

On peut penser au « big bang » comme étant la première projection ; la première formation d'une forme dans un état informe ; la première pensée de l'individualité qui a « pensé » pour se séparer de la Pensée (Dieu). Avant le « big bang », il n'y avait aucune division, aucune séparation, aucun éclatement de l'esprit ; et le temps n'existait pas. L'ego vit dans le temps, dans l'histoire, dans une histoire. L'ampleur de cette seule pensée (la projection/l'erreur) est si vaste qu'un monde irréel en émerge. Comme un miroir qui tombe et se fracasse, une sorte d'éclatement de la conscience a lieu, se fracturant en milliards de morceaux de non-réalité.

La honte et la culpabilité ont pénétré l'esprit. Il s'est produit un phénomène qui ne devait pas se produire. Nous avons maintenant le Soi et l'autre, le bon et le mauvais, le beau et le laid, et tout cela fait appel au jugement. Des défenses de toutes sortes deviennent soudainement nécessaires. Nous avons le jugement ; nous avons la séparation et la division ; nous n'avons pas le tout ; nous n'avons pas l'immensité ; nous n'avons pas l'infini. Nous avons plutôt le concret, le physique, le matériel, le mondain et le limité. (Dans la Genèse, il n'est nullement fait mention d'une pomme. À la blague, j'ai souvent dit que la légendaire pomme était peut-être un champignon psychotrope.)

Adam n'était qu'humain – ceci explique tout.
Il n'a pas voulu la pomme pour la pomme ; il l'a voulue parce qu'elle était défendue. L'erreur a été de ne pas défendre le serpent, il aurait alors mangé le serpent.
MARK TWAIN (1835-1910)

Les mécanismes de défense de l'ego

Laissons Adam dans le buisson pour le moment et parlons de psychologie moderne. Bien que la philosophie orientale se soit appuyée durant des siècles sur l'ego, ce n'est pas avant le développement de la philosophie idéaliste allemande des XVIIIe et XIXe siècles que le rôle de l'ego a été identifié formellement en Occident. Le philosophe allemand J. G. Fichte (1762-1814) dit que le fait de voir comment l'ego détermine le monde que nous voyons, ne devrait-il pas être la première chose que doive étudier la philosophie ? Toutefois, c'est le psychiatre autrichien Sigmund Freud (1856-1939) qui a expliqué en profondeur la variété des mécanismes de défense de l'ego qui nous sont accessibles. Merci à Freud, à sa fille Anna, à Carl Jung et aux fondateurs de la psychologie moderne de nous avoir permis de connaître clairement l'origine, la composition et l'évolution des mécanismes de défense de l'ego. Freud était un athée et tout en saisissant bien ce qu'est l'ego, il pensait que l'esprit se limitait au cerveau. Il n'endossa pas la philosophie orientale dans laquelle l'ego était irréel. Après tout, il étudiait quelque chose qui semblait bien réel. Il pensait que nous étions coincés avec l'ego – maudits par lui, si vous le permettez. Il n'y avait tout simplement aucun moyen d'y échapper. Ce que le Cours stipule, ce que la philosophie mystique a toujours affirmé, c'est qu'il existe une façon de s'en défaire.

La « dynamique » de l'ego sera notre leçon
pendant quelque temps, car nous devons d'abord l'examiner
pour ensuite voir au-delà, puisque tu l'as rendue réelle.
Ensemble, tranquillement, nous déferons cette erreur, puis
nous regarderons au-delà vers la vérité.

T- 11.V:5-6

Les défenses sont des mécanismes que nous utilisons pour nous protéger contre ce que nous percevons comme des menaces provenant du monde extérieur. Ce sont des moyens que nous utilisons pour ériger et protéger notre propre monde. Ce sont les instruments par lesquels nous favorisons notre séparation. Les défenses sont des pensées insanes tout simplement parce qu'elles sont détachées du tout. Ce sont des « baguettes magiques secrètes » que nous brandissons quand la vérité apparaît pour menacer ce que nous croyons à propos de nous-mêmes. Elles sont les « sots gardiens des folles illusions » (M-4.VI.1). Les premières défenses sont le déni et la projection.

Considère pour quoi l'ego veut des défenses
Toujours pour justifier ce qui va à l'encontre de la vérité, défie
la raison et n'a aucun sens.

T-22.II.5:1-2

Les défenses sont le prix le plus élevé que l'ego puisse exiger.

E-153.4:1

Le déni est la première ligne de défense — mentir, dissimuler, ne pas regarder, être inconscient, fuir, s'abrutir avec l'alcool et les drogues, etc. Comme chaque défense peut prendre des formes diverses, les trois formes de déni les plus manifestes sont : 1. la dissimulation ou le mensonge ; 2. la dissociation ; 3. les diverses dépendances. Il y a des chevauchements évidents. Par exemple, nous mentons, dissimulons ou nions nos comportements de dépendances. Le mensonge est une forme de dissimulation. Qu'a d'abord fait Adam « après avoir ouvert les yeux » et été capable de distinguer entre « le bien et le mal » ? Il se cache dans les buissons. D'après la Bible, Dieu recherche Adam « dans le courant de la journée. » Dieu le trouve dans les buissons et lui demande :

– Pourquoi te caches-tu ?

Jamais auparavant Adam ne s'était caché de Dieu. Il n'y avait pas de raison de se cacher. Maintenant que la situation avait changé, Adam dit :

– C'est parce que j'étais nu.

– Qui t'a dit que tu étais nu ? demande Dieu (Genèse 3,11).

D'où vient cette idée de nudité ? Où il y avait simplement l'être, il y a maintenant un corps, un passé, un futur et une histoire.

Et tu as fait une chose plus étrange encore que tu ne le crois.
Tu as déplacé ta culpabilité de ton esprit à ton corps.

T-18.VI.2:4

L'expérience de la honte ou de la culpabilité – d'être souillé, de puer, une atroce culpabilité est montée à l'esprit. Adam a été démasqué. Il a un corps et sa culpabilité n'est pas seulement associée à un corps, mais à un corps nu. Cela a aussi à voir avec le sexe, alors Adam doit maintenant « dissimuler sa honte. »

Le mensonge est la première défense que les enfants apprennent. Quand nous nous sommes mis dans l'embarras et avons besoin de nous protéger, il suffit d'utiliser le mensonge. Après tout, qui le saura ? Le problème est, cependant, que quelqu'un le sait – « nous » le savons.

Cela augmente notre culpabilité, parce que nous nous sommes séparés de la personne à qui nous avons menti, et donc du tout ou de l'Unité ; et, automatiquement, notre culpabilité génère la peur de la punition. La première personne à qui vous avez probablement menti (ce qui a provoqué l'expérience de la culpabilité et de la séparation) a été votre mère. Cela s'est probablement produit ainsi : Maman est entrée dans votre chambre, a vu un désordre et elle a demandé :

– Qu'est qui est arrivé ici ?

– Je ne sais pas ! avez-vous répondu avant d'ajouter rapidement, je pense que c'est le chien.

Il y a projection… lorsque tu crois qu'il existe en toi un vide ou un manque et que tu veux le combler avec tes propres idées au lieu de la vérité.

T-2.I.1:7

Tandis que notre premier choix est de fuir, de nous cacher ou de nous dissocier, le choix principal de l'ego en guise de défense est l'attaque ou la projection. Dieu insiste auprès d'Adam pour qu'il Lui en dise davantage à propos de ce qui est arrivé. Adam utilise la deuxième défense et fait appel à Ève. (Quel choix avait-il ?)

– Ève m'a proposé ce fruit et j'y ai goûté.

Dieu se tourne vers Ève et dit :

— Dis-moi, Ève, qu'est-ce qui s'est passé ?

D'emblée, Ève se sert de la deuxième défense et dit :

— Le serpent m'a envoûtée (la ruse) et j'ai goûté à ce fruit.

La projection est une forme plus évidente de défense. En effet, l'esprit peut être activement engagé dans la projection. Projeter signifie « lancer à l'extérieur » ou « jeter ». La projection renforce la croyance dans la séparation. Quand nous projetons, nous nous rendons différents, plus importants que ce sur quoi nous projetons et conséquemment nous renforçons la croyance dans la séparation. Le but de la projection est de nous débarrasser de la culpabilité.

La colère comporte toujours la projection de la séparation, qui doit finalement être acceptée par chacun comme étant sa propre responsabilité plutôt que d'être rejetée sur les autres.

T-6.IN.1:2

La colère et l'attaque sont les principaux moyens par lesquels nous projetons. Dans la mesure où nous estimons la culpabilité, nous croyons que l'attaque est justifiée (T-25.III.1). L'ego adore avoir raison. Toutefois, le Cours nous demande si nous préférons avoir raison ou être heureux (T-29.VII.1:9). La colère est le moyen par lequel nous refusons de reconnaître notre culpabilité et notre responsabilité personnelle. Nous disons alors : « Le problème ne vient pas de moi, mais de toi », et c'est ce qui me rend furieux et me donne le droit de t'attaquer. Ce que j'attaque en toi, c'est le péché que je vois à l'intérieur de moi ; autrement, je ne pourrais pas attaquer.

Un étudiant demanda au maître zen Bankei :

– Comment puis-je guérir mon tempérament exécrable ?

– Montrez-le-moi, répondit Bankei.

– Je ne peux pas vous le montrer simplement comme cela parce qu'il se déclenche sans avertissement, expliqua l'étudiant.

Benkei répliqua :

– Ce n'est donc pas votre vraie nature. Si ce l'était, cela vous habiterait en tout temps.

L'attaque ne peut avoir lieu sans jugement ; et « la colère n'est jamais justifiée » (T-30.VI.1:1). Le mot est *jamais*, pas *parfois*. L'ego aimerait cela si le Cours disait que la colère est *parfois justifiée*. Ainsi, nous pourrions débattre des circonstances où elle l'est et où elle ne l'est pas. Cela ne veut pas dire que nous ne devrions jamais nous mettre en colère ; cela signifie seulement que j'ai glissé dans la peur ; que quelque chose s'est mal passé avec ma façon de penser, et que je dois regarder les choses sous un nouvel angle.

La défense de l'Expiation

L'Expiation est la correction ou l'annulation. C'est la seule défense que l'ego n'a pas faite (T-2.II.4:1). C'est le plan de Dieu (le cursus) pour le salut par le pardon (lâcher prise sur ce que nous projetons ou nous cramponnons). L'Expiation est un processus pratique pour libérer l'ego de sa croyance dans la séparation. En fait, c'est la conscience que la séparation ne s'est jamais produite. Elle ne peut pas être utilisée de manière destructrice. Elle ne peut pas échouer. Toutefois, on peut la refuser.

Si j'ai une chaîne en or ou des fils d'écouteurs qui sont tout emmêlés et que je dois défaire ces noeuds, j'*inverse* le processus par lequel les nœuds se sont faits. Les défaire peut se faire rapidement ; ou, si les nœuds sont serrés et que le processus *semble* complexe, cela peut exiger de s'attarder sur une petite section et, dès que cette section est défaite, toute une longueur se défait. Si je réussis à défaire tous les nœuds de la chaîne en or, je constate qu'il n'y avait rien. Il n'y a rien, à moins de penser qu'il y a quelque chose. Comme le Hamlet de Shakespeare le dit : « Rien n'est bon ni mauvais en soi, tout dépend de ce que l'on en pense. » De la même manière, quand l'ego est défait, nous constatons qu'il n'y avait rien au départ. L'ego n'est réellement rien. Il n'a jamais rien été. Comment du néant peut-il naître quelque chose ? Pour cette raison, il n'y a rien à pardonner à moins que « nous pensions » qu'il y en ait. Prenons la jalousie, par exemple. La jalousie peut seulement apparaître si je pense que quelque chose m'a été enlevé, que j'ai été privé d'amour. De quelconques petites pensées « perverses » ont traversé mon esprit où j'ai laissé se former des nœuds dans ma pensée.

Lors d'une de nos rencontres au sujet du Cours, un étudiant a exposé au groupe l'idée suivante. Sa fille allait se marier. Il était alors divorcé de la mère de sa fille. Ils étaient tous les deux remariés. Lors du mariage, personne n'avait pris le microphone pour le présenter comme le père de la mariée. Il était devenu si bouleversé qu'il avait quitté la réception. Il a pris sa voiture et s'est mis à rouler. Il fut rapidement rempli de colère et de rage. Alors, un miracle se produisit. Il se rendit compte de ce qu'il était en train de faire. Il avait glissé temporairement dans l'insanité. Il renversa sa façon de penser. Qu'importe s'il avait été reconnu comme le père de la mariée ou pas – ou, cela importait seulement dans son esprit égoïste, et il pouvait lâcher prise. Ce qui comptait, c'était l'amour qu'il ressentait pour sa fille. Il retourna à la noce et s'excusa auprès de sa fille d'avoir quitté la réception subitement. L'amour avait eu le dessus. Le pardon avait prévalu. Il dansa avec sa fille et tout alla bien.

La seule responsabilité de l'enseignant de Dieu est d'accepter l'Expiation pour lui-même. Expiation signifie correction, ou le défaire des erreurs. Une fois que cela a été accompli, l'enseignant de Dieu devient un faiseur de miracles par définition. Ses péchés lui ont été pardonnés, et il ne se condamne plus lui-même. Comment peut-il alors condamner qui que ce soit ? Est-ce que son pardon peut manquer de guérir ?

M-18.4:5-10

Renverser sa façon de penser

En offrant le pardon complet à tous, incluant à nous-mêmes, nous nous débarrassons de la culpabilité. Les miracles font partie d'une chaîne de défaire. Nous pouvons penser à ce qui est arrivé à Adam et Ève comme un renversement de la pensée. L'état d'esprit naturel de *miracle* fut perdu, et une perspective artificielle, quoique semblant très réelle, fut adoptée. Ce qui est donc requis, c'est de renverser notre pensée afin de nous ramener à Dieu.

Si j'avais mon propre monde,
tout serait insensé. Rien ne serait ce qu'il est, car tout serait ce qu'il n'est pas. Et à l'opposé : ce qui est ne serait pas et ce qui ne serait pas le serait. Voyez-vous ?

ALICE DANS *ALICE AUX PAYS DES MERVEILLES*

G. M. Stratton, psychologue issu de la psychologie expérimentale, s'était fabriqué des verres à travers lesquels le monde était inversé de haut en bas et devant derrière. Il portait ces verres constamment et apprit finalement à vivre dans un monde inversé. Il pouvait écrire, manger, s'habiller — littéralement tout faire à l'envers. Il en était même arrivé à oublier qu'il vivait dans un monde inversé. Quand il retira ses verres, le monde, bien sûr, était de nouveau inversé et il dut réapprendre comment vivre dans ce monde.

Nous cessons de voir ce qui nous est familier.
ANAÏS NIN, AUTEURE FRANÇAISE (1903-1977)

Il ne nous vient pas à l'esprit de nous voir à l'envers lorsque nous nous regardons dans un miroir, à moins de porter un insigne. Dans ce cas, il est clair qu'il y a quelque chose de travers. Soit que quelque chose est inversé, soit notre perception l'est. De la même manière, l'ego crée une inversion psychologique de la réalité qui est complètement à l'envers, mais nous ne le remarquons pas. Nous pensons que ce monde est réel et le Ciel, un fantasme. C'est plutôt le contraire. Le Ciel est la réalité et le monde, un rêve.

La complexité est de l'ego et n'est rien de plus qu'une tentative de l'ego pour obscurcir l'évidence.
T-15.IV.6:2

La leçon 11 du livre d'exercices « *Mes pensées in-signifiantes me montrent un monde in-signifiant* » est une première étape au renversement du processus de notre pensée. Il semble que le monde détermine notre perception. C'est le contraire : nos pensées déterminent le monde que nous percevons.

Ce serait si agréable si, enfin, quelque chose avait du sens.
ALICE DANS *ALICE AU PAYS DES MERVEILLES*

Un renversement de la pensée est ainsi désigné pour comprendre le pardon. (Quand nous pardonnons, nous sommes pardonnés.) L'ego ne comprend pas le pardon et ainsi le déforme en quelque chose qu'il n'est pas. Blâmer l'autre puis lui pardonner de notre perception est une pensée inversée. Nous résistons à l'Expiation et au processus du Cours, car nous sommes aveuglés par notre reflet. Nous regardons le monde « à travers un verre opaque » depuis si longtemps que tout ce que nous voyons est le reflet de l'ego.

Le déni de l'erreur est une solide défense de la vérité, mais du déni de la vérité résulte la malcréation, les projections de l'ego.
T-2.II.2:5

L'extension, la forme correcte de la projection

Heureusement pour chaque défense de l'ego, le Saint-Esprit a une autre défense qui n'est pas nuisible. En fait, elle ne peut que guérir. Utiliser positivement le déni signifie que nous nions le déni de la vérité et affirmons que seule la vérité est vraie. Seul le Ciel est vrai. Un rêve n'est jamais la réalité. Ce que nous nions, c'est tout le système de pensée de l'ego et son semblant de vérité. Nous nions la croyance que nous pouvons être blessés par l'erreur. Jésus monte sur la croix sans attaquer ceux qui l'ont mal compris et par conséquent persécuté. Il n'amplifie pas l'erreur ni ne la rend réelle. Le Cours nous demande de nier la croyance que l'erreur peut nous blesser.

> *Quand on aide un enfant à traduire son « fantôme » en rideau, son « monstre » en ombre et son « dragon » en rêve, il ne les craint plus et il rit de bon cœur de sa propre peur.*
>
> T-11.VIII.13:3

Tandis que l'ego projette pour exclure, et donc pour tromper le Saint-Esprit, l'extension de l'amour voit seulement l'unité. Comme le Cours l'exprime : « La grande paix du Royaume luit à jamais dans ton esprit, mais elle doit rayonner au-dehors pour que tu en prennes conscience (T-6.II.2:8). Quand j'élargis l'amour, je connais ainsi ce qu'est l'amour. L'ego est la dépression et plus je suis piégé, coincé ou enfermé dans mon esprit, plus mon isolement et mon désespoir sont importants. La dépression « est » l'isolation et la conséquence inévitable de la séparation.

> *Dieu, Qui englobe tout être, a créé des êtres qui ont tout individuellement, mais qui veulent le partager pour augmenter leur joie. Rien de réel ne peut être augmenté, sauf en partageant. C'est pourquoi Dieu t'a créé. L'Abstraction divine se fait une joie de partager.*
>
> T-4.VII.5:1-4

Chapitre 7

Défaire la culpabilité

Pour s'éloigner de la peur

Quoi d'autre que le péché pourrait être
la source de la culpabilité, exigeant punition et souffrance ?
Et quoi d'autre que le péché pourrait être la source de la peur,
qui obscurcit la création de Dieu et donne à l'amour les
attributs de la peur et de l'attaque ?

E-259.1:4-5

Au moment où Adam ouvre les yeux et qu'il distingue le bien du mal, il se sent coupable. Deux possibilités s'offrent maintenant à lui : une bonne, une mauvaise. Il y a maintenant division. Il y a séparation. Il y a jugement. Il y a culpabilité. Jamais tout à fait présent, le péché est toujours un jugement sur un événement passé. Il peut s'agir d'un événement qui a eu lieu il y a cinq minutes ou il y a 5000 ans. Il s'agit toujours du passé. La culpabilité, c'est l'auto-accusation. C'est mon expérience du moment, et la peur est la terreur de la possibilité d'être puni. Si je me sens coupable, cela signifie que *j'ai péché,* et si j'ai péché, cela signifie que je me sens désormais séparé de Dieu — de l'entièreté. Je suis isolé et seul et je redoute que Dieu me réprimande pour ce que j'ai fait.

Comme l'esprit est divisé, il y a deux souvenirs possibles pour lui. Je peux me complaire dans le passé de mon ego, lieu d'erreurs et de décisions injustes, et donc lieu de culpabilité, de séparation et de division. Ou, je peux retourner mon esprit au souvenir de la vérité d'Être en Dieu, là où il n'y a aucune division ni séparation, un lieu où il y a seulement l'amour, seulement Dieu. La mémoire est sélective. Si nous ne voulions pas l'ego, si nous ne recherchions pas ses effets, si nous ne voulions pas être séparés de Dieu, nous ne nous égarerions pas dans la culpabilité. Il n'y a qu'un seul problème, et c'est la décision de l'esprit d'opter pour la séparation, la division, l'individualité, la solitude et l'isolation. Décider d'être séparé engendre la culpabilité.

> *Le monde ne fait que démontrer une ancienne vérité : tu croiras que les autres te font exactement ce que tu penses leur avoir fait. Mais une fois illusionné au point de les blâmer, tu ne verras pas la cause de ce qu'ils font, parce que tu veux que la culpabilité repose sur eux. Qu'il est puéril l'opiniâtre mécanisme pour conserver ton innocence en repoussant la culpabilité à l'extérieur de toi, mais sans jamais lâcher prise.*
>
> T-27.VIII.8:1-3

Le miracle inverse la projection

Constatant que la *projection crée la perception,* nous nous plaçons dans une position où nous pouvons choisir de nouveau — cette fois à partir d'une position de pleine conscience (la santé d'esprit) au lieu d'une absence de conscience (l'insanité). L'insanité, c'est choisir l'ego alors que je pourrais plutôt choisir la paix. Je n'essaie pas de changer le monde. Je préfère changer mon esprit au sujet du monde. L'absence de conscience voit le péché. La pleine conscience voit l'unité. Règne tout autour de nous la culpabilité, et nous ne prenons pas conscience qu'elle se trouve à l'intérieur. Elle se trouve dans mon propre esprit, et si je l'observe chez mon frère, c'est que je suis en train de projeter cette culpabilité à l'extérieur de mon esprit, sur mon frère. Donc, lorsque je condamne mon frère, je me condamne moi-même et je nous vois tous les deux en enfer. Si je libère (pardonne) mon frère, nous sommes tous les deux libérés.

Choisis à nouveau si tu veux prendre ta place parmi les sauveurs du monde, ou rester en enfer et y retenir tes frères ?
T-31.VIII.1:5

Si, sur les péchés de mon frère, je demeure,
je cherche à nous envoyer tous deux en enfer. Si je pardonne, je
suis libéré et de nouveau je connais l'éternité.

Le péché est *la croyance dans la séparation ou « l'idée du mal »* (T 19.III.1.6). C'est un manque d'amour. Quand, dans le Cours, nous lisons le mot « péché », nous pouvons employer le mot « séparation ». Quand nous lisons le mot « séparation », nous pouvons employer le mot « péché ». Le péché est la croyance qu'il est possible de faire quelque chose contre Dieu. Un homme était allé à l'église sans son épouse. Quand il est revenu à la maison, elle lui demanda quel sujet avait abordé le prédicateur. Il répondit :

– Le péché.

— Alors, lui dit son épouse, qu'avait-il à dire à ce propos?

— Il est contre, lui dit son mari.

Le christianisme traditionnel a toujours été contre le péché. Pécher signifie «prendre l'ego au sérieux». Le péché est précieux pour l'ego, à tel point que l'ego recherche le péché pour témoigner de sa réalité. Le mot «péché» (*hamartia*), comme le nomme Jésus dans le Nouveau Testament, signifie «rater la cible» ou «passer à côté de l'essentiel.» Être centré signifie «être concentré». Étant égocentriques, nous nous concentrons sur la personne que nous croyons être plutôt que sur celle que nous sommes en vérité.

Le péché est une perception strictement individuelle, vu en l'autre et que chacun pourtant croit avoir en soi.

T-22.IN.1:6

Plus je vois facilement le péché en moi, plus il est projeté à l'extérieur; plus il semble réel; et plus il semble avoir de pouvoir sur moi. «Il y a, dit l'ego, une abondance de péchés.» Regardez autour de vous. Le péché est sacré pour l'ego. C'est en fait, le concept le plus «saint» du système de l'ego (T-19.II.4:2). Croire au péché, au bon et au mauvais, au bien et au mal, rend le jugement nécessaire.

La culpabilité est l'expérience psychologique de la croyance au péché, et peut être définie comme la somme des pensées, sentiments et croyances négatifs envers nous-mêmes.

Le Dr Kenneth et Gloria Wapnick, dans *S'éveiller du rêve*

La culpabilité, c'est croire que nous avons péché. Elle est la gardienne du temps. C'est toute pensée négative que nous avons au sujet de nous-mêmes. C'est une pensée, une émotion ou un sentiment douloureux naissant quand nous croyons avoir blessé le tout ou l'unité, y compris nous-mêmes. La culpabilité se manifeste par le mépris de soi, l'incomplétude, l'échec, l'indifférence, le désespoir, la dépression et la solitude. C'est « l'idée » que nous pouvons penser en dehors de Dieu. Sans l'ego, la culpabilité n'existerait pas. Sans la culpabilité, l'ego n'existerait pas. Si je me sens coupable, je peux être certain que c'est mon ego qui commande, parce que seul l'ego peut éprouver de la culpabilité (T-4.IV.5:5). Le but de l'ego est de nous maintenir dans la culpabilité. La culpabilité est une invention de mon propre esprit, ce qui signifie que la culpabilité et le salut sont de même nature. La culpabilité est une « décision » à l'intérieur de mon esprit. Ne pas se sentir coupable signifie ne pas être envahi par l'ego.

La culpabilité est un signe certain
que ta façon de penser n'est pas naturelle. Une pensée qui n'est
pas naturelle sera toujours accompagnée de culpabilité, parce
que c'est la croyance dans le péché.

T-5.V.4:8-9

Culpabilité inconsciente

Ma mère, Milly, est morte le jour de Noël à 85 ans. Un jour, durant une conversation téléphonique, elle avait à ce moment-là environ 80 ans, elle me dit qu'elle se sentait coupable. Je lui demandai :

— À quel sujet, maman ?

Elle était, pour autant que je sache, l'incarnation de l'innocence et la personne la plus aimante que je connaisse. Elle répondit :

— Je ne sais pas. Ce n'est qu'une sensation.

Je pense que la culpabilité de ma mère ressemblait à l'anxiété que peut ressentir une personne quant au mauvais sentiment de séparation, et de ce fait causé par l'ego. Je ne connais personne qui n'a pas déjà été sans lutter, ou n'est pas en train de lutter avec la culpabilité. Nous avons tous menti, été irréfléchis, et avons condamné autrui. Chacun de nous a été égoïste, ambitieux, arrogant et grossier. Nous nous sommes mis en colère, avons triché au jeu ou avec nos impôts ; par conséquent, nous avons expérimenté la séparation de la personne que nous avons trompée ou à qui nous avons menti. Nous faisons des choses « secrètement » et prions pour que personne ne s'en aperçoive. Nous avons oublié qui nous sommes. Nous nous sommes faussement identifiés comme abandonnés, incapables d'aimer et d'être aimés, seuls et vulnérables ; nous nous percevons comme des antagonistes, des adversaires et des ennemis.

> *Quand tu soutiens que tu es coupable, mais que la source de ta culpabilité se trouve dans le passé, tu ne regardes pas à l'intérieur. Le passé n'est pas « en » toi.*
>
> T-13.X.4:1-2

La culpabilité est une attaque contre soi-même et elle est *toujours* insane. Pour nous en défaire, nous la projetons à l'extérieur et, quand nous la projetons, nous n'en sommes pas libérés. La culpabilité ne trouve jamais sa maison dans le présent. C'est toujours à propos du passé. Alors qu'il n'y a pas d'enfer éternel, vivre la culpabilité dans le moment présent est infernal. Elle m'éloigne de la conscience de l'unité et du Ciel. La culpabilité s'inscrit dans la relation à nos corps ; à l'un l'autre et dans le temps. C'est, après tout, à travers le corps que « j'expérimente » la séparation des autres corps. Souvent, la culpabilité naît de la complaisance du corps à la nourriture, à la maladie, à la cigarette, à la sexualité, à l'alcool, aux drogues, pour ne nommer que ceux-ci.

Il est essentiel de ne pas confondre l'erreur
avec le péché, et c'est cette distinction qui rend le salut
possible. Car l'erreur peut être corrigée et le tort, redressé.
Mais le péché, s'il était possible, serait irréversible.

T-19.II.1:1-3

Erreurs et perceptions erronées

S'il était vraiment possible d'être séparé de Dieu, le péché serait réel. C'est précisément parce que le péché est une illusion qu'il n'est pas réel. Il est en fait impossible d'être séparé de Dieu. Nous ne faisons que penser que nous pouvons l'être, et cela donne naissance au « rêve du péché » (E-193.5:4). On ne doit pas confondre le péché avec l'erreur. L'erreur ou la perception erronée demande une correction. Une jeune femme va voir un prêtre qu'elle connaît.

— Père, dit-elle, vous devez me pardonner d'avoir péché.

— Mon Dieu, dit le prêtre, quel est votre péché ?

— Eh bien, dit-elle, j'ai commis le péché de vanité.

— C'est-à-dire ? demande le prêtre.

— Tous les jours, répond-elle, je m'installe devant le miroir et je me dis : « Tu es tellement belle. Tu es véritablement magnifique. »

— Oh, mon Dieu, dit le prêtre. Ce n'est pas un péché. Ce n'est qu'une erreur.

Le péché n'est pas réel. Même si nous sommes totalement dans l'erreur, nous ne pouvons pas désobéir à Dieu. Notre Père n'a que de l'amour pour nous. L'amour ne condamne pas. L'amour ne peut être blessé. Le Cours stipule que Dieu se sent seul sans nous. « Seul » est une métaphore. *Nous* sommes incomplets sans Dieu. Nous sommes seuls sans Lui. Dieu ne nous haït pas et ne nous punit pas. Cela ne signifie pas que nous pouvons faire n'importe quelle chose odieuse que nous voulons. Si nous le faisons, « nous » souffrons. Nous souffrons parce que l'égoïsme est souffrance.

Dans la parabole de l'enfant prodigue, le Père ne dit pas où est allé le fils, ce qu'il a fait, ou le niveau d'illusion dans lequel il a été coincé. Nous venons tous au monde et sommes pris au piège des illusions. Où nous sommes allés, ce que nous avons fait, le degré d'illusion dans lequel *nous* sommes piégés importent peu. La seule chose qui compte est de nous réveiller et de revenir à la Maison. Les enfants ne sont pas punis parce qu'ils dorment et parce qu'ils font de mauvais rêves en dormant.

Fils de Dieu, tu n'as pas péché, mais tu t'es fort trompé.
Or cela peut être corrigé et Dieu t'aidera, connaissant
que tu ne saurais pécher contre Lui.

T-10.V.6:1-2

Dieu ne nous a pas condamnés. Nous n'avons donc aucune raison de nous condamner nous-mêmes. Le passé est chose du passé, et le mieux que je puisse faire, c'est de ne pas le traîner dans le présent. Le présent se trouve au Ciel. Le présent se trouve où l'unité est. Si la culpabilité est dans mon esprit, alors le salut y est également. Dans la mesure où le problème est à l'extérieur, je n'ai pas à regarder à l'intérieur. Ma *vision* que vous avez péché est la preuve que « j'ai raison et que tu as tort ». Je possède un livre illustré utilisé lors de sermons par des pasteurs chrétiens. Il définit le péché comme « la chose abominable que Dieu déteste. » Si Dieu est amour, Dieu peut-il haïr ? Les erreurs peuvent être pardonnées ; l'erreur peut être réparée ; l'incorrect peut être corrigé.

La peur est un témoin de la séparation et une attente de punition (douleur) (T-4.I.10:2). La peur est synonyme d'ego. L'amour est synonyme de Dieu. La dernière phrase du premier paragraphe de l'Introduction au Cours se lit comme suit : « L'opposé de l'amour est la peur, mais ce qui embrasse tout ne peut avoir d'opposé. » Il n'y a pas d'opposé de Dieu, ce qui explique pourquoi ce qui n'est pas de Dieu, ce qui n'est pas de l'amour — n'existe pas. Pensez à un moment où vous étiez très angoissé et probablement que vous pouvez voir que vous étiez beaucoup dans l'ego. Pensez à un moment où la joie et l'amour remplissaient votre cœur et prenez conscience que vous vous êtes senti près de Dieu.

Il n'y a pas de temps, pas de lieu,
pas d'état où Dieu est absent. Il n'y a rien à craindre. Il n'y a

pas de façon dont un fossé pourrait être conçu dans l'Entièreté qui est la Sienne.

T-29.I.1-3

Un rêve de peur et d'amour

J'ai fait un rêve où j'étais accompagné de deux autres hommes. Nous marchions le long d'une plage et sommes arrivés à un parc d'attractions semblable à celui de Coney Island, à Brooklyn, New York. Il y avait un tunnel à l'entrée du parc, comme un tunnel de l'amour – seulement, celui-ci était le tunnel de la peur. Un des deux jeunes hommes avait particulièrement hâte de traverser ce tunnel. L'autre hésitait beaucoup à le traverser. Pour une raison que j'ignore, il fut décidé que les deux jeunes hommes le traverseraient et que je le contournerais. Lorsqu'ils sortirent de l'autre côté, les cheveux de celui qui avait éprouvé de la réticence à traverser le tunnel étaient devenus blancs. Il tomba au sol en crise, l'écume à la bouche.

Lorsque le jeune homme retrouva ses esprits, mes camarades s'aventurèrent plus loin dans le parc ; mais je décidai de demeurer derrière. Je grimpai sur le dessus du tunnel en passant par une mansarde ou à ce qui ressemblait à la porte d'un entrepôt, semblable à celle de notre grange quand j'étais enfant. Je désirais révéler l'intérieur de cet endroit afin de montrer que c'était uniquement à cause des machines que mon ami avait eu si peur.

Quand je suis entré dans l'entrepôt, j'ai plutôt découvert que le lieu était rempli de créatures démoniaques, exactement comme celles qu'on retrouve dans les ouvrages de démonologie. Je les ai regardés en m'aventurant dans la pièce. Comme je m'avançais, elles ont respectueusement fait marche arrière. J'ai compris que dans la mesure où je n'avais pas peur d'elles, elles n'avaient aucun pouvoir sur moi. Pour une raison que j'ignore, je n'avais pas peur, et en pénétrant plus loin elles continuèrent de reculer. Finalement, je m'arrêtai et une créature parmi celles qui semblaient avoir une allure plus humaine s'approcha de moi et m'a demandé si j'aimerais rencontrer le diable en personne. Je lui dis que j'acceptais, et elle m'amena dans la pièce voisine.

Le diable avait l'apparence d'un petit garçon et était assis sur une chaise de jardin en aluminium, les bras reposant royalement sur les accoudoirs, la tête penchée comme s'il faisait la moue. Je m'approchai de lui, m'agenouillai, l'entourai de mes bras et lui dis :

— Je t'aime. Je t'aime.

À peine avais-je prononcé ces mots qu'il s'écria :

— Non. Non. Tu ne peux pas dire cela !

Et pouf ! Il disparut. C'est à cet instant que je me suis réveillé.

La peur n'est pas du présent, mais seulement du passé et du futur, qui n'existent pas. Il n'y a pas de peur dans le présent quand chaque instant se détache clairement, séparé du passé et sans son ombre s'étirant jusque dans le futur.

T-15.I.8:2

L'ego enseigne que l'enfer est dans le futur (T-15.I.4:3). « Et si je tombais malade ; et si je n'avais pas assez d'argent ; et s'il n'y avait personne pour prendre soin de moi ; et si je mourais ; et si toutes ces terribles choses arrivaient ? » Ces choses ne se produisent pas *maintenant*. Le péché fait appel à la punition et cela effraie. L'erreur fait appel à la correction. La punition n'est pas une correction. La peur surgit quand je pense que je dois expier ou payer pour mes péchés en étant puni, peut-être en « payant ma dette à la société ». Le Cours tente de nous éveiller à la vérité de notre réalité en tant qu'Enfants de Dieu. Nul n'est puni pour des péchés, et les Fils de Dieu ne sont pas des pécheurs (T-6.I.16:4).

Comme la mémoire de Dieu surgit instantanément dans
l'esprit qui n'a aucune peur pour garder la mémoire éloignée !
T-28.I.13:1

Une des idées les plus difficiles du Cours se trouve dans la première phrase du premier paragraphe du chapitre 1 : Principe numéro 1 des 50 principes des miracles. « Il n'y a pas d'ordre de difficulté dans les miracles. Aucun n'est "plus dur" ni "plus gros" qu'un autre. Ils sont tous les mêmes. Toutes les expressions d'amour sont maximales » (T-1.I.1). Aucun péché n'est impardonnable. Penser qu'il y en a rend le péché réel. Jésus a été crucifié pour nous montrer que même l'attaque la plus atroce à un corps d'un autre importe peu. Jésus a été trahi, abandonné, battu, déchiré et tué à cause de la projection des autres sur lui, mais il n'a pas considéré cela comme une attaque (T-6.I.9:1-3). Il savait que ce qui se présentait sur son chemin provenait de l'ignorance et qu'il était vain d'attaquer l'ignorance.

Cela ne veut pas dire qu'il devrait être permis à notre frère de nous blesser. Ceux qui contreviennent aux lois de la société sont emprisonnés parce nous ne savons pas quoi faire pour qu'ils cessent. Durant les années 1980, j'ai enseigné au niveau collégial à la prison de Sing Sing et à la prison pour femmes de Bedford, dans l'État de New York. Il y a à l'extérieur de la prison de Sing Sing une affiche sur laquelle il est écrit « Sing Sing, New York State Correctional Institution (Sing Sing, institution correctionnelle de l'État de New York). » Bien qu'il soit indiqué que c'est un établissement correctionnel, Sing Sing est un lieu de punition. Il y a très peu d'actions de « correction » à l'intérieur de la prison de Sing Sing. Si nous ne pouvons pas nous corriger nous-mêmes, est-il plausible que nous puissions corriger les autres ? Tant que nous vivrons dans le temps, il y aura un autre moment, une autre décision et une autre opportunité pour trouver à quel point nous sommes prêts à renoncer au péché, à la culpabilité et à la peur. Tout se résume à me pardonner moi-même. Je suis le seul qui peut changer mon esprit.

Pardonner au Soi que nous croyons avoir fabriqué

S'il n'y a aucun système d'ego auquel se rattacher, il n'y a donc aucun besoin d'une culpabilité antérieure ou d'un avenir à redouter. Il n'y a rien qui doit être expié (T-.13.II.9:2). Nous ne nous libérons pas de la culpabilité en rendant le péché réel, puis en l'expiant. Nous ne nous libérons pas de la culpabilité en nous blâmant nous-mêmes. Le roi David de la Bible, submergé par la culpabilité, s'est littéralement couvert d'un sac et s'est assis dans le temple en cendres. C'est uniquement en laissant le passé au passé que je découvre la liberté. On ne peut se libérer de la culpabilité en s'engageant dans la pratique de rituels. Nous sommes appelés à voir les choses comme Dieu les voit, et cela ne peut que se réaliser dans le présent.

Découvrir le chemin de la maison

1. Regardez tout !

La leçon 39 du Cours, « Ma sainteté est mon salut », nous demande de rechercher nos pensées dénuées d'amour, d'examiner attentivement tout ce qui s'interpose entre nous et notre salut. Nous nous désengageons de la culpabilité en reconnaissant que ce que nous expérimentons dans le monde est le reflet de ce qui se passe en nous. Regardez le jugement. Considérez-le sans entrer dans les détails. Je regarde mes relations particulières – et je vois de quelle manière j'ai projeté mes propres peurs dans tout ce que je vois. La culpabilité existe *seulement* dans mon esprit. La peur existe *seulement* dans mon esprit. Étant donné que j'ai choisi de voir la culpabilité et la peur, je peux aussi les renverser et les laisser aller. Ce retournement a lieu quand je regarde tout et constate que j'ai fait quelque chose à partir de rien.

2. Demandez de l'aide !

On ne peut pas tout faire soi-même. On n'a pas besoin de tout faire soi-même. Demandez de l'aide au Saint-Esprit. Par moi-même, je ne peux rien faire. En vivant le Cours, demander devient une habitude.

Ne tente jamais de passer sur ta culpabilité avant de demander l'aide du Saint-Esprit. Cela est Sa fonction. Ton rôle est seulement de Lui offrir un petit désir de Le laisser enlever toute peur et toute haine, et d'être pardonné.

T-18.V.2:3-5

La culpabilité n'est pas un amusement. Ça ne « fait pas du bien ». Si je me sens coupable, je peux être sûr que cette pensée est suscitée par l'ego et non par le Saint-Esprit. En cas de doute, choisissez de nouveau. Comme la culpabilité est une projection de ce qui se passe à l'intérieur de mon esprit, c'est aussi quelque chose que je peux changer. Les idées ne quittent pas leur source, par conséquent, ce n'est que dans mon esprit que la culpabilité peut exister. Cette pensée n'est pas dans l'esprit de quelqu'un d'autre. Il n'y a que moi qui peux la changer. Peu importe à quel point j'aimerais la rationaliser, la culpabilité provient de ma projection sur le monde ce qui, ultimement, signifie sur moi-même.

Ne vois donc personne comme coupable,
et tu affirmeras la vérité de la non-culpabilité pour toi-même.
Dans chaque condamnation que tu offres au Fils de Dieu
réside la conviction de ta propre culpabilité.

T-13.IX.6:1-2

3. Arrêtez l'insanité !

Une amie décrit comment elle sait qu'elle est en train de laisser son esprit être touché par une tentation de malpercevoir ; elle voit vraiment un signal d'arrêt dans sa tête. Qui est responsable de l'esprit ? Il est possible d'arrêter les intrigues de l'ego, ses manœuvres, ses perceptions erronées. Il est possible d'arrêter le processus d'analyse, les interprétations et les projections constantes. Il est possible d'arrêter le vagabondage dans la culpabilité. Si, toutefois, nous ne voyons pas que nous pouvons arrêter l'insanité, nous continuerons à reproduire les mêmes choses.

4. Remplacez-le !

« Je n'aime pas ce que cela me fait ressentir. » Il est souvent préférable d'avoir tort que d'avoir raison. Il est préférable d'être dans l'erreur plutôt que de justifier notre projection pour la projection. Il n'est pas bon d'avoir raison quand avoir raison est une indignation vertueuse. Peu importe à quel point elles m'attirent, peu importe à quel point je ressens que mes pensées d'attaque sont justifiées, je peux y renoncer. Je peux toujours choisir de nouveau. Le Ciel est un souvenir. Le Saint Instant est un goût d'éternité. Accepter l'Expiation signifie ne voir aucune culpabilité dans le passé de chacun.

Car le Fils de Dieu est non coupable maintenant, et l'éclat de sa pureté brille dans l'Esprit de Dieu à jamais intouché.
T-13.I.5:6

Deux directions pour la projection

Il y a deux formes de projection. La première et la plus évidente est la condamnation que j'offre au monde. La seconde est la projection que je place envers moi. Ayant supprimé ma projection sur le monde extérieur, je peux maintenant diriger ma projection vers l'intérieur et me rendre coupable pour ce que je pense avoir fait ou ne pas avoir fait dans le passé. Cela peut être très douloureux et l'est souvent. La projection est la projection, qu'elle soit dirigée vers l'extérieur ou vers l'intérieur. Dans les deux cas, j'affirme « l'apparence » de la réalité de l'ego. Je ne peux alors pas reconnaître l'Amour de Dieu. Pour me libérer de la culpabilité, il ne doit y avoir *aucun* jugement envers un autre ou envers moi-même. S'il n'y a pas de jugement — la culpabilité disparaît.

Chaque fois que la douleur de la culpabilité semble t'attirer, souviens-toi que si tu lui cèdes, tu te décides contre ton bonheur, et tu n'apprendras pas comment être heureux.
T-14.III.3:3

Vous n'êtes pas coupable

Je suis allé rencontrer un jour la Dre Helen Schucman, car je luttais contre la culpabilité d'avoir mis fin à une relation qui causait beaucoup de souffrance à ma femme. Après notre rupture, elle a été très bouleversée et elle a commencé à réagir vivement, elle me téléphonait à 2h ou 3h du matin dans le seul but de me réveiller et de m'embêter. Quand le garde de sécurité du General Theological Seminary, où je vivais, lui a dit que je n'étais pas là, elle lui a lancé son café à la figure. Elle s'en est même prise physiquement à une autre femme que je fréquentais à ce moment. Je me suis senti très coupable. Vers la fin de la séance, Helen s'est approchée de moi, m'a touché gentiment le genou et m'a dit : « Tu sais, tu n'es pas coupable. » J'ai dit à Helen que j'étais désolé, mais qu'elle avait tort. Elle ne comprenait pas. J'étais coupable. Néanmoins, à un niveau plus subtil, je comprenais ce qu'elle voulait me dire. Dans la vérité où nous sommes en tant que Fils et Filles de Dieu, nous ne pouvons pas être coupables. J'avais commis une erreur. J'avais agi par ignorance. Je devais me pardonner et continuer à vivre. Cette histoire a une fin très heureuse, puisqu'elle ne s'est jamais réellement terminée. Une nuit, j'ai oublié de décrocher le téléphone.

Mon ex-femme a appelé vers 2 h du matin. Je me suis levé pour répondre. Nous avons parlé jusqu'au lever du jour et avons éclairci la situation. Cet « incident » s'est passé voilà plus de 35 ans, et l'autre jour elle a téléphoné pour me souhaiter bonne fête.

La leçon numéro 46 du cahier d'exercices, « Dieu est l'Amour dans lequel je pardonne », fournit l'orientation suivante. Dites-vous :

Je ne peux pas être coupable parce que je suis un Fils de Dieu. J'ai déjà été pardonné. Nulle peur n'est possible dans un esprit aimé de Dieu. Il n'est pas besoin d'attaquer parce que l'amour m'a pardonné.

E-46.6:3-6

Donnez l'amour en cadeau

Nous avons dit que sans projection il ne peut y avoir de colère, mais il est aussi vrai que sans extension il ne peut y avoir d'amour.

T-7.VIII.1:1

Pour sortir de l'enfer, je peux recentrer mon esprit en l'éloignant du soi et le diriger vers la totalité, et donc vers mon frère. Mon frère est la personne avec laquelle j'interagis dans le monde en ce moment — ma fille, mon employeur, la serveuse qui me sert le déjeuner. La principale chose que je peux faire pour eux est de les laisser être ou de les aider à être ce qu'ils sont dans la vérité de l'Amour. Ainsi, la leçon 36 stipule : « Ma sainteté enveloppe tout ce que je vois. » Alors, quand je donne, je reçois, quand j'exempte mon frère de la projection de la culpabilité, je me libère aussi de la culpabilité. Ceci est quelque chose que je sais que le Saint-Esprit aurait voulu que je fasse. Accomplir la volonté de Dieu nous fait sentir bien naturellement, tout comme être responsable de mes factures ou de ma santé me fait me sentir mieux naturellement. C'est la preuve que je suis sur la bonne voie. En aimant (aidant) mon frère de n'importe quelle manière, la mémoire de l'amour retourne à mon esprit. Être vraiment utile constitue une route pour sortir de l'enfer.

Du péché vient la culpabilité aussi sûrement que le pardon enlève toute culpabilité.

C-4.5:6

L'enseignement fondamental du Cours se résume en une simple phrase qui apparaît cinq fois : « Le Fils de Dieu est non coupable. » Nous nous éveillons au souvenir de notre Vérité en Dieu. Les pensées de péché, de mort et de l'enfer n'englobent aucune réalité. Seulement ce qui est éternel est réel, et le Fils de Dieu *est* éternel. L'éternité sans culpabilité existe à l'intérieur de l'Esprit de Dieu. Il ne peut en être autrement. L'illumination est un éveil à la vérité que notre Être est libre du péché, de la culpabilité et de la peur. Écouter le Saint-Esprit, c'est choisir l'innocence, le bonheur et la liberté. Nous sommes comme nous avons toujours été. Notre pureté brille pour toujours dans l'Esprit de Dieu. Toute autre chose n'est que rêve.

En étant responsable, je vois que mon passé était le seul qui pouvait être. Je ne pourrais pas l'avoir fait différemment.

Et de la culpabilité, je suis libéré. Pas de nostalgie ni de remords. Il n'y a pas d'autre possibilité.
Où il n'y a pas de culpabilité il y a un présent – vu clairement beau, libre et totalement propre.

PARTIE II

LA MÉTAPHYSIQUE DES MIRACLES

Chapitre 8

Le rêve du monde

La métaphysique des miracles

Et si tu reconnaissais que ce monde est une hallucination ? Et si tu comprenais réellement que c'est toi qui l'as inventé ?
T-20.VIII.7:3-4

On ne peut approfondir notre compréhension de ce Cours sans examiner la métaphysique des miracles sous-jacente au Cours. Tout comme il a fallu attendre Freud pour obtenir une compréhension claire de la dynamique fondamentale de l'ego, ce n'est pas avant la découverte de la théorie de la relativité du Dr Albert Einstein que nous avons pu obtenir une certaine idée de la nature illusoire de l'espace/temps. Métaphysique signifie « ce qui est au-delà de la physique ». Méta signifie « après », « au-delà », ou « transcendant », tel que *méta*morphose, comme la métamorphose de la chenille en papillon. Le papillon vient après ou va au-delà de la chenille. La physique étudie le monde physique. La métaphysique va au-delà et examine la relation entre l'esprit et la matière. L'étude approfondie de la physique nous conduit souvent à la métaphysique et l'étude approfondie de la métaphysique peut nous mener au mysticisme, et comme ce fut le cas pour Einstein — à Dieu.

Dans le livre de Lewis Carroll, *De l'autre côté du miroir,* où Tweedledee mentionne à Alice que le roi Rouge rêve à elle, et que s'il venait à se réveiller, Alice ne serait *nulle part* parce qu'elle n'est qu'un simple élément dans son rêve. Tweedledee dit qu'Alice s'éteindrait comme une chandelle si le roi se réveillait. Quand Alice se plaint que leur bruyant bavardage pourrait réveiller le roi, Tweedledum réplique :

— Bien, il ne sert à rien que tu parles de le réveiller parce que tu n'es qu'une simple chose dans son rêve. Tu sais très bien que tu n'es pas réelle.

Sa frustration s'accentuant, Alice insiste :

— Je suis réelle !

Et elle se met à pleurer.

Tout notre temps est consacré au rêve. Les premières paroles de Jésus au début de son ministère furent : « Convertissez-vous : le Règne des cieux est proche ! » (Matthieu 3,2). On pourrait le comprendre ainsi : « Réveillez-vous, parce que le Royaume des cieux est accessible immédiatement. » « Immédiatement » n'est pas quelque chose qui arrivera un jour. C'est quelque chose qui est déjà là. Cela dépend tout simplement de notre conscience de la présence du Ciel. Même si le Cours ne tient pas compte des distinctions suivantes, on pourrait faire état ici de quatre types de rêve.

1. **Le héros du rêve est** le corps tel que nous nous voyons dans le rêve.

2. **Notre rêve secret est** le rêve de l'esprit du péché, de la culpabilité et de la peur. C'est l'histoire

que nous nous racontons toute la journée au sujet de nous-mêmes.

3. **Le rêve public est** ce que nous écrivons sur notre curriculum vitae ; ce que nous disons au monde à propos de nous-mêmes – ce que nous pensons que le monde croit.

4. **Le rêve du monde** est ce que mon ami Jean Weston appelle « La collusion de l'illusion. » C'est l'ego collectif ou le rêve collectif que nous partageons. C'est « l'apparence de la réalité », ce qui arrive dans le monde de l'espace et du temps – le monde objectivé et solidifié par le monde lui-même. C'est le monde qu'on nous présente à la télévision et dans nos livres d'histoire.

Tes rêves contiennent beaucoup des symboles de l'ego,
et ils ont jeté la confusion en toi.

T-6.IV.6:5

Observer nos rêves

Freud a appelé les rêves nocturnes « la route royale vers l'inconscient. » Nos rêves symbolisent nos projections, nos fantasmes et nos peurs. En prêtant attention à mes rêves, je commence à prendre conscience de ce qui se déroule dans une dimension plus approfondie de la conscience. Une étude sur les rêves permet de comprendre mon esprit inconscient. Il y a habituellement quelques difficultés qui tentent de se résoudre dans le rêve. De façon analogue, même dans les contes de fées pour enfants les plus simples, des difficultés doivent être résolues. En rêvant, nous voyageons, comme si nous étions en expédition. Nous essayons de rentrer à la maison et l'auto ne démarre pas ; nous avons manqué l'autobus ; nous marchons dans la rue sans souliers et la neige commence à tomber. Quand nous nous réveillons, nous avons de nouveaux problèmes. Je dois me lever et aller travailler. Je dois m'occuper de mes enfants, de ma santé et tenir compte de mon patron qui est en colère. Pour m'évader de tout cela, je reviens à la maison le soir et je « m'écrase » devant la télévision en prenant une bière, et je poursuis, ainsi, le rêve du monde.

Nous sommes faits de la même substance dont sont faits les rêves, et notre petite vie est entourée de sommeil.
William Shakespeare, dans *La Tempête*

Le lendemain, au réveil, le rêve n'est plus. Le rêveur, cependant, est toujours là et le rêve se poursuit donc. La nuit, j'ai des ailes et je peux voler. Réveillé, je ne peux que voler dans des appareils. Tous les fantasmes du monde sont des formes de rêveries, des présentations erronées et des distorsions à travers lesquelles nous tentons de nous approprier la réalité — pour la transformer en quelque chose qu'elle n'est pas.

Il n'y a pas de monde ! Voici la pensée centrale que le cours tente d'enseigner.
E-132.I.6:2-3

Imaginez ce que ce serait si vous n'étiez pas ici — littéralement. Si j'étais mort et avais quitté ce corps ; si mon corps avait été inciné et qu'il n'en restait absolument rien, toute cette vie ne semblerait-elle pas un rêve qui a eu lieu autrefois dans une contrée lointaine, très lointaine ? Votre enfance ne semble-t-elle pas un rêve ? Ne le serait-il pas davantage si nous n'étions pas ici dans ce monde, littéralement — dans cet espace-temps ?

Toutes les « choses » et tous les sentiments
ne sont que des interprétations, et les interprétations ne
peuvent être réelles d'aucune façon.

WEI WU WEI, TAOÏSTE ANGLAIS (1895-1986)

La domestication et la collusion de l'illusion

Les aborigènes australiens, possiblement le peuple le plus pauvre sur terre — et le seul peuple à ne pas connaître le suicide dans sa culture — ont toujours perçu ce monde comme un rêve. Les tribus autochtones du Venezuela parlent aussi de la vie éveillée comme étant un rêve. Le rêve du monde comporte toutes les règles de la société, les mœurs, les morales, les coutumes, les croyances, les valeurs, les religions, les mythes, les philosophies, les problèmes psychologiques, et bien plus. Nos mythes et religions dirigent nos vies. Selon le satiriste écossais Thomas Carlyle (1795-1881) : « L'opinion populaire est le plus grand mensonge du monde. » Nos familles, les institutions sociales et l'omniprésence des médias créent, décrivent et entretiennent le « rêve de la société », et la collusion de l'illusion est partagée par tous. Nous sommes domestiqués et intoxiqués à rêver, comme un chien par le système récompense/punition.

Dans la solitude, nous avons nos rêves pour nous-mêmes, et en compagnie des autres nous sommes d'accord à rêver en concert.

DR SAMUEL JOHNSON, AUTEUR ANGLAIS (1709-1784), DANS *LE PARESSEUX*

Si une femme marche les seins nus dans la rue aux États-Unis, elle peut être arrêtée pour grossière indécence. Dans certaines cultures du Pacifique Sud et d'Afrique, les femmes se promènent les seins nus, et personne ne les remarque parce que cela n'est pas exceptionnel. Dans certaines cultures, une femme doit avoir non seulement les seins recouverts, mais aussi les chevilles, les mains, le visage — tout. Chaque code social représente une interprétation variée de la réalité. Non pas que l'une soit bonne, l'autre mauvaise. Ce ne sont que des interprétations différentes.

Tout enfant est un mystique à la naissance, puis nous le dirigeons vers l'école et l'éducation et le serpent. Le serpent est la civilisation, la culture, le conditionnement.

OSHO, GUIDE SPIRITUEL INDIEN (1931-1990)

Dès notre enfance, on nous dit ce qu'est le monde. Cet enseignement continue jusqu'à ce que nous percevions le monde correctement, c'est-à-dire selon le précepte prescrit par la culture dans laquelle nous vivons. Finalement, nous n'avons pas besoin d'être domestiqués. Voulant plaire aux autres et agir convenablement, nous nous punissons si nous ne respectons pas le code. Nous nous conformons à la description adéquate du monde, interprétons conformément et sommes récompensés par l'argent et le prestige, la renommée et la richesse, les diplômes et les titres. La réalité de la vie quotidienne comprend un flot interminable d'interprétations rarement remises en question que nous partageons avec le monde.

Piégé dans le rêve

Dans le film *La Fièvre du samedi soir,* il y a une scène où le frère de John Travolta arrive à la maison pour annoncer à ses parents qu'il renonce à la prêtrise. S'adressant au personnage de John Travolta, il dit de ses parents :

— Tout ce en quoi j'ai toujours cru, c'était l'image que mes parents avaient de moi comme prêtre.

Nous ne pouvons pas nous réveiller d'un rêve que nous croyons que le monde vit pour nous. C'est seulement lorsque nous prenons conscience du rêveur dans le rêve que nous pouvons nous réveiller. Sur le mur d'une librairie tapissé de magazines, on peut trouver *Monde des armes, Monde des VR, Monde de l'antique, Monde de la pêche* et *Monde de l'artisanat* pour n'en nommer que quelques-uns. Choisissez un monde. Le monde n'est qu'une vision — il n'est qu'une attitude. Il y a plusieurs mondes dans lesquels nous pouvons investir. Un soir, j'ai demandé à mon adolescente, Sarah, ce qu'elle regardait à la télévision. Elle a dit qu'elle regardait une émission appelée *The Real World.*

— Et puis, lui dis-je, est-ce *Le monde réel ?*

Elle m'a répondu que l'émission parlait d'adolescents qui se soûlaient et avaient des rapports sexuels.

Nous vivons à l'ère de l'in-formation — une ère prenant forme. C'est l'ère où les téléphones cellulaires, les messages textes, les réseaux sociaux, les courriels, les ordinateurs et les téléviseurs nous disent comment fonctionne le monde. Plus j'ai d'information, plus j'ai de renforcement des constituants de la réalité. Un écran électronique sur le mur dans notre maison nous renseigne sur ce qui est précieux et réel ; ce qui est élégant, splendide et sublime ; ce qui est offensant et répugnant, ce qui est à la mode, ce qui est controversé et ce qui ne l'est pas. Les émissions télévisées sont remplies de feuilletons. Dans un feuilleton, le péché, la culpabilité, la peur et la haine abondent. Une règle prévaut : personne ne peut être heureux ! Voici ce que le monde a de mieux à offrir : les plus belles résidences, des automobiles, des fourrures et des bijoux. Ici prolifèrent l'isolement, la tristesse, la souffrance et la malnutrition spirituelle. Regardez, ne serait-ce qu'un instant, un feuilleton. Les personnages sont manipulateurs ; c'est le chacun pour soi ; ils mentent et trichent ; aucun n'est vraiment altruiste ; personne n'est heureux. Il en est ainsi dans le monde de l'ego et c'est ainsi que nous les créons dans nos propres feuilletons et les extériorisons dans nos familles et avec nos amis, nos voisins et collègues de travail.

Juste pour le plaisir — Moyens stupides que nous utilisons pour inventer le monde

Dans le cadre de notre rêve du monde, nous faisons parfois des choses et oublions la raison qui nous a incités à les faire. Je connais de nombreuses anecdotes amusantes qui illustrent cela. En voici un exemple. J'avais un épagneul cocker nommé Joyful et, à cette époque, une maison avec un enclos spacieux à l'arrière — idéal pour les chiots. J'ai fait accoupler ma chienne de race Joyful, et à leur naissance les chiots avaient tous une queue. Le père et la mère, eux, étaient sans queue. Je n'ai pas eu le courage de la leur couper. Par conséquent, mes épagneuls cocker ont grandi avec une queue. Vers trois ou quatre mois, alors que le temps était venu de les vendre et d'en tirer un peu d'argent, l'éleveur qui devait les vendre pour moi m'a dit :

– Ils sont sans intérêt – ils ont une queue.

Au mieux, je pouvais les donner.

Concluant que cela était stupide, j'ai entrepris quelques recherches pour me renseigner sur la nécessité de couper la queue des épagneuls cocker. Il y a environ 200 ans, la plupart des gens vivaient en milieu rural. Les épagneuls cocker étaient à ce moment-là élevés dans des basses-cours sales tellement remplies de boue, de bardanes provenant du champ –, leurs propres excréments – tout restait accroché à leur queue à poil long. Pour éviter d'avoir ces boules de boue qui se répandait partout dans la maison, les fermiers ont commencé à couper la queue des chiots. Les épagneuls cocker vivent maintenant dans des maisons de banlieue et dans des appartements. Ils ne s'approchent jamais des basses-cours boueuses et des bardanes. Et pourtant, si vous ne coupez pas cette queue…

Après avoir raconté l'histoire des chiots épagneuls lors d'une conférence publique, j'ai demandé un jour :

– Pourquoi les hommes sont-ils circoncis ?

Et une femme de la salle a répondu :

– C'est parce qu'ils la laissent traîner dans la boue.

À une autre occasion, quelqu'un a lancé :

— C'est parce que s'ils ne le sont pas, ils sont sans valeur. Le mieux que vous puissiez faire est d'essayer de vous en départir.

Et lors d'une troisième occasion, quelqu'un a répondu :

— Parce que les femmes cherchent toujours à avoir un rabais de 20 %. Quelques heures après leur naissance, les jeunes bébés mâles sont amenés à la pouponnière. Ils sont attachés avec des bandes de Velcro, et une portion de la partie la plus sensible de l'anatomie mâle humaine est coupée. Quatre-vingts pour cent des adultes mâles américains sont circoncis. L'intervention est souvent exécutée selon la procédure sans consulter sérieusement les parents. Les bébés crient durant toute cette intervention. Voici « la preuve » du fait qu'on est un corps et une victime.

Après l'office du dimanche, une femme m'a demandé si je prierais pour son petit garçon qui devait subir une opération à l'hôpital.

— Mon Dieu, dis-je, qu'est-ce qui ne va pas ?

— Eh bien, dit-elle, vous savez ce qu'est la circoncision ? Ils l'ont manqué. Nous devons procéder à une chirurgie reconstructive.

— Pourquoi l'avez-vous fait circoncire ? ai-je demandé.

— Bien, mon mari a dit : « Qu'arrivera-t-il quand il aura 11 ans et qu'il devra se changer dans le vestiaire du gymnase, et que les autres garçons remarquent qu'il est différent ? Réglons cela tout de suite afin qu'il ne soit pas différent. »

La circoncision n'avait pas été faite pour des raisons religieuses ou hygiéniques ; elle avait été faite pour être conforme à la tradition. J'ai lu le sermon d'un ecclésiastique du XIXe siècle qui décrivait le Ciel comme un lieu où il y avait de magnifiques chevaux et des calèches. Son Ciel était une représentation idéalisée du monde avec un regard du XIXe siècle.

Chaque génération se moque des vieilles modes,
mais suit religieusement les nouvelles.
HENRY DAVID THOREAU, TRANSCENDENTALISTE AMÉRICAIN
(1817-1862)

Dire que le monde n'existe pas ne signifie pas que je nie la «réalité apparente» du monde. Dire que le monde n'existe pas ne signifie aucunement que je n'apprécie pas les merveilles que sont les montagnes, les rivières, les forêts, les fleurs, les animaux et la bonne nourriture. Dire que le monde n'existe pas ne signifie pas que je peux faire tout ce que je veux sans qu'il y ait de conséquences. Quand je suis à Rome, je fais tout ce que les Romains normaux font – payer mes taxes et respecter les limites de vitesse. Je vois le système pour ce qu'il est sans en faire un problème. Un Enseignant de Dieu est un «amoureux» de ce qui se présente à lui : la nature, la musique ou une autre âme. Si je hais le monde ou mon corps, je les rends réels. À la fin de leur vie, les tyrans doivent comprendre tristement qu'il n'y a aucun monde à posséder et que le rêve de domination n'est qu'un fantasme éphémère.

Mais la guérison est le don de ceux qui sont préparés à apprendre qu'il n'y a pas de monde et qui peuvent accepter la leçon maintenant. Certains la voient soudainement au seuil de la mort et se lèvent pour l'enseigner. D'autres la trouvent dans une expérience qui n'est pas de ce monde, qui leur montre que le monde n'existe pas parce que ce qu'ils voient doit être la vérité, et pourtant cela contredit nettement le monde.

E-132.7:1, 3 ET 4

Devenir des rêveurs lucides

Sachant que je suis « le rêveur du rêve », je peux décider comment je veux voir le rêve et continuer à vivre dans le monde sans prendre les choses trop au sérieux. L'Esprit étant éternel, l'activité de l'ego est limitée et destinée à prendre fin. Nous fabriquons le monde et le monde que nous inventons est une fantaisie — parfois un cauchemar, parfois très quelconque, parfois très beau.

Tu vois le monde que tu as fait,
mais tu ne te vois pas toi-même comme le faiseur d'images.
Tu ne peux pas être sauvé du monde, mais tu peux t'échapper de sa cause. Voilà ce que le salut signifie, car où est le monde que tu vois une fois sa cause disparue ?

E-23.4:1-3

La conscience de rêver est le vrai travail des enseignants de Dieu. Une fois que je sais que je rêve, je peux changer ma perception du rêve. « Je peux voir la paix au lieu de ceci. » Quoi que soit « ceci », je peux le retourner vers le Saint-Esprit. Les rêves joyeux sont aussi des rêves. Cependant, nous voyons maintenant que nous sommes dans une salle de classe, non pas dans une prison. Je rêve maintenant à la gentillesse des autres et non aux blessures qu'ils m'ont infligées. Je rêve au Ciel — non plus à l'enfer.

Chapitre 9

Je ne suis pas un corps

La mort et l'identité du corps de l'ego

Le corps est la figure centrale dans le rêve du monde. Il n'y a pas de rêve sans lui, pas plus qu'il n'existe sans le rêve dans lequel il agit comme s'il était une personne qui peut être vue et crue.

T-27.VIII.1:1-2

La phrase répétée plus souvent que toute autre dans le Cours est : « Je ne suis pas un corps. Je suis libre. » Avez-vous déjà éprouvé le besoin de transcender votre corps — d'aller au-delà de l'épiderme, d'être libéré de ses maux et de ses douleurs, de ses appétits et de ses besoins incessants ? Avez-vous déjà souhaité ne pas avoir à lever cette « chose » le matin ? Qui est ce « Je » qui réveille le corps le matin ? L'homme primitif qui regardait le reflet de son visage dans le lac a dû se demander ce qu'était cette « chose » qui le regardait. Platon appelait le corps une tombe. Sénèque a dit que c'était une auberge, et saint François d'Assise l'a appelé amoureusement « Frère Âne. »

Le souhait fondamental de l'ego est de remplacer Dieu. De fait, l'ego est l'incarnation physique de ce souhait. Car ce souhait est ce qui semble entourer l'esprit d'un corps, le gardant séparé et seul, incapable d'atteindre d'autres esprits sauf par l'entremise du corps qui a été fait pour l'emprisonner.

E-72.2:1-3

L'identité du corps de l'ego

Je ne connais aucun document aussi clair que le Cours dans ses enseignements à propos du corps et son explication que nous ne sommes pas des corps. Le corps est une minuscule clôture qui entoure une idée grandiose et glorieuse. C'est « une pensée de séparation » projetée par l'esprit qui a pris forme. Les corps sont l'essence même de l'expérience de la séparation et la concrétisation de leur état physique. Le corps est un tout petit segment du Ciel, détaché du tout (T-18.VIII.2:5-6). Ils sont manifestement destructibles et délimités temporairement dans l'espace et le temps. Nous ne sommes pas nos corps, et pourtant, nous nous identifions presqu'à 100 % à eux. Selon le Cours, il n'y a qu'une chose que nous n'avons jamais faite : nous n'avons jamais complètement oublié le corps. Il y a parfois des moments où il s'est effacé de notre vue, mais il ne disparaît jamais complètement (T-18.VII.2:1-2). Il y a une abondance de preuves que nous sommes des corps – regardez autour de vous. Que voir d'autre que des corps ? Des sommes importantes d'argent sont dépensées en cosmétiques, en vêtements et en parures pour le corps. Dès que nous nous levons, nous nous regardons dans le miroir et affirmons, en bien ou en mal, la réalité apparente du corps. Combien de temps accordons-nous à le nourrir, aux compulsions et aux faims du corps que nous sommes incapables de contenir ?

Le corps est une sorte de véhicule pour fuir Dieu, ce qui semble nous donner temporairement une autonomie par rapport à lui. Me voir comme un corps rend le monde réel. Étant préoccupé par le corps et par le rêve du monde, il est facile d'oublier Dieu. Tout ce que fait un corps doit d'abord être une pensée, que cette pensée provienne de la pleine conscience (la santé d'esprit) ou de l'absence de conscience (l'insanité). Le bon et le mauvais, la douleur et le plaisir apparaissent quand l'esprit juge les fonctions du corps. La douleur et le plaisir rendent le corps réel. Ils sont la preuve de la véracité du corps, et donc de l'existence de l'ego. Les plaisirs, physiques et psychologiques, peuvent rendre le monde désirable et réel. Dans la douleur, je hais le monde et le corps.

Éteins-toi, petite chandelle !
La vie n'est qu'une ombre en marche, un pauvre acteur
Qui s'agite pendant une heure sur la scène.
Et alors on ne l'entend plus ; c'est un récit
Conté par un idiot, plein de son et furie,
Ne signifiant rien.

Macbeth, acte 5, scène 5, 26-28, William Shakespeare

J'ai demandé à un ami comment il se sentait, et il m'a répondu : « Bien, au moins je ne suis pas six pieds sous terre. » Quoi qu'il en soit, « six pieds sous terre » n'a rien à voir avec qui nous sommes. L'ego a une relation d'amour/haine avec le corps, car il est inextricablement lié à lui. Quoi que nous puissions bien « intuitionner » la nature illusoire du corps, nous expérimentons en même temps la preuve accablante que nous sommes des corps condamnés à souffrir, à vieillir, et alors, amen.

Le corps est l'idole de l'ego ; la croyance dans le péché faite chair puis projetée vers l'extérieur. Cela produit ce qui semble être un mur de chair autour de l'esprit, qui le garde prisonnier en un petit point noir d'espace et de temps.

T-20.VI.11:1-2

Le plaisir suppose une « activité » du corps, à l'instar de la douleur. Nous n'avons qu'à penser à quel point nous sommes distraits par les gargouillements, les grondements et les envies de l'estomac, par les maux et les douleurs du corps. Combien de temps et d'argent dépensons-nous pour nourrir, nettoyer et dorloter le corps ? La bouche est une chose étrange, ainsi en est-il des dents, et de l'ensemble du système digestif et d'élimination. Manger est un acte agressif. Des corps d'animaux doivent mourir afin que mon corps puisse vivre. La sexualité, aussi, est une activité étrange si vous y réfléchissez ; mais ne nous préoccupons pas de cela. On pourrait facilement faire un numéro comique autour de la nature maladroite et inélégante des activités de manger ou sexuelles. Sans aucun doute, cela a été fait.

Les appétits sont des mécanismes « d'obtention » représentant le besoin qu'a l'ego d'être confirmé. Cela est aussi vrai des appétits du corps que des prétendus « besoins supérieurs de l'ego ». Les appétits du corps n'ont pas une origine physique.

T-4.II.7:5-7

La séparation et le corps

Certes, nous entretenons des relations ambivalentes avec nos corps, parfois on les aime, parfois on les déteste. Nous sommes critiques quant à notre corps et celui des autres. Si nous sommes malades, avons un surpoids ou croyons que nous sommes laids, nous pouvons détester ce corps et ressentir qu'il n'est pas assez bon pour être notre maison. Ou, nous pouvons être fiers de notre corps et espérer ou prétendre qu'il durera toujours. Comme ils semblaient posséder son propre esprit et qu'ils le croyaient malfaisant, les mystiques anciens ont cherché à punir le corps par la mortification de la chair ; ils s'assoyaient à l'extérieur alors que le temps était inclément, ils se flagellaient, et ils jeûnaient jusqu'à en mourir. Toutes ces actions rendaient le corps encore plus réel. Un autre groupe, les Libertins, affirmait que le corps n'était pas réel, et donc sans importance. Il pensait qu'il pouvait faire tout ce qu'il voulait, et ainsi, s'engager dans des abus menant à des dépendances et à des maladies physiques.

L'ego, voulant éviter qu'on croie que le corps est une illusion, essaie de projeter l'éternité dans le corps. Les pharaons de l'ancienne Égypte étaient obsédés à tenter d'immortaliser dans la pierre une image monolithique d'eux-mêmes, écorchant souvent l'image des pharaons qui étaient morts avant eux. Nous élevons des enfants, écrivons des livres, peignons des images, érigeons des édifices, prenons des photos, avons des rues qui portent notre nom et construisons des mausolées pour le corps, tout cela dans l'espoir d'une quelconque immortalité.

Nul ne croit qu'il y eut réellement un temps
où il ne connaissait rien du corps et n'aurait jamais pu
concevoir que ce monde fut réel.

T-27.VIII.5:5

Peut-être savez-vous que les présidents Thomas Jefferson et John Adams sont morts le même jour, le 4 juillet 1826, exactement 50 ans après la signature de la déclaration d'Indépendance. Ils avaient été des amis, mais un désaccord s'est élevé entre eux. Vers la fin de leurs vies, ils ont renouvelé leur amitié. Dans la dernière lettre que Jefferson a envoyée à John Adams, il s'est enquis de sa santé. John Adams lui a répondu qu'il se sentait bien, mais que la maison dans laquelle il vivait était devenue assez délabrée. Les bardeaux étaient presque tous tombés (il était presque chauve). Les fenêtres étaient toutes embuées (il ne voyait plus). Il était bien, mais son corps, qui ressemblait à une vieille maison décrépie, tombait en ruine.

Dans la série à PBS *La puissance du mythe*, le journaliste américain Bill Moyers (1934-) a demandé au mythologue de 80 ans, le Dr Joseph Campbell (1904-1987), comment c'était d'être octogénaire ? Il a dit que cela ressemblait à quelqu'un qui conduit une vieille automobile. Il ne démarrait pas bien le matin comme il en avait l'habitude. Il s'étouffait en haut des collines. Il était couvert de cicatrices et de rides, et le tuyau d'échappement commençait à traîner. Il a dit qu'il pensait qu'il était prêt à changer de modèle. Les automobiles sont les objets les plus « recyclés ». À l'instar de nos corps, nos automobiles sont des véhicules dans lesquels nous nous déplaçons. Ils nous confèrent un statut social ou l'absence de statut social. Comme nous animons ou conduisons nos automobiles, ainsi animons-nous notre corps. L'automobile n'a pas de vie en soi. Ce n'est qu'une « chose, » comme nos corps. Tout comme le métal de ma voiture, les atomes de carbone qui constituent le corps finiront par se décomposer et se transformer en d'autres matières organiques.

Une source principale de l'état déséquilibré
de l'ego est son manque de discrimination entre le corps
et les Pensées de Dieu.

T-4.V.2:1

Si l'esprit peut guérir le corps, mais que le corps ne peut
guérir l'esprit, alors l'esprit doit être plus fort que le corps.

T-6.V.A.2:6

Le corps ne peut pas demander à l'esprit de faire quelque chose, mais l'esprit peut faire faire au corps toutes sortes de choses, et le déplacement de la culpabilité vers le corps le rend malade. Le corps est, en soi, neutre et est un instrument de l'esprit. Par lui-même, il ne peut pas être coupable. La question à se poser est donc, qu'est-ce que l'esprit fait avec le corps ?

Observer le corps

Observez le corps objectivement. Remarquez les distractions de l'ego-corps lorsqu'il nous signifie ses appétits et ses besoins. « J'ai faim. » « J'ai besoin d'uriner. » « Je dois dormir. » Un ami dit : « Je ne peux rien faire tant que je n'ai pas pris ma tasse de café du matin. » Qui est ce « Je » qui ne peut rien faire sans sa tasse de café ? Qui manœuvre cette machine ?

Qui rentre la main à l'intérieur du sac de chips ? Est-ce l'ego qui mène la barque ou y a-t-il une perspective supérieure ?

À la première coupe, l'homme boit le vin ;
À la deuxième coupe, le vin boit le vin ;
À la troisième coupe, le vin boit l'homme.

PROVERBE JAPONAIS

Observez le corps et voyez ce qui le rend troublé. Est-ce que j'ai « besoin » de boire ? Peut-être que « je » n'en ai pas besoin. Si le corps est distrait par la douleur, il capte mon attention et la garde à l'extérieur de l'esprit. À partir d'une Vision ou de la justesse d'esprit, nous voyons – même si le corps éprouve de la douleur, il y a une partie de notre esprit qui peut faire marche arrière, transcender le corps, observer ce qui arrive, et choisir la paix.

Tu vois la chair ou tu reconnais le pur esprit.

T-31.VI.1:1

À quel point est-il facile de me dissocier, d'être inconscient ou d'être piégé dans une dépendance corporelle ? Est-ce que « j'essaie » même de maîtriser mes impulsions corporelles ? Quand un appétit monte, plutôt que « d'y répondre, » ne puis-je pas attendre ? Ai-je réellement besoin d'y céder ? Les appétits diminuent lorsqu'ils ne sont pas nourris. Les aliments, particulièrement les excès, commencent, après une période de jeûne, à paraître lourds et répugnants. Il convient d'être objectif quand il s'agit du corps ; on ne demande pas de le négliger, mais simplement de diminuer son importance incessante. Se déconnecter des obsessions du corps facilite aussi la réunification avec l'esprit qui est, après tout, celui qui mène la barque. En n'étant pas trop obsédé, je peux alors, avec une plus grande clarté, opter pour la voix intérieure de la raison plutôt que la voix extérieure de l'insanité. Je peux choisir de ne pas laisser l'ego-corps tout diriger.

Les messagers du Saint-Esprit qui sont envoyés
très loin par-delà le corps appellent l'esprit à se joindre en une
sainte communion et à être en paix.

[…]

La souffrance est le seul « sacrifice » qu'exige le Saint-Esprit, et
c'est cela qu'Il « voudrait » enlever.

T-19.IV.B.3:1 ET 7

Un ami m'a dit que je devrais cesser de dire aux gens qu'ils ne sont pas des corps, et je réponds à cela : « Si je semble trop souligner sur le fait que nous ne sommes pas des corps, c'est parce que nous avons tellement surestimé la réalité apparente du corps que nous avons besoin d'aller dans l'autre sens afin de retrouver un équilibre. » Le corps est un outil d'apprentissage pour l'esprit, un mécanisme, un véhicule, un moyen de locomotion et un ordinateur. Placé dans les mains de l'Esprit, il peut être un outil utile pour notre voyage de retour à la Maison. La meilleure chose que nous puissions faire avec le corps est de le céder à l'Esprit.

Enfant de Dieu, tu fus créé pour
créer le bien, le beau et le saint. N'oublie pas cela. Il faudra

encore, pendant un court moment, que l'Amour de Dieu s'exprime par un corps à un autre, parce que la vision est encore si faible. Tu peux mieux utiliser ton corps afin qu'il t'aide à élargir ta perception, de sorte que tu puisses atteindre la vision réelle, dont est incapable l'œil physique. Apprendre à faire cela est la seule véritable utilité du corps.

T-.1.VII.2:1-5

Une harpe pour l'âme

Le pianiste réputé Ignacy Jan Paderewski apparut à une occasion sur scène avec un violon. Il dit à l'assistance que c'était un des plus chers au monde. Il commença en jouant un éblouissant numéro. À la fin, un tonnerre d'applaudissements le salua. Lorsque les applaudissements cessèrent, Paderewski demanda à l'assistance de s'asseoir. Il prit alors le violon et le fracassa sur ses genoux. Comme tous protestaient, horrifiés, Paderewski dit : « Je ne faisais que plaisanter. C'était une imitation bon marché. » Puis il dit : « Je vais maintenant jouer avec un violon qui est réellement l'un des plus chers au monde. » Il se mit à jouer une pièce, aussi grandiose que la première. Quelques-uns seulement affirment avoir remarqué une réelle différence. Nous ne sommes pas des corps. Nous sommes ceux qui jouent la chanson. C'est la manière de jouer qui crée la différence. Le poète libanais Kahlil Gibran (1883-1931) appelait le corps « une harpe pour l'âme ». L'Esprit fait la musique de nos vies. Avec l'ego pour guide, le corps communique la douleur, la peur, la séparation, le désespoir et la colère. Avec la direction de l'Esprit, il peut communiquer la guérison, l'amour, l'unité et la joie.

Au-delà des apparences du corps — sous le mascara, les liftings, les perruques, les dents de porcelaine, les chaussures à talon haut —, il y a quelque chose d'irradiant qui pense à nous et qui nous ressent. Ce quelque chose est l'Esprit qui donne la vie. Ce qui subsistera un jour dans la terre ou deviendra cendres n'a aucune valeur. Un jour, cela disparaîtra. Cela semble une nécessité, et nous ne savons pas qui nous serions sans lui ; et pourtant, au-delà du corps, par-delà les étoiles, et tout ce que nous voyons resplendit une lumière rayonnante de l'Être Véritable (T-21.1.8:1).

Considérer la mort

Une fillette de cinq ans, pendant le trajet du retour à la maison après les funérailles de son arrière-grand-mère, était assise à l'arrière d'une limousine avec son autre arrière-grand-mère. Elle lui demande :

– Où est allée grand-maman ?

– Nous croyons qu'elle est partie rejoindre Dieu, répliqua l'autre grand-mère.

– Quel âge avait-elle ? demande la petite fille.

– Elle avait quatre-vingts ans.

– Quel âge as-tu ?

– J'ai quatre-vingt-trois ans.

Et la petite fille de répliquer :

– J'espère que Dieu ne t'a pas oubliée !

Tu peux reposer en paix uniquement parce que tu es éveillé.
T-8.IX.4:9

L'amour n'a pas de forme. L'éternité n'a pas de forme. Dieu n'a pas de forme. La vérité n'a pas de forme. La pensée est vie et la pensée est sans forme. La vie ne dépend pas de la forme. Dire que la vie est éternelle ne signifie pas que nous passons d'un corps (la forme) à un autre — ce serait la continuation du rêve. Pourquoi passer d'une histoire à une autre histoire à une autre histoire, d'un drame à un autre drame à un autre drame ? Pourquoi ne pas nous éveiller du rêve ?

En définitive, la réincarnation est impossible. Il n'y a ni passé ni futur et l'idée de naissance dans un corps n'a pas de signification, que ce soit une fois ou de nombreuses fois. La réincarnation ne peut donc pas réellement être vraie.

M-24.1:1-3

Tout ce qui rouille, pourrit, s'effondre ou change d'une forme à une autre n'est pas permanent et, par conséquent, n'est pas éternel. Seul le pur esprit est éternel. Jésus n'a pas résisté à sa crucifixion parce qu'il savait qu'il n'était pas un corps ; et il est monté sur la croix pour nous montrer que même si son corps pouvait être tué, Lui ne mourait pas. On retrouve dans l'hymne de Martin Luther « Une puissante forteresse » : « Ce corps qu'ils peuvent tuer, la Vérité de Dieu y demeure encore. Son royaume est éternel. » La lumière et les ténèbres, la connaissance et la perception, la vie et la mort sont irréconciliables. Tout ce qu'il y a, c'est la vie. Perdre un corps, c'est perdre un corps. Des millions de personnes l'ont déjà perdu. La mort n'est pas la fin. Elle n'est pas le commencement. Elle n'est rien.

Si le mythe du Juif errant était vrai,
et qu'il existait un homme qui ne peut pas mourir, ne serait-il
pas le plus malheureux des hommes ?
SOREN KIERKEGAARD (1813-1855), THÉOLOGIEN DANOIS

Tout ce qui est physique n'est pas immortel. Par définition, ce qui existe dans le temps a une forme. Dieu est sans forme. L'ego est seulement compris en le transcendant, et à ce moment, il n'est plus utile. Il n'y a aucune éternité dans le corps – la forme de la chose n'est jamais la chose. La seule chose qui peut mourir (parce que ça n'a jamais été vivant) c'est l'ego. Ce n'est pas le corps qui donne la vie. Ce qui donne vie, c'est l'Esprit (le pur esprit). Les corps disparaissent dans le néant d'où ils proviennent, tout comme un rêve disparaît quand nous nous réveillons le matin. Les illusions ne peuvent pas faire partie de l'éternité.

Car qu'est-ce que mourir, si ce n'est que se tenir nu
sous le soleil et de fondre dans le vent ?
KAHLIL GIBRAN, (1883-1931), POÈTE LIBANAIS,
EXTRAIT DU *PROPHÈTE*

Un jour, un touriste américain rendit visite au réputé rabbin polonais Hofetz Chaim. Il fut renversé de constater l'exiguïté de la chambre du rabbin. Ce n'était qu'une petite pièce qui contenait uniquement des livres, une table, une chaise, un lit, un évier et une seule armoire. Le touriste lui demanda :

– Rabbin, où sont passés vos meubles ?

– Où sont les vôtres ? répliqua Hofetz Chaim.

Perplexe, l'Américain demanda :

— À moi ? Mais je ne suis qu'un visiteur ici. Je ne fais que passer.

— Il en est de même pour moi, répondit le rabbin

L'Esprit est immortel, et l'immortalité est un état sans fin. Au moment de la mort, la forme se dissout dans l'informe. Seule la carapace illusoire, le corps, se désintègre. Sans le corps, aucune parure ne lui convient. Sans le corps, il n'y a pas d'espace/temps ; il n'y a pas de monde.

Une des idées maîtresses du Cours affirme que nous ne sommes pas des corps. Les corps sont l'expression manifeste de la séparation. Nous sommes Esprit. Les corps ne peuvent pas se joindre — les Esprits le peuvent. Les corps sont différents. Les Esprits ne sont pas différents parce qu'il n'y a qu'un Esprit et que nous sommes seulement un au niveau de l'Esprit. Un collègue pasteur m'a dit que les dernières paroles de sa mère au moment de sa mort, à 100 ans, furent : « Bonjour. »

Quand ton corps et ton ego et tes rêves auront disparu, tu sauras que tu dureras à jamais. Peut-être penses-tu que cela s'accomplit par la mort, mais rien ne s'accomplit par la mort, parce que la mort n'est rien. Tout s'accomplit par la vie, et la vie est de l'esprit et dans l'esprit. Le corps ne vit ni ne meurt, parce qu'il ne peut te contenir, toi qui es la vie.

T-6.V.A.1:1-4

CHAPITRE 10

Toujours doit être maintenant

CULTIVER LA PATIENCE

Le temps est un truc, un tour de main,
une vaste illusion où des figures vont et viennent comme
par magie. Or, il y a un plan derrière les apparences qui ne
change pas. Le scénario est écrit. Le moment où l'expérience
viendra mettre fin à tes doutes est fixé. Car nous ne faisons
que voir le voyage depuis le point où il s'est terminé,
regardant en arrière et nous imaginant en train
de le refaire, revoyant mentalement ce qui s'est passé.
E-158.4:1-5

Dieu veut pour toi le bonheur parfait maintenant. Et est-il
possible que ce ne soit pas aussi la volonté de tes frères ?
T-9.VII.1:8

Les choses semblent se produire de façon successive, dans le temps, l'une à la suite de l'autre. Nous avons le passé, le présent et le futur. Nous déterminons les secondes, les minutes, les heures, les semaines et les mois, puis nous oublions que ces « unités de mesure » sont inventées par nous. Nous aurions pu déterminer que les mois ont

3 semaines de 10 jours. Nous aurions pu déterminer que les secondes diffèrent en durée avec ce que nous avons décidé. Les journées auraient pu être découpées avec d'autres critères que ce que nous appelons heures. Nous déterminons des unités de mesure, puis nous vivons comme si ce que nous avons adopté était la réalité. Le temps a du sens quand nous percevons les événements qui se déroulent dans un ordre linéaire à partir du passé, à travers le présent, et vers le futur. Selon Moses Maimonides (1135-1204, Espagne, Égypte), un mystique important du judaïsme médiéval, l'idée de Dieu qui crée le monde à un certain moment dans le temps est elle-même une projection à partir de circonstances délimitées dans le temps. Le temps est la manière qu'a l'ego d'empêcher que tout arrive en même temps.

Pour nous, les physiciens croyants, la distinction entre le passé, le présent et le futur n'est qu'une illusion obstinément persistante.
ALBERT EINSTEIN, PHYSICIEN NÉ EN ALLEMAGNE (1879-1955)

À un moment, la secrétaire d'Einstein lui a demandé s'il pouvait lui expliquer la théorie de la relativité, et il lui a dit : « Deux heures avec une très belle femme nous semblent durer deux minutes. Deux minutes sur un poêle brûlant semblent durer deux heures. C'est ça, la relativité ! » Le temps peut s'accélérer. Il peut ralentir. Et s'il s'arrêtait ? Cela ne nous apporterait-il pas une toute nouvelle perspective ? Les scientifiques nous disent que si nous pouvions voyager à la vitesse de la lumière – 300 000 km/seconde – le temps s'arrêterait ! Nous vivons dans le temps, en fait, nous sommes piégés dans le temps.

Jésus lui dit : « Quiconque met la main à la charrue, puis regarde en arrière n'est pas fait pour le Royaume de Dieu.

Luc 9,62

Sois calme aujourd'hui et écoute la vérité. Ne sois pas trompé par la voix des morts, qui te disent qu'ils ont trouvé la source de vie et l'offrent à ta croyance. N'y fais pas attention, mais écoute la vérité.

E-106.2:2-4

La voix des morts est une tradition; le cadre de référence de l'ego — la façon que nous avons toujours perçu le monde. Afin de voir, nous devons arrêter d'inventer le monde. Nous devons être calmes et écouter. Nous nous laissons facilement envahir par le passé — les amours perdus, les ambitions non assouvies, les diplômes non obtenus, les sentiments de nostalgie, les regrets et les remords font tous partie de l'esprit qui rêve. Quel est le grief ? Le grief peut exister uniquement dans mon esprit et peut seulement être question du passé, même si c'est très récent. Un jour, on a demandé au Dr William Thetford comment savoir si on évolue dans le Cours, et il a répondu : « Vous pouvez vous en rendre compte par la rapidité avec laquelle vous êtes prêt à laisser tomber le grief. » Vivre le Cours signifie non seulement laisser aller rapidement les griefs, cela signifie que nous n'avons pas de grief parce que nous ne les créons pas.

À moins d'apprendre que la douleur passée est une illusion, tu choisis un futur d'illusions et tu perds les nombreuses occasions de délivrance que tu pourrais trouver dans le présent.

T-13.IV.6:5

J'ai regardé un vieux film en noir et blanc dans lequel un gars tombe amoureux d'une fille. Puis, il se produit quelque chose qu'il croit impardonnable. Il découvre quelque chose de désagréable à propos de son passé. Il la rejette, s'enfuit, a un accident et perd la mémoire. Lorsqu'elle apprend qu'il a eu un accident, elle se précipite à son chevet, mais il ne se souvient plus d'elle et, surprise, il tombe de nouveau amoureux d'elle sans se rappeler aucun grief.

Une amie me raconte qu'elle avait été mariée avec un alcoolique qui avait été violent envers elle, non pas physiquement, mais psychologiquement. Quand il est mort, elle a dit que la colère qu'elle avait éprouvée envers lui a disparu en un instant – comme si quelqu'un avait ouvert la soupape d'un drain ; la douleur s'est dissipée, et tout ce qui restait était l'amour qu'elle avait pour lui. Le pardon, selon le Cours, est une mémoire sélective, basée sur ta sélection (T-17.III.1:3). Refouler un grief est douloureux, que ce soit un grief que nous retenions contre les autres ou envers soi. Ce n'est qu'en se pardonnant soi-même et en laissant allez les griefs qu'on peut trouver la paix.

Tu considères qu'il est « naturel » d'utiliser ton expérience passée comme point de référence pour juger le présent. Or, cela n'est « pas naturel » parce que c'est du délire. Quand tu auras appris à regarder chacun sans aucune référence au passé, soit le sien ou le tien tel que tu l'as perçu, tu seras capable d'apprendre de ce que tu vois maintenant.

T-13.VI.2:1-3

Sans la mémoire, il n'y aurait pas de culpabilité. Le remords, le repentir et les souvenirs douloureux se manifestent seulement en lien avec des événements passés. Plus nous vieillissons, plus nous accumulons de passé, plus grand est l'attrait de vivre dans le passé. Plus nous sommes jeunes, plus nous avons tendance à nous « projeter » dans l'avenir. Vous êtes-vous déjà réveillé un matin et, avant de vous lever, avez commencé à recenser une liste d'erreurs commises dans le passé et « si seulement » vous aviez fait d'autres choix ? Nous nous sentons coupables du passé. Nous disons : « Si seulement — si seulement... Si seulement, j'avais fait une série de choix différents dans le passé, mon présent serait tout autre. » Cela est vrai. *Si* nous avions fait une série de choix différents dans le passé, nous *aurions* un tout autre présent ; mais *nous n'avons pas* fait une série de choix différents dans le passé, nous avons donc notre présent.

C'est seulement en nous pardonnant d'avoir pensé que nous aurions dû avoir un passé différent que nous pouvons nous départir des effets du passé (la culpabilité) dans le présent. Se pardonner vient avec l'acceptation du fait que nous n'aurions jamais pu avoir un passé différent. Plus je suis concentré, moins il y a de distractions qui proviennent du passé. Une des choses que nous pouvons affirmer à propos du passé, c'est qu'il n'est pas ici maintenant. Quoi qu'il soit arrivé dans le passé — que ce soit la culpabilité ou le blâme que nous projetons sur nous ou sur les autres — cela n'existe pas dans le moment présent, à moins que j'essaie de l'entretenir dans le présent.

Tu ne te rends peut-être pas encore pleinement compte de ce que cela fait à ton esprit d'avoir des rancœurs. Cela semble te couper de ta Source et te rendre différent de Lui.

E-68.1:5-6

J'ai connu un homme dont le père était bourru et difficile. Le fils avait beaucoup de difficulté à communiquer avec son père et il ressentait souvent de la haine envers lui. Puis un jour le père, plus âgé, fut frappé par une automobile alors qu'il traversait la rue. Quelques jours plus tard, il eut un accident vasculaire cérébral. Il ne s'en remit jamais réellement. Suite à cet accident, son caractère changea et son comportement devint plus puéril – plus aimant. Maintenant, l'homme dont le fils avait éprouvé de la haine pour lui avait changé complètement et dépendait de son fils afin qu'il prenne soin de lui. Quel dilemme ! Le vieil homme, que le fils avait haï, n'était plus détestable. Il était maintenant aimant. Comme le fils était prêt à oublier le passé, une guérison s'opéra en lui et dans la relation avec son père. Il n'y avait plus qu'un amour véritable entre eux. C'est toujours comme ça : enfoui à l'intérieur, parfois pas si profondément, l'amour essaie de trouver une solution pour se libérer des pièges de l'ego.

L'instant saint est le plus utile mécanisme d'apprentissage du Saint-Esprit pour t'enseigner la signification de l'amour. Car son but est de suspendre entièrement le jugement. Le jugement repose toujours sur le passé, car l'expérience est la base sur laquelle tu juges. Le jugement devient impossible sans le passé, car sans lui tu ne comprends rien.

T-15.V.1:1-4

Ne vous inquiétez donc pas pour le lendemain : le lendemain s'inquiétera de lui-même.

MATTHIEU 6,34

Et si ? : La peur et le futur

Un soir, j'ai allumé le téléviseur pour vérifier quelques canaux favoris. Il y avait une émission qui parlait de l'Apocalypse, une autre de la vie après les gens, une appelée *Doomsday* (fin du monde) et une autre sur les 10 façons les plus probables qu'adviendrait la fin du monde – pas *si* mais *quand*. Nous avons « si seulement » dans le passé, et « et si » dans le futur. « Et si je tombe malade ? » « Et si je n'ai pas assez d'argent ? » « Et si personne ne peut s'occuper de moi ? » L'ego enseigne que l'enfer est dans l'avenir lorsque nous sommes découverts, quand le corps devient malade, quand nous mourons et devons renoncer au monde. Le temps dans le système de l'ego est un outil pédagogique pour compliquer la culpabilité. C'est l'occasion pour moi d'examiner toutes les erreurs que j'ai commises. Cependant, il n'y a aucune peur dans le présent. En ce moment, et à ce seul moment, chaque instant Saint se détache clairement et n'est pas entaché par les ombres du passé. Je ne puis être dans le présent si je vis dans le passé ou me projette dans le futur. Plus nous sommes jeunes, plus nous nous projetons dans le futur. Plus nous vieillissons, plus nous nous projetons dans le passé et quand nous sommes d'âge mûr, nous ne sommes nulle part, à la fois dans le passé et dans l'avenir, puis nous vivons alors ce qui est communément appelé la crise de la quarantaine.

La patience est naturelle à l'enseignant de Dieu. Tout ce qu'il voit est un résultat certain, à un moment qui lui est peut-être encore inconnu mais qui n'est pas en doute.

M-4.VIII.1:2-3

La patience

En s'arrêtant sur le bord d'un chemin de campagne, un citadin aperçoit un fermier qui soulève un de ses porcs jusqu'à un pommier, le soutenant pendant que le porc mange des pommes une par une. Le fermier refait la même chose avec un deuxième porc, puis avec un troisième.

— Peut-être que je ne sais pas de quoi je parle, dit le citadin, mais si vous brassiez simplement l'arbre, les pommes tomberaient sur le sol, cela ne vous ferait-il pas gagner du temps ?

— Du temps ? dit le fermier. Que représente le temps, pour un porc ?

Le matin, lorsque je descends au rez-de-chaussée, je vois parfois notre chat, Pockets, assis près de la porte de verre coulissante, sur la terrasse attendant d'entrer. Parfois, quand j'ouvre la porte, il reste là, assis. Pockets a tout le temps au monde. Les animaux ne « pensent » pas au temps. Ils n'investissent pas dans le temps. Ils n'ont pas de temps pour cela. Les animaux n'ont pas de montre et donc, pas de secondes, de minutes ni d'heures. Les animaux sont plus dans « l'immédiateté » que nous, et leur simple présence sans complications est une des raisons qui fait que nous les aimons tant.

L'intemporalité est réalité

Le mot *patience* vient du mot *patient,* signifiant quelqu'un qui endure une maladie. La patience naît lorsque nous nous libérons du temps. Au centre d'un cyclone règne une tranquillité absolue. En périphérie, tout n'est que chaos. En son centre, tout s'arrête, et c'est le silence total. Le Saint-Esprit nous invite à pénétrer au centre là où le chaos a cessé et où il n'y a que l'éternité. De ce point de vue, nous pouvons voir le chaos et néanmoins ne pas en faire partie. La crucifixion pourrait être considérée comme un moment de chaos absolu, toutefois, Jésus ne le voit pas ainsi, ce qui fait de lui le Christ. *L'éternité* est intemporelle. Dieu est intemporel. L'amour est intemporel. Le Christ est intemporel. Dans l'intemporalité, les choses sont, tout simplement. Être est un état dans lequel l'esprit est en communication avec tout ce qui est réel (T-4.VII.4:4). Il n'y a rien à diriger ou à manipuler. Jésus a quitté l'éternité, il est venu dans le temps, mais il s'est souvenu de l'éternité. Nous quittons l'éternité, puis nous sommes piégés dans le temps ; nous sommes emprisonnés par le passé et par nos histoires ; nous sommes aux prises avec des drames et perdons de vue l'éternité.

L'arrogance est le déni de l'amour, parce que l'amour partage et l'arrogance retient. Aussi longtemps que les deux te paraîtront désirables, le concept de choix, qui n'est pas de Dieu, te restera. Bien que ce ne soit pas vrai dans l'éternité, « c'est » vrai dans le temps, de sorte que tant que le temps durera dans ton esprit, il y aura des choix. Le temps même est ton choix. Si tu veux te souvenir de l'éternité, tu ne dois regarder que l'éternel. Si tu te permets de devenir préoccupé par le temporel, tu vis dans le temps. Comme toujours, ton choix est déterminé par ce à quoi tu accordes de la valeur. Le temps et l'éternité ne peuvent pas être réels tous les deux, parce qu'ils se contredisent l'un l'autre. Si tu n'acceptes pour réel que ce qui est intemporel, tu commenceras à comprendre l'éternité et à la faire tienne.

T-10.V.14:1-9

Notre problème fondamental est l'arrogance. Ce que je vois est un rêve, créé par moi. Dans ce rêve, je fais de moi quelqu'un qui a raison. Faire de moi quelqu'un qui a raison produit la séparation. Ce n'est pas un choix qui jaillit du passé. C'est une prise de décision d'instant en instant. Mes envies d'être particulier sont mes propres malcréations du présent provenant des exigences arrogantes de mon ego.

« Dieu et l'âme, dit le pasteur allemand Maître Eckhart (1260-1326), ne sont pas dans l'espace/temps. Ils appartiennent aux domaines qui sont intrinsèquement ou essentiellement réels. Le temps prend fin, dit-il, où il n'y a pas d'avant ni d'après. » Nous percevons, dit Eckhart, seulement l'ombre de la réalité, nous vivons dans un monde créé et soutenu par notre propre cognition. Or, comme l'a exprimé le médium américain Edgar Cayce : « Il n'y a pas de temps ; ceci est un temps. Il n'y a pas d'espace ; ceci est un espace. » L'espace est aussi illusoire que le temps, car l'espace est la projection de la séparation. Sans l'espace, il n'y aurait pas de séparation.

Ne demeure pas dans le passé, ne rêve pas du futur,
concentre ton esprit sur le moment présent.
BOUDDHA (563 AV. J.-C. - 483 AV. J.-C.)

Patience, concentration et flot

Dans l'expérience mystique, l'esprit est concentré sur le moment. Les personnes se sentent vivantes pendant les situations d'urgence parce que le moment fait appel à la concentration et à la pleine attention. Ce qui arrive est précisément ce qui se passe en ce moment. Nous avons tous vécu l'expérience du besoin d'étudier en vue d'un examen, ou d'avoir besoin de se concentrer sur quelque chose au travail et, par ce processus, nous découvrons que concentrer notre esprit en réduit le temps. L'esprit de singe saute d'une distraction à l'autre. En faisant ce que nous sommes appelés à faire – en ce moment – maintenant – nous réduisons le temps en ne permettant pas de délai ou de distraction. Des études sur le bonheur montrent que les personnes qui sont capables de se « concentrer » sont des personnes plus heureuses grâce à leur capacité de vivre le moment présent. Cette concentration rehaussée leur permet aussi d'accéder à un « flot, » où il est facile de perdre la notion du temps.

Ayant fabriqué le temps, l'ego devient facilement son esclave. S'il n'y a pas de temps, je ne peux pas être pressé. Nous avons tout le temps du monde précisément parce que nous ne sommes pas de ce monde. Nous disons de quelqu'un qui ne se plaint pas, que cet individu a la « patience d'un saint. » Pourquoi assimilons-nous la patience à la sainteté à moins de savoir que la patience est sainte ? Les enseignants de Dieu sont patients. Ils peuvent se permettre de l'être. Si vous saviez véritablement que ce moment est le seul temps possible, choisiriez-vous de vous disputer avec un frère ?

On croit que le temps passe. En fait, il reste où il est. Cette idée du temps qui passe peut être appelée temps, mais en fait, c'est une idée erronée, car puisqu'on le voit seulement passer, on ne peut pas comprendre qu'il ne fait que rester où il est.

DOGEN ZENJI, MAÎTRE ZEN JAPONAIS (1200-1253)

Le temps ne bouge pas ; il est immobile. Pour cette raison, notre relation avec Dieu est verticale plutôt qu'horizontale. C'est à ce moment précis que le salut complet nous est possible. La vérité est qu'il n'y a pas de temps, et c'est littéralement la fin de l'histoire.

Il est une source de découragement perçu dont tu souffres peut-être et c'est de croire que cela prend du temps, et que les résultats de l'enseignement du Saint-Esprit se situent loin dans le futur. Il n'en est rien. Car le Saint-Esprit utilise le temps à sa Propre façon, sans être lié par lui.

T-15.I.2.1:3

Toujours n'a pas de direction

Un pasteur s'adresse à sa congrégation et dit :

– Tous ceux qui veulent aller au Ciel, levez-vous.

Tous se lèvent à l'exception d'un homme plus vieux qui reste obstinément assis. Le pasteur le regarde et lui dit :

– Ne voulez-vous pas aller au Ciel ?

– Non, répondit l'homme.

Alors le pasteur lui demande :

– Êtes-vous en train de me dire que vous ne voulez pas aller au Ciel lorsque vous mourrez ?

L'homme répond :

– Bien sûr que je veux aller au Ciel à ma mort. Je pensais que vous vouliez dire maintenant.

Si on vous offrait d'être illuminé maintenant – accepteriez-vous ? Je pose parfois cette question lors d'ateliers et très peu de personnes lèvent la main pour signifier qu'elles le veulent.

Ne pas avoir besoin de vivre dans le temps, ne pas avoir besoin de vivre selon une image, ni d'être piégé dans un drame facilite notre expérience de l'éternité. Il est possible d'être tellement présent que le passé (la culpabilité) et le futur (la peur) perdent leur importance et ne nous emprisonnent plus. Il n'y a pas de péché, de culpabilité ni de peur au Ciel. Le Ciel est ici, car il n'y a pas d'ailleurs, et le Ciel est maintenant, car il n'y a pas d'autre temps. (M-24.6:4-7). Le Ciel est accessible immédiatement, mais l'ego reporte Dieu à demain, jusqu'au tout dernier moment ; jusqu'à ce qu'il n'y ait plus de temps.

Ceux qui sont certains du résultat peuvent se permettre d'attendre, et d'attendre sans anxiété.

M-4.VIII.1:1

En parlant à une amie, je lui ai demandé :

– Qu'est-ce que tu fais de ce temps-ci ?

– Rien, dit-elle, et je lui ai demandé si elle avait bien fait son rien.

Arrêter de penser serait la fin de l'ego, alors l'ego doit rester alerte pour rester en vie. L'ego se doit d'avoir des problèmes, autrement il n'existerait pas. Dans l'éternité il n'y a pas de problèmes. Dieu n'a pas de problème ; et tout est problématique pour l'ego.

Le souvenir de Dieu vient à l'esprit quiet.

T-23.1.1:1

Puisque je donne des conférences loin de chez moi, je demeure habituellement chez les étudiants où je donne mes cours. Parmi ceux-ci, la maison d'une dame de 90 ans, une étudiante/enseignante nommée Mary Louise Hamilton. La dernière fois que j'étais avec elle, je lui ai demandé de quelle manière elle employait son temps et elle m'a dit : « Je n'écoute presque plus la télévision sauf pour connaître la météo. Je ne lis presque plus. Je ne parle pas à beaucoup de personnes. Je ne me sens pas seule. J'admettrai n'avoir qu'une dépendance : j'aime faire des mots croisés. Surtout, dit-elle, je m'assois et je pense à Dieu. » Je savais qu'elle pensait ce qu'elle disait. Le but du Cours est d'accéder à la paix et au bonheur. Pouvez-vous vous imaginer quoi que ce soit d'autre que vous pourriez désirer plus que cela ?

Quand la paix vient enfin à ceux qui luttent contre la tentation et qui se battent pour ne pas succomber au péché ; quand la lumière vient enfin dans l'esprit adonné à la contemplation ; ou quand quiconque atteint enfin le but, cela s'accompagne toujours de cette unique et heureuse découverte : « Je n'ai pas besoin de faire quoi que ce soit. »

T-18.VII.5:7

L'impatience

Nous vivons dans un monde où nous sommes obligés d'attendre en file à la banque, à l'épicerie, au guichet bancaire, au cinéma, etc. Nous attendons dans nos automobiles lorsqu'il y a des accidents, trop de circulation et des embouteillages causés par des chantiers routiers. Attendre en file est un moment rêvé pour développer sa patience. C'est un bon moment pour méditer. Dès que je sens que je deviens impatient, je peux me dire : « Je peux être patient maintenant ! » Cette file d'attente ne va pas bouger pour un moment, il est préférable d'attendre avec un esprit paisible plutôt qu'avec un esprit angoissé. Attendre en file est simple. Ne faites qu'observer. Observez le monde avec un esprit tranquille. Si, lorsque j'ouvre la porte au chat, il ne va pas à l'extérieur, ou que mon enfant prend un temps fou à se préparer, je peux pousser mon chat du pied ou demander à mon enfant de se presser. Toutefois, je peux le faire sans être contrarié et fâché. Je peux le faire, toutefois, avec un esprit tranquille. Se souvenir de la Maison, c'est être à la Maison.

Ta patience envers ton frère est ta patience envers toi-même. Un enfant de Dieu n'est-il pas digne de ta patience ? J'ai montré avec toi une patience infinie parce que ma volonté est Celle de notre Père, de qui j'ai appris ce qu'est la patience infinie. Sa Voix était en moi comme Elle est en toi, parlant pour la patience envers la Filialité au Nom de son Créateur.

T-5.VI.11:4-7

Nous vaquons à toutes sortes d'occupations autres que la Volonté de Dieu ; et pourtant, Dieu ne nous réprimande pas, ni ne nous abandonne. Peu importe à quel point nous nous éloignons ; peu importe à quel point nous faisons la sourde oreille, le Saint-Esprit nous rappelle toujours gentiment à la Maison. Dieu est infiniment patient avec nous. Ne pouvons-nous pas faire preuve d'un peu de patience envers nos frères ?

Seule la patience infinie produit des effets immédiats. C'est ainsi que le temps est échangé contre l'éternité. La patience infinie fait appel à l'amour infini et, en produisant des résultats maintenant, elle rend le temps non nécessaire.

T-5.VI.12:1-3

Rien ne nous force à nous presser. Il n'y a pas d'autre endroit où aller. Après tout, peu importe où nous allons – nous y sommes. Une femme est venue me voir afin d'acquérir un peu de clarté spirituelle. Un ami lui a parlé du Cours et elle a été contrariée quand je lui ai dit que je n'avais pas de copie du Cours à lui remettre ; mais étant donné que je devais recevoir une nouvelle commande, je lui ai dit que je lui en enverrais une la semaine suivante. Elle a participé au groupe d'étude durant quatre semaines, puis elle a abandonné. Un jour, je la rencontre à l'épicerie et lui demande si elle étudiait encore le Cours. « Non, a-t-elle dit, on progresse beaucoup trop lentement. » Elle avait besoin de réponses maintenant. Je lui ai dit que la réponse était accessible maintenant, mais elle recherchait quelque chose de *magique* non pas un *miracle* ; et je n'avais rien de magique à lui offrir.

Si nous voulons apprendre à jouer d'un nouvel instrument de musique, nous devons pratiquer, pratiquer, et encore pratiquer. Si nous voulons apprendre une autre langue – nous devons « nous accrocher » afin de « la maîtriser ». La maîtrise du Cours vient avec de la patience. Les complications qui nous tiennent en laisse ont pris toute une vie à se développer, et les laisser aller prend beaucoup de temps. Les réponses sont disponibles maintenant, mais nous devons être patients pour ressentir les résultats. Où que vous soyez, soyez là !

Un instant saint dure aussi longtemps qu'il le faut pour rétablir une parfaite santé d'esprit, une paix parfaite et un amour parfait (T-15.I.14:1). Cela dure aussi longtemps qu'il le faut pour échanger l'enfer pour le Ciel. Cela dure aussi longtemps qu'il le faut pour te souvenir de l'immortalité.

L'instant saint est un temps pendant lequel nous donnons et recevons une communication parfaite avec tous les esprits (T-15.IV.6:5). C'est un moment où nous choisissons le pardon au lieu de la rancœur. Mon amie, la révérende Ellyn Kravette, raconte l'histoire de sa relation avec sa mère. Elles étaient coincées avec des problèmes de pouvoir et de domination. Sa mère est morte à 96 ans et Ellyn a pris soin d'elle durant les 10 dernières années de sa vie. Pendant ce temps, elle avait vécu entre deux mondes et avait oublié ses rancœurs. Un jour, elle appelle Ellyn, lui demande de s'approcher de son lit et lui dit : « Nous avons une si belle relation, comment cela a-t-il pu se produire ? » Il y a un endroit au-delà du temps où nous optons pour le pardon au lieu de la culpabilité. C'est à cet instant et à chaque instant que se trouvent la vérité et l'amour. C'est un moment durant lequel nous donnons et recevons dans une parfaite communication. C'est le Ciel en miniature. C'est l'éternité.

De ce côté-ci du pont vers l'intemporel,
tu ne comprends rien. Mais en le traversant d'un pas léger,
soutenu par l'intemporel, tu es dirigé droit au Cœur de Dieu.
En son centre, et là seulement, tu es à jamais en sécurité,
parce que tu es complet à jamais.
T-16.IV.13:6-8

Le cours n'est pas à propos du monde. Il n'est pas à propos du corps. Il n'est pas à propos du temps. C'est à propos de l'esprit.

Si nous parvenons à tranquilliser notre esprit, nous voyons.
Nous avons toujours vu. Nous verrons toujours.

PARTIE III

VIVRE UN COURS EN MIRACLES

Son application

Chapitre 11

L'Enseignant intérieur, l'ego et le Plan de Dieu pour le salut

Le rôle du Saint-Esprit dans *Un cours en miracles*

Tous les miracles signifient la vie, et Dieu est le Donneur de vie. Sa Voix te dirigera très concrètement. Elle te dira tout ce que tu as besoin de savoir.

Principe numéro 4 des 50 principes des miracles du *Cours en miracles* T-1.I.4

Quand quelque chose de vraiment bon arrive, nous nous exclamons : « Merci mon Dieu ! » Quand quelque chose de vraiment mauvais arrive, nous disons : « Oh, mon Dieu, s'il vous plaît, non ! » Dans de tels moments, n'espérons-nous pas qu'il y ait un Dieu qui nous entende ? Helen Schucman a dit que le but du Cours consistait à nous aider à prendre conscience de la présence de l'enseignant intérieur. Prendre progressivement conscience de l'enseignant intérieur nous permet de trouver le chemin du retour à la maison.

Il y a un Soi, un guide aimant, doux et sage, qui connaît le chemin du retour à la Maison. Ce Soi connaît notre désir le plus profond et la décision que nous devons prendre à chaque instant. Lorsque nous sommes soucieux et obnubilés par le monde – par nos corps et nos relations, il est facile de « tomber » dans l'ego, et donc d'être piégé dans la confusion, l'égarement, l'incertitude et la dépression. La vie intérieure peut être négligée, réprimée, ignorée, et, parfois, mais jamais complètement, oubliée.

Il existe un guide pour chacun de nous. Et en écoutant doucement, nous devrions entendre les bonnes paroles.

RALPH WALDO EMERSON, POÈTE AMÉRICAIN (1803-1882)

Pour écouter le Saint-Esprit au lieu de l'ego, il faut éveiller de nouveau la conscience qu'il existe un Guide intérieur. Nous n'avons pas à compter seulement sur nous. Il y a un passage d'un vieil hymne afro-américain popularisé par Harry Belafonte en 1960 intitulé *There is No Hiding Place Down Here.* (Il n'y a pas d'endroit où se cacher.) Il n'y a aucune façon de fuir Dieu. Nous pouvons toujours essayer, mais tenter de réprimer la conscience du Saint-Esprit signifie vivre dans un monde artificiel de fantasmes, et dans notre for intérieur, nous le savons. Nous ne pouvons pas plus éviter Dieu qu'Il ne le peut. Aussi bien dire : « Salut, Dieu ! Je suis prêt et disposé à suivre ton exemple. Je ne m'enfuirai pas. Je ne me cacherai pas. Je n'aurai pas peur de ton amour. »

Ceci est un cours sur la façon d'apprendre à te connaître toi-même. Tu as enseigné ce que tu es, mais tu n'as pas laissé ce que tu es t'enseigner.

T-16.III.4:1-2

Le Saint-Esprit est une pensée informe unifiée, un esprit à demeure, une étincelle de l'esprit, un conseiller, un consolateur, un guérisseur et un médiateur. Celui qui est éternel a toujours été disponible. Les choses sont « nouvelles » seulement lorsque nous les rencontrons pour la première fois. Socrate, Platon et les stoïciens grecs anciens ont parlé de cet enseignant intérieur en le décrivant de « génie intérieur. » Confucius l'a appelé l'*Homme supérieur.* Les zoroastriens de l'ancienne Perse l'appelaient *Spenta Mainu.* Dans le judaïsme, on l'appelle *Ruach* (Souffle) *Hakodesh* (Saint) ou *Shechina.* Il incarne les aspects nourriciers de Dieu qui nous sont donnés lors de la séparation afin de nous aider à retrouver le chemin du retour à la Maison.

Saint Paul, dans les Corinthiens, fait allusion à cet enseignant comme étant l'Esprit intérieur. Dans l'islam — les anges, *le prolongement de la pensée de Dieu,* sont des figures protectrices qui « illuminent » notre chemin. C'est le même ange Gabriel qui annonce à Marie la venue de Jésus et dicte le Coran à Mahomet. Tout au long du Nouveau Testament et dans le Cours, les termes *Conseiller, Consolateur, Guérisseur, Guide, Enseignant* et *Médiateur* sont utilisés pour décrire les différentes qualités d'un seul Saint-Esprit.

> *Comme le Père dans sa simple nature*
> *donne naissance à son Fils naturellement, il lui donne vraiment naissance dans la partie la plus intérieure de l'Esprit,*
> *et c'est cela qui est le monde intérieur.*
> MAÎTRE ECKHART, MYSTIQUE ALLEMAND (1260-1326)

Maître Eckhart, a parlé de « la petite étincelle » qui illumine notre chemin. À huit occasions, le Cours mentionne cette petite étincelle dans l'esprit (T-11.IN.3:6). Le transcendantaliste de la Nouvelle-Angleterre Henry David Thoreau

(1818-1862), a dit que le niveau de vérité que nous avons à notre égard correspond au niveau duquel nous portons attention à notre intelligence intérieure. À travers l'histoire de la philosophie mystique, on désigne ce guide intérieur comme notre Soi, le Soi supérieur, le Vrai Soi, Jésus, le Christ, le Saint-Esprit et la Voix de Dieu. Dans notre esprit, il y a une *étincelle*, un prolongement de la lumière de Dieu.

Tourne-toi vers la lumière, car la petite étincelle en toi fait partie d'une lumière si grande qu'elle peut t'emporter pour toujours hors de toutes ténèbres. Car ton Père est ton Créateur, et tu es comme Lui.

T-11.III.5:6

Le Consolateur

Le leader des droits civiques afro-américains Martin Luther King Jr (1929-1968) a raconté cette anecdote où il avait eu terriblement peur. Sa vie et celles de sa famille avaient été menacées. Une nuit, alors qu'il n'arrivait pas à dormir, il s'est levé et s'est assis à la table de la cuisine dans le noir. Il se disait qu'il devrait peut-être annuler la marche pour les droits civiques. Là, au beau milieu de la nuit, il se mit à prier. Il a demandé : « Que dois-je faire ? » C'est une très bonne prière. Comme toutes les prières, c'est faire une demande, mais c'est aussi une manière de dire : « Saint-Esprit, aide-moi. Je veux voir cela à ta manière. » King est resté tranquillement assis et là, au beau milieu de la nuit, malgré la terreur qui l'habitait, il a dit qu'il avait entendu une voix lui dire : « N'aie pas peur. » Il s'est levé inspiré par un nouveau sentiment de paix, et est allé de l'avant avec son idée d'une marche malgré les menaces qui pesaient sur lui.

Je donne des ateliers sur l'écoute de la guidance intérieure depuis plusieurs années. À chaque atelier, je demande aux participants de me parler d'une expérience où ils ont reçu une forme quelconque de guidance intérieure, non pas de façon intuitive, mais qu'ils pensaient avoir entendue. Depuis plusieurs années, je collige des centaines de messages que les gens m'ont dit avoir entendus, habituellement en une phrase ou deux. Parfois, certaines se répétaient dans un autre temps et un autre lieu par quelqu'un d'autre. Nous avons tendance à nous souvenir davantage des choses qui se sont produites lors d'effondrements soudains dans notre vie, alors que nous avions réellement besoin d'aide. Nous entendons lorsque nous cessons de tenter de comprendre la vie et pleurons de désespoir pour obtenir de l'aide. Ce que nous entendons à ce moment est quelque chose de très réconfortant et de rassurant. Ce n'est jamais quelque chose qui pourrait nous bouleverser ou nous perturber. Comme l'a dit l'ange aux bergers sur la colline au moment de la naissance de Jésus : « Ne craignez point. »

Voici quelques exemples de messages que les gens ont rapporté avoir entendu :

« N'ai-je pas toujours pris soin de toi ? »
« Je suis ici pour t'aider. »
« Je t'attendais. »
« Je t'ai toujours aimé. »
« Tu n'es jamais seul. »
« Tu n'as qu'à être. »
« Tu n'as pas besoin de faire quoi que ce soit. »

« Tu es sur la bonne voie. »
« Tu es ma fille bien-aimée en qui j'ai mis toute mon affection. »
« Tu n'as jamais rien fait de mal. »
« Il y a une autre manière de considérer cela. »
« Cela ne doit pas être. »
« Fais-moi confiance ! »
« Il faut du temps pour guérir. »
« Il y en aura toujours suffisamment. »
« Tout ira bien. »
« Laisse-moi m'occuper de cela. »

Un homme qui passait la porte d'un immeuble à bureaux d'où il venait tout juste d'être congédié, a hurlé : « À l'aide ! », et il a entendu : « Tu viens tout juste d'avoir de l'aide. »

Ce sont des « ouvertures », des « réconforts » qui arrivent durant des moments dramatiques là où la situation nécessite réconfort et soutien. Toutefois, ce n'est pas la façon habituelle du Saint-Esprit de s'adresser à nous. Quand nous avons vraiment besoin d'aide, le consolateur vient *parfois* durant « l'heure où nous avons le plus besoin d'aide. » Il est préférable, cependant, de ne pas attendre une crise pour communiquer. Ni d'entendre une voix réelle. « L'enseignant », « le guide », « le guérisseur » vient doucement vers nous durant des moments plus paisibles : lorsque nous étudions, méditons, rêvons, faisons les exercices du Cours, relaxons, peut-être pendant que nous marchons, ou le matin quand nous sommes étendus éveillés dans le lit.

Dieu dont l'amour est partout ne peut te visiter à moins que tu ne sois pas là.

Angelus Silesius, mystique allemand (1624-1677)

Blocages de la conscience de la présence de Dieu : désirs vains, rêves, fantasmes, illusions et rancœurs

Nous sommes tellement ailleurs. Tellement dans nos têtes. Nous dépensons tellement d'énergie à penser, à nous inquiéter, à analyser, à interpréter, à projeter et à juger que nous ne voyons rien d'autre que nos propres projections. Il n'y a donc aucune place pour Dieu. Nous préférons construire notre propre monde plutôt que découvrir le monde de Dieu. Un jour, lors d'une visite à Ken Wapnick pour ce que je considère être comme une sorte de vérification spirituelle annuelle, Ken a engagé la conversation en disant : « Comment va ton Royaume ? » La réponse à cette question est : « Quel Royaume ? » Si nous croyons que nous possédons un Royaume autre que celui de Dieu, c'est que nous sommes en dehors du Royaume.

Seule la Volonté que nous partageons avec Dieu possède un pouvoir de création intérieure. Des désirs vains ne peuvent être partagés. Rien ne rend les désirs vains sauf les désirs vains. Les fantasmes distordent la perception en irréalité. (T-1.VII.3:2). Les rêves, les fantasmes, les désirs vains et les rancœurs sont des tentatives de diversion, ce qui facilite le rêve. Ce sont des blocages de la conscience de la présence de Dieu. Dieu ne peut pas nous rendre visite lorsque nous sommes autant imbus de nous-mêmes, tellement obsédés par la pensée qu'il n'y a pas de place pour Dieu.

Nous pouvons nous comparer à des radios bidirectionnelles, capables d'émettre et de recevoir. Tel que formulé, nos récepteurs sont syntonisés sur W.E.G.O., et W.E.G.O. joue haut et fort et accompagné de parasites — la plupart du temps sans bonnes nouvelles. Il y a un autre programme qui est diffusé. Nous pouvons l'appeler W.G.O.D. (W.D.I.E.U.). Nous bloquons la réception de la voix de Dieu quand nous nous identifions à nos propres particularités. Nous apprenons à changer la fréquence de W.E.G.O. à W.G.O.D.

Dieu t'appelle et tu n'entends pas, car tu te préoccupes de ta propre voix. Et la vision du Christ est hors de ta vue, car tu ne regardes que toi.

T-13.V.6:6

Quand je baisse le volume de W.E.G.O., je constate qu'il y a un autre programme qui joue. J'aurais pu écouter W.G.O.D. depuis longtemps. Cette voix de Dieu est belle, harmonieuse et apaisante. Elle s'adresse à chacun, à chaque moment de tous les jours. Ce n'est pas que Dieu n'est pas là. Cependant, je ne peux pas être rempli à la fois du Soi et rempli de Dieu. Dov Baer (1704-1772), l'un des fondateurs du judaïsme hassidique, a dit : « Si vous vous considérez comme une chose, Dieu ne peut pas vous revêtir. » Ou, comme l'a dit Menahem Nahum (1730-1797, Ukraine), un autre mystique juif : « Seul celui qui n'est rien peut contenir la plénitude de la Présence. » La pleine conscience fait appel à la présence où toutes choses sont joyeuses.

Tu ne te rends peut-être pas compte que l'ego a monté un plan pour le salut en opposition à celui de Dieu. C'est en ce plan que tu crois. Puisqu'il est l'opposé de celui de Dieu, tu crois aussi qu'accepter le plan de Dieu à la place de celui de l'ego, c'est être damné. Cela semble grotesque, bien sûr. Or, après avoir considéré ce qu'est exactement le plan de l'ego, tu te rendras peut-être compte que, si grotesque qu'il puisse être, tu y crois vraiment.

E-71.1:1-4

G.P.S. : le Plan de Dieu pour le salut

Le plan de l'ego consiste à assurer notre sécurité dans une chambre secrète, un lieu isolé à l'intérieur d'un esprit soigneusement dissimulé à l'intérieur d'un corps. Le Saint-Esprit est le seul système de direction qui peut nous ramener à la Maison. Je peux faire un choix conscient, accepter la direction comme un mode de vie et établir une relation vivante avec le Plan de Dieu pour le salut[3]; ou je peux suivre le programme de l'ego, le programme du monde, le programme d'une réalité consensuelle, des habitudes, des conventions, des rumeurs et des commérages. De cette façon, je trouverai seulement le monde, seulement l'extérieur, seulement ce que je projette sur le monde.

Si vous vous servez d'un G.P.S. dans votre voiture, ou avez déjà roulé dans une automobile avec quelqu'un qui a un G.P.S., vous savez comment cela fonctionne. Une petite boîte noire est installée sur le tableau de bord. À l'intérieur de cette petite boîte noire, nous programmons notre destination. Disons que nous voulons aller à la maison. En quelques secondes, cette petite boîte noire contacte trois satellites différents, qui eux sont en orbite à des centaines de kilomètres et se déplacent à 26 000 kilomètres à l'heure. En l'espace de quelques secondes, ils calculent vos coordonnées exactes et renvoient l'information avec précision pour vous indiquer votre destination. Une fois que la destination

3. N.d.T.: En anglais l'auteur l'appelle God's Plan for Salvation, d'où GPS.

prévue est établie, le G.P.S. nous orientera directement, et le plus rapidement possible, nous précisant avec exactitude où tourner, à quelques mètres avant de tourner.

Changer d'esprit signifie le mettre
à la disposition de la véritable Autorité.

T-1.V.5:7

Recalculer

Si nous roulons en utilisant un G.P.S. et que nous décidons d'aller faire le plein ou de nous arrêter pour manger sur la route, dès que nous dévions de la destination prévue, le G.P.S. ne cesse de répéter, « recalcul en cours, recalcul en cours. » Le Saint-Esprit est notre G.P.S. En arrivant dans ce monde, un sentier est déjà tracé pour nous – qui nous mène directement à la Maison. Comme tous les enfants, notre problème fondamental est l'autorité. Nous disons à Dieu : « Merci beaucoup, Dieu. Je préférerais le faire moi-même. » Puis, nous nous mettons à construire nos propres mondes imaginaires – nos propres petits royaumes.

Adam se cache dans les buissons ; Moïse se retire dans le désert ; Jonas s'embarque sur un bateau et s'en va en mer ; chacun de nous trouve des façons différentes de s'enfuir, de ne pas prêter attention, à tout faire sauf ce que Dieu nous demande de faire dans nos vies. Nous devenons plutôt égocentriques. Nous devenons piégés dans nos histoires et perdons de vue le plan supérieur que Dieu a planifié pour nous.

Le problème de l'autorité est en fait une question de titre d'auteur. Quand tu as un problème avec l'autorité, c'est toujours parce que tu crois que tu es l'auteur de toi-même et que tu projettes sur les autres ton propre délire.

T-3.VI.8:1-2

À l'image de l'enfant récalcitrant qui refuse de suivre l'avis d'un parent expérimenté, nous ne croyons tout simplement pas que si nous suivions la direction du Saint-Esprit nous obtiendrions ce que nous *voulons*. Après tout, nous voulons ce que nous voulons ; donc, comment pourrions-nous obtenir les résultats escomptés si nous suivons une Voix autre que celle de l'ego ? Jésus dit : « Mais combien étroite est la porte et difficile le chemin qui mène à la vie et peu nombreux sont ceux qui les trouvent. Large est la porte et spacieux le chemin qui mène à la perdition et nombreux sont ceux qui s'y engagent » (Matthieu 7,13-14). Quoique le chemin soit clairement établi pour nous, nous avons le libre arbitre et l'ego est anxieux de diriger, et ainsi nous progressons et pensons : « Il est mignon. Je pense que je vais courir après lui pendant un certain temps. » Et alors, nous disons : « Oh mon Dieu, c'est le divorce » ou « Oh bon Dieu, c'est la faillite ! » Et, instantanément, le plan de Dieu pour notre salut dit « recalcul en cours, recalcul en cours. » La leçon 49 tirée du livre d'exercices se lit ainsi : « La Voix de Dieu me parle tout le long de la journée. » La Voix de Dieu est toujours là, toujours en train de nous guider. La question est, suis-je prêt à écouter ou dois-je attendre une quelconque catastrophe pour me réveiller. Ou, puis-je démontrer une volonté d'apprendre, jour après jour, ce qui est requis afin de mener mon esprit conformément à la direction du Saint-Esprit.

Le curriculum est hautement individualisé et tous les aspects sont sous la direction et les soins particuliers du Saint-Esprit.
M-29.2:6

Nous passons tous à travers différents cycles biologiques et culturels ; et pourtant, il existe des chevauchements et des similarités parce que notre psychologie est identique même si le paysage diffère. Nous empruntons différents parcours, passons au-dessus différentes collines, et trouvons notre chemin en passant par différentes vallées ; et cependant, plus nous approchons de la Maison, plus nous prenons conscience qu'il n'y a qu'une route sur laquelle nous pouvons marcher.

Dans ses paraboles, Jésus employait fréquemment l'analogie de l'agriculture comme il l'a fait lorsqu'il dit : « Le Royaume des Cieux est comme une graine de moutarde. » Les semences sont de minuscules paquets qui contiennent toute l'information requise pour transformer un gland en un chêne, ou un pignon en un pin vigoureux. Nous pouvons utiliser cette tendance envers la direction automatique. En vivant le Cours, nous commençons à grandir naturellement vers Dieu. (E-71.5:1). Le Plan de Dieu pour le salut fonctionne simplement parce qu'en suivant Sa direction, nous cherchons le salut où il est — non pas dans un rêve, ni dans un fantasme, mais ici, maintenant, aligné avec le Ciel. La question est — mon G.P.S. est-il allumé ? Suis-je en train d'écouter la programmation provenant du W.E.G.O ? Si oui, alors certes je suis perdu.

Si tu écoutes la voix fausse, tu « as » perdu ton âme de vue. Tu ne peux pas la perdre, mais tu peux ne pas la connaître. Elle est donc « perdue » pour toi jusqu'à ce que tu fasses le choix juste.

T-5.II.7:12

Paix et compréhension

La recherche moderne sur le cerveau suggère que plus nous exerçons notre cerveau, plus nous sommes en mesure de repousser la sénilité. Écouter le Saint-Esprit nécessite de la pratique, mais comme tout exercice, plus quiconque s'y investit, plus cela devient facile. Lorsque j'écoute le Saint-Esprit, je remarque plus facilement surgir la tentation de céder à l'ego. Je puis alors dire plus facilement : « Non, merci », et choisir de faire l'action juste. Comment savoir si je possède la bonne réponse ? Je le sais dans la mesure où la réponse m'apporte la paix. La paix et la compréhension vont de pair. Elles sont indissociables. Elles sont l'une l'autre la cause et l'effet.

Si tu ne peux pas entendre la Voix pour Dieu, c'est parce que tu ne choisis pas d'écouter. Que tu écoutes en fait la voix de ton ego, cela est démontré par tes attitudes, tes sentiments et ta conduite. Pourtant, c'est ce que tu veux. C'est pour garder cela que tu te bats, et c'est pour sauver cela que tu es vigilant.

T-4.IV.1:1-3

Tout change lorsque nous changeons l'Enseignant intérieur.

Docteur Kenneth Wapnick (1942-)

Chapitre 12

Pourquoi cela m'arrive-t-il ?

Épreuve, accidents, coïncidence et destinée

Quel que soit l'aspect de l'âme que nous négligeons, il devient une source de souffrance.

Thomas Moore

« Dieu ! Comment as-tu pu me faire cela ? »

Le seul survivant d'un naufrage s'était échoué sur une petite île déserte. Il pria Dieu fébrilement de le secourir. Durant des jours, il scruta l'horizon, mais sans rien voir. Se servant d'un morceau de verre brisé et d'un morceau d'amadou, il réussit finalement à allumer un feu. Et il s'ingénia pour construire une petite hutte afin de se protéger des éléments et stocker quelques possessions. Un jour, alors qu'il recherchait de la nourriture, quelques braises mirent le feu à la hutte et, lorsqu'il revint, il découvrit sa petite maison en flammes d'où s'échappait de la fumée montant vers le ciel. La pire chose était arrivée. Il avait perdu tout ce qu'il possédait. Il était stupéfait, incrédule, accablé et en colère. Il s'écria :

— Dieu, comment as-tu pu me faire cela ?

Le jour suivant, il fut réveillé par l'approche d'un bateau qui se dirigeait vers l'île !

— Comment avez-vous su que j'étais ici ? demanda l'homme, épuisé.

— Nous avons vu la fumée, lui répondit-on.

Parfois, les problèmes que les gens me soumettent sont décrits en ces mots, « Pourquoi cela arrive-t-il ? », comme si une force cosmique se cachait derrière tout. L'empereur philosophe Marc Aurèle a dit : « Tout ce qui arrive est nécessaire. » C'est de cette manière que cela se produit. Dans tout, même dans les plus petites choses, ce qui semble insignifiant au moment où cela se produit, il existe un plan. *Le scénario est écrit.* (E-158.4:3). Notre passage à travers le temps et l'espace n'est pas accidentel. Il n'est pas sans intention. Un jeune homme m'a parlé d'une expérience qu'il a vécue alors qu'il exerçait un travail qu'il détestait. Il a arrêté le camion qu'il conduisait et a commencé à se frapper la tête sur le volant en disant :

— Pourquoi cela m'arrive-t-il ?

— Pour te préparer pour le reste de ta vie, a-t-il entendu.

Un autre homme m'a raconté qu'il était passager dans une auto qui se dirigeait tout droit vers une collision sur le côté d'un camion lorsqu'il a entendu : « Ne t'inquiète pas. Cela doit arriver. Tout ira bien. » Ce qui est intéressant à propos de ce second passage est la deuxième phrase. « Cela doit arriver. »

Certaines de tes plus grandes avancées, tu les as jugées comme des échecs, et certaines de tes plus profondes retraites, tu les as considérées comme des succès.

T-18.V.1:6

Nous avons tous déjà vécu une expérience où nous nous sommes dit : « Je n'aurais jamais choisi ça. » Quand j'ai perdu mon auberge de campagne en 1989, quitté le ministère méthodiste et perdu presque tout ce qui m'appartenait sur le plan financier, je me suis demandé pourquoi cela m'arrivait. J'ai compris ultérieurement que cela devait arriver. Je devais passer à travers cette épreuve, je devais renoncer à être pasteur méthodiste et prendre un certain recul. J'avais « choisi » cette expérience et il était nécessaire de traverser cette purification pour expérimenter la vie à un niveau plus profond. En 2001, affronter un cancer et la possibilité de mourir a favorisé un autre laisser-aller plus subtil. La seule façon d'avancer était d'accepter l'éventualité très réelle d'une mort imminente qui m'a encore une fois ramené dans le moment présent. Vivre dans le moment présent donne miraculeusement à la vie tout son éclat.

En étant responsable, je vois que mon passé a été le seul qui pouvait être. Je n'aurais pu le faire différemment. Et ainsi de la culpabilité, je suis libéré. Pas de nostalgie, ni de remords. Il n'y a pas d'autres possibilités.

Le passé non plus ne comportait pas d'erreurs

Compte tenu de tous les facteurs possibles : hérédité, environnement, économie croyance, chacun de nous marche sur la surface de la terre du mieux qu'il le peut, et Dieu ne nous condamne jamais lorsque nous trébuchons le long du parcours. Notre propre pardon repose dans l'acceptation du fait que nous n'aurions pas pu avoir un passé différent. Il a été ce qu'il était, et la meilleure chose que nous puissions faire est de le libérer et l'abandonner au passé.

Le moment sera aussi juste que l'est la réponse. Et cela est vrai pour tout ce qui arrive maintenant comme dans le futur. Le passé non plus ne contenait pas d'erreurs...

M-4.VIII.1:4-6

Plus nous avançons sur le parcours, plus nous pouvons mesurer le chemin parcouru et voir à quel point il était parfait compte tenu de ce que nous devions apprendre. La présence ou l'absence de nos parents était ce qui était essentiel pour notre développement spirituel. Le lieu où nous avons grandi était le bon endroit. Ce que je traverse en ce moment fait partie de ma leçon de vie. Que je sois étendu dans un lit d'hôpital, que je vive une faillite, que ma femme m'abandonne, que j'aie le cancer, quoi que ce soit d'autre, j'en tire une force puissante en aimant ce qui est.

Ton passage à travers le temps et l'espace ne se fait pas au hasard. Tu ne peux être qu'au bon endroit au bon moment. Telle est la force de Dieu. Tels sont Ses dons.

E-42.2:3-6

Quand tout s'écroule, autre chose s'apprête à naître, et accepter la responsabilité de la situation m'aide à y faire face. Nous ne sommes pas gouvernés par des événements extérieurs vides de sens. Tout fait partie de notre voyage spirituel ; après tout, c'est ce que nous sommes en train d'expérimenter. Aucun accident ne peut se produire dans l'Univers que Dieu a créé où chaque accident est une leçon. Il y a un proverbe français qui dit que nous rencontrons souvent notre destinée sur la route que nous avons choisie pour l'éviter. Nous sommes en constante évolution et plus nous vieillissons, plus nous savons que la vie elle-même est quelque chose qui va bien au-delà du trivial, du corps et du quotidien.

La vie ne peut être comprise qu'à rebours, mais elle doit être vécue en avançant.

SOREN KIERKEGAARD, THÉOLOGIEN DANOIS (1813-1855)

Assumer ses responsabilités

Une étude entreprise vers la fin des années 1990 sur les personnes qui avaient vécu jusqu'à l'âge de 100 ans tentait de déterminer s'il y avait des facteurs psychologiques qui leur avaient permis de vivre si longtemps, en plus des facteurs physiques. Toute personne qui a vécu jusqu'à l'âge de 100 ans en a tiré une vaste expérience et a inévitablement éprouvé beaucoup de peine et de détresse. Cette étude a prouvé que toutes avaient en commun la capacité de bien gérer le stress.

Ma grange ayant brûlé jusqu'à terre, je peux maintenant voir la lune.

HAIKU JAPONAIS

Le symbole chinois du mot *crise* a deux significations : *danger* et *opportunité*. Le terme japonais pour *merci* est *arigato*, qui signifie *il existe des épreuves*. Selon la sagesse orientale, les événements se transforment en leur contraire ; de l'épreuve la chance jaillira.

Il y a un temps pour l'expansion et un temps pour la contraction. L'un provoque l'autre et un appelle le retour de l'autre. Nous ne sommes jamais plus près de la lumière que quand la noirceur est la plus profonde.

SWAMI VIVEKANANDA, ENSEIGNANT SPIRITUEL INDIEN (1863-1902)

Ce que nous devons laisser aller nous apparaît clairement si nous l'admettons. Lâcher prise est parfois la seule solution, et la meilleure. Ce n'est pas ma culpabilité qui me fait souffrir. C'est de rester accrocher à la culpabilité qui me fait souffrir. La souffrance est le seul sacrifice qu'exige le Saint-Esprit (T-19.IV.(B).3:7). Comme l'a exprimé l'auteure américaine sourde et aveugle Helen Keller (1880-1968) : « Bien que le monde soit rempli de souffrances, il est également un monde où l'on peut les surmonter. » Lorsque nous apprenons que quelqu'un est passé à travers des difficultés, ou qu'il est né avec une incapacité et est allé de l'avant dans toute la mesure du possible afin de vivre pleinement sa vie, malgré cette difficulté, nous ne pouvons qu'être impressionnés par le pouvoir de l'Esprit. Helen Keller a perdu la vue et l'ouïe à 19 mois, résultat de la fièvre scarlatine. En dépit de cette grave incapacité, aidée par son enseignante, Anne Sullivan, Helen est diplômée du Radcliff Institute for Advanced Study et elle a écrit 12 livres. Le titre de son autobiographie *Sourde, muette, aveugle : histoire de ma vie,* est plutôt éloquent. Keller a déjà déclaré : « Je remercie Dieu pour mes incapacités, parce qu'à travers elles, je me suis découverte, j'ai trouvé mon travail et trouvé mon Dieu. » Peut-on dire que nous sommes reconnaissants pour nos handicaps ou nos épreuves ? Prenons-nous conscience à quel point ils nous ont aidés à retourner à la maison de Dieu ?

Les épreuves ne sont que des leçons que tu as manqué d'apprendre et qui te sont présentées à nouveau, de sorte que là où tu avais fait le mauvais choix auparavant, tu peux maintenant en faire un meilleur, échappant ainsi de toute la douleur que t'avait apportée ce que tu as choisi auparavant. Dans chaque difficulté, chaque détresse et chaque perplexité, le Christ t'appelle et dit doucement : « Mon frère, choisis à nouveau. »

T-31.VIII.3:1-2

Secoue-toi et grimpe

Un fermier possédait une vieille mule qui était tombée dans un puits. Après avoir évalué la situation, le fermier sympathisa avec la mule, mais décida que ni la mule ni le vieux puits ne méritaient d'être sauvés. Il rassembla ses voisins, leur expliqua la situation et leur demanda de pelleter afin d'enterrer la vieille mule dans le puits pour abréger son supplice. Mais à chaque pelletée de terre qui lui tombait sur le dos, la mule se secouait et y grimpait ! Elle continua de la sorte, pelletée après pelletée. « Secoue-toi et grimpe, secoue-toi et grimpe. Secoue-toi et grimpe ! » Peu importe à quel point les pelletées de terre la blessaient, ou la situation semblait désespérée, la vieille mule continuait de se secouer et de grimper ! Il ne fallut pas beaucoup de temps avant que la vieille mule, malmenée et épuisée, grimpe triomphalement hors du puits !!

Accidents, coïncidence et destinée

Personne ne vient vers nous par hasard. Aucune rencontre entre deux personnes n'est planifiée. Peu importe que la rencontre ne dure qu'une seconde ou toute une vie.

> *Le niveau le plus simple d'enseignement paraît être bien superficiel. Il consiste en ce qui semble être des rencontres tout à fait occasionnelles : la rencontre « fortuite » dans un ascenseur de deux apparents étrangers, un enfant qui ne regarde pas où il va en courant et qui se cogne « par hasard » contre un adulte, deux étudiants qui « se trouvent » à rentrer ensemble à pied. Ce ne sont pas des rencontres fortuites. Chacune d'elles est une situation d'enseignement-apprentissage potentielle. Peut-être que les deux probables étrangers dans l'ascenseur vont se sourire ; peut-être que l'adulte ne grondera pas l'enfant qui s'est cogné contre lui ; peut-être que les étudiants deviendront amis. Même au niveau de la rencontre la plus occasionnelle, il est possible que deux personnes perdent de vue leurs intérêts séparés, ne serait-ce qu'un moment. Ce moment suffit. Le salut est venu.*
>
> M-3.2:1-7

Dans *Le guide de l'illumination pour paresseux,* Thaddeus Golas dit : « L'illumination ne tient pas compte de la manière que vous l'avez atteinte. » Un des personnages du film *Les Aventures de Buckaroo Banzai* dit : « Où que tu ailles – tu es là ! » Lors d'une rencontre, quelqu'un m'a confié que ses problèmes étaient causés par le fait qu'elle vivait à New York. Ses problèmes, bien sûr, n'avaient rien à voir avec « l'État » où elle demeurait. Ils provenaient tous de son état d'esprit. Nous pouvons remettre à plus tard et trouver d'innombrables excuses pour ne pas prêter attention. Puis un jour, nous devons faire face à la vie et nous adapter à ce qui se présente à nous. Un jour, toutes les factures doivent être acquittées ou pardonnées.

Nous ne pouvons prendre rendez-vous avec l'illumination. L'illumination est un accident, et la pratique spirituelle nous rend enclins aux accidents.
Roshi Suzuki, enseignant zen japonais (1904-1971)

Victor Frankl (1905-1997), psychiatre autrichien, docteur en médecine, neurologue, survivant de l'Holocauste et auteur du best-seller *Découvrir un sens à sa vie*, a dit que les personnes qui ont pu le mieux faire face au traumatisme d'Auschwitz sont celles qui, d'une certaine manière, savaient que même malgré toute l'horreur de la situation, il y avait un sens. Il a dit qu'il a découvert à Auschwitz deux types de personnes. Quel que soit le rang social ou le groupe ethnique dont elles étaient issues, il y avait malgré tout deux types : dignes et aimantes et indignes et angoissées.

Celles qui poursuivent sans relâche leurs destinées sont les personnes les plus heureuses, bien qu'elles puissent choisir de rester célibataires, de rejeter la richesse ou d'être crucifiées. Aucun pas entrepris par quelqu'un le long de la route ne se fait involontairement. Nous avons déjà marché sur ce chemin, il s'agit donc de demander au Saint-Esprit de nous aider à nous rappeler ce que nous savons déjà. En réalité, nous sommes à la Maison (le Ciel) nous abandonnant dans les bras de Dieu. L'histoire a déjà été jouée. Nous avons atteint le seuil du Royaume du Ciel. Nous sommes déjà parfaits et entiers. Ce n'était qu'un « rêve stupide. » Dans la maison de Maya (les illusions), il y a plusieurs manoirs. Le Ciel est la réalité, non un rêve. Il n'y a pas de détresse, de maladie, de perte, de faillite, de problème interpersonnel, ni de mort ; toutefois, l'extraordinaire et le banal ne viennent pas sur notre chemin en nous offrant un présent.

Nous avons tous une mission. Cette mission est de nous rappeler ce que nous savons déjà. Il est question de nous souvenir de notre vraie identité, de guérir nos relations et de nous joindre à nos frères et sœurs en traversant le pont qui nous mène vers le monde réel. Ceux qui trouvent une façon d'accomplir leur destinée nous répètent qu'ils « savaient » qu'ils devaient accomplir quelque chose. La destinée « devait » être accomplie, et le mieux était de l'accomplir.

Chapitre 13

Observation de soi

Observer, témoigner et vouloir

[...] ta vigilance à l'encontre des demandes de l'ego n'est pas assez grande pour t'en désengager. Cela n'a pas besoin d'être.

T-4.IV.6:4

Un homme entend dire d'un gourou qu'il connaît trois secrets, les trois choses les plus importantes que tout le monde doit savoir. Ces secrets lui permettront de percer les mystères de l'univers. Il parcourt les terrains les plus difficiles, traverse rivières, déserts et montagnes. Après des années de recherche, il découvre le gourou et lui décrit tout le temps que cela lui a pris et toutes les difficultés qu'il a traversées et demande s'il aurait l'obligeance de lui révéler les trois secrets. Le gourou le regarde et lui dit : « Très bien alors. 1. Sois attentif ! 2. Sois attentif ! 3. Sois attentif ! » Selon le psychiatre américain David Hawkins (1927-), la ferveur spirituelle est un mode de vie intérieure continu qui incorpore une conscience vigilante constante.

Pamela Silberman, l'enseignante/étudiante du Cours, auteure de *Simply Being,* applique ce principe d'une conscience vigilante en se référant à l'ancien jeu pour enfants appelé « J'espionne. » « J'espionne une pensée d'attaque. Je m'espionne à porter un jugement. J'espionne une croyance dans la particularité. Je m'espionne tombant dans la culpabilité. » Avec ce jeu, nous pouvons observer chaque histoire que nous voulons nous raconter à propos du monde. Lorsque nous comprenons le jeu, nous pouvons lâcher prise plus facilement — nous ne faisons rien. Simplement parce que nous ne jouons plus à ce jeu stupide.

Observer et se complaire

On peut observer l'esprit avec calme et sérénité en prenant une position détachée. L'observation diffère de la complaisance. Observer l'esprit signifie avoir une certaine emprise sur lui. Nous ne sommes désormais plus simplement en réaction. Lorsqu'une difficulté survient, nous pouvons nous demander : « À quoi cela sert-il? Quel but dessert-il? Comment dois-je réagir? » Devrais-je me fier à de vieilles copines comme la culpabilité et la peur, l'attaque et la défensive, ou existe-t-il une meilleure approche?

Chacun ici est entré dans les ténèbres [...].

T-25.III.6:1

Se cacher dans l'ombre

Il y a une anecdote à propos d'un voyageur du Moyen-Orient qui dormait sous sa tente. Il commença à avoir faim et se mit à penser au sac de dattes qu'il avait dans sa sacoche. Il alluma sa lampe de poche et fouilla dans son sac de dattes et remarqua qu'il y avait un ver sur la première, il la jeta donc. Dans la deuxième datte, il y avait aussi un ver, il la jeta également. Dans la troisième datte, il y avait encore un ver, il jeta celle-ci également. À ce rythme, il ne lui resterait plus aucune datte s'il continuait ainsi ; il éteignit la lumière et mangea ce qu'il lui restait. Comme ce voyageur qui a mangé les dattes remplies de vers, il est facile de faire semblant que le problème ne se situe pas là.

Quelque chose équivalant à la solitude dans le désert est une partie essentielle à l'éducation mystique.

EVELYN UNDERHILL, AUTEURE ANGLAISE ET MYSTIQUE (1875-1941)

Nous opposons une telle résistance à l'illumination qu'il n'est pas simple de l'atteindre ; après tout, l'ego veut faire les choses à sa manière, et il tient à son identité en tant que personnalité et corps dans le monde. Il a fallu de nombreuses années de recherche, de méditation et de lutte avant que le Bouddha atteigne l'illumination. Mohammed a également traversé un difficile processus de réflexion intérieure avant son éveil. Le ministère de Jésus est précédé de ses 40 jours et 40 nuits dans le désert où il est passé à travers une succession d'éprouvantes tentations du démon (l'ego). Les trois tentations posées devant Jésus reflètent la hiérarchie des besoins du psychologue américain Abraham Maslow (1908-1970) : 1) le besoin de satisfaire le corps (transformer la pierre en pain) ; 2) le besoin de se mettre en valeur (vous jeter hors du temple) ; et 3) la soif de pouvoir (tous les royaumes du monde peuvent t'appartenir). Ce sont toutes des tentations typiques de l'ego — et quelle est la réponse de Jésus — « Loin de moi, Satan. » Satan est le grand *séparateur*; le grand *diviseur :* Satan est cette part de notre esprit qui nous fait penser que nous sommes particuliers.

Regarde en face chaque image qui monte pour te retarder,
car le but est inévitable parce qu'il est éternel.

T-12.II.5:6

Ce monde est une cachette pour Dieu. Étant préoccupé par le corps et par notre place dans le monde, il est facile de s'intéresser davantage aux choses extérieures que par l'infini intérieur. Cependant, pendant tout ce temps, il reste la sensation que « quelque chose » manque. Nous souhaitons retourner à la Maison. Nous aspirons retourner à la source ; et pourtant, nous en sommes constamment détournés.

Ne retourne pas te coucher !

En vivant le Cours, il peut nous sembler que la situation empire plutôt que s'améliorer. Nous avons tous beaucoup de choses enfouies dans la cave de l'inconscient. Quand nous commençons le nettoyage de notre maison, que nous commençons à éliminer les projections, que nous constatons « que ce sont nos projections » et acceptons la responsabilité de la confusion qui règne autour de nous, la scène peut être déprimante. Mais, n'ayez pas peur et n'abdiquez pas. Souvenez-vous, c'est l'ego qui a peur et vous n'êtes pas un ego. Ne jetez pas le livre dans la corbeille. N'arrêtez pas de faire le travail.

Dans les Évangiles, Jésus nous demande d'être vigilants, alertes, attentifs et observateurs. Selon le christianisme traditionnel, nous devons surveiller le démon et les ennemis de Dieu. Toutefois, selon la tradition du christianisme, Dieu n'a pas d'ennemis. Nous nous laissons facilement séduire par l'inconscient, par les fantasmes, le sommeil et les rêves ; et nous ne voyons pas à quel point nous nous appuyons sur les habitudes pour nous orienter et sur les idoles pour être récompensés. Nous sommes extrêmement exigeants envers nos idoles (nos propres dieux) – notre apparence, notre richesse, notre automobile et notre statut social. Et pourtant, nous manquons de vigilance pour les choses de Dieu (la sincérité, la gentillesse, l'ouverture d'esprit, la tolérance, etc.). Nous pourrions, cependant, être aussi vigilants pour contrer les exigences de l'ego que nous le sommes pour les rencontrer.

L'abîme lamentable de l'in-signifiance

L'ego n'a pas été formé en une journée et ce n'est pas demain qu'il va disparaître. Nous devrions être contents de ne pas être *lancés* dans la réalité. Le dénouement de la complexité de l'ego peut être un processus très difficile. L'ego est un arnaqueur. Il peut me persuader que je maîtrise quelques parties du Cours ; puis, lorsque je le révise, je découvre que ce n'était que de la poudre aux yeux et que je dois l'approfondir. Nous ne nous rendons pas compte de toute la culpabilité que nous avons enfouie jusqu'au moment où nous nous y attaquons ; et nous ne devrions pas être étonnés d'entendre que plus nous nous approchons de la perception purifiée, plus l'ego est effrayé.

Un être humain a tellement de peaux à l'intérieur, couvrant les profondeurs du cœur. Nous connaissons tant de choses, mais nous ne nous connaissons pas nous-mêmes ! Pourquoi 30 ou 40 peaux, aussi épaisses et dures que des peaux de bœuf ou d'ours, couvrent-elles l'âme ? Allez dans votre propre terrain et apprenez à vous connaître.

MAÎTRE ECKHART, MYSTIQUE ALLEMAND (1260-1326)

Freud a dit qu'afin de faire l'expérience de l'entièreté, nous devons l'intégrer au niveau conscient. Il a dit que selon sa propre analyse « cela ressemblait à un dépotoir. » En enlevant les couches de culpabilité, j'y découvre davantage de culpabilité ; et pourtant, je dois accepter de regarder cette noirceur et ne pas confirmer sa réalité. Je considère cela dans le but de voir que : « Rien de réel ne peut être menacé. Rien d'irréel n'existe. En cela réside la paix de Dieu » (T-IN.2-4).

Dans *Shambhala : la voix sacrée du guerrier,* Chogyam Trungpa Rinpoche nous raconte l'histoire de son voyage avec son enseignant et un groupe de moines. Alors qu'ils s'approchaient d'un temple, un gros chien méchant attaché à l'extérieur se mit à aboyer après eux, tirant sur sa chaîne. Soudainement, la chaîne se brisa, et les moines terrifiés s'enfuirent, horrifiés. En courant, Rinpoche regarda en arrière et vit son maître pointer le sol de la main ordonnant ainsi au chien d'arrêter. Le chien, la queue entre les pattes, retourna à sa place près du temple. Quand les moines revinrent auprès de leur enseignant, il leur dit : « Courez toujours vers le feu. » Pendant que les moines entraient dans le temple, le chien resta docilement à proximité. Se sauver ne fait qu'aggraver ce que l'on redoute. Regarder en face le diable est crucial pour défaire le « pouvoir apparent » de l'ego. Ouvrez cette lettre provenant du ministère du Revenu. Écoutez votre médecin. Écoutez votre corps, votre femme, votre enfant, votre patron. Je dois être prêt à descendre dans la caverne de l'obscurité. Je ne peux pas m'enfuir. Je ne peux pas me cacher. Tout héros ou héroïne en vient finalement à se confronter lui-même. Le report ne fait qu'ajouter une souffrance inutile.

Tout comme le corps ne se nettoie pas seulement avec une tisane détoxifiante, un jeûne ou une purge, je peux atteindre un moment de clarté pour ensuite observer qu'il disparaît ; et, réticent à continuer d'observer mes pensées, je peux être attiré de nouveau par l'état de somnolence. L'éveil ne se produit pas seulement dans un moment de clarté. Et tout comme je continue de m'exercer pour garder mon corps en bonne condition, ainsi l'âme peut-elle être « exorcisée » par une volonté constante de demeurer vigilant. C'est pourquoi il y a 365 leçons dans le Cours qui, graduellement, nous mènent toutes plus près de la mémoire de Dieu.

Tu as attaqué ton frère maintes et maintes fois, parce que tu voyais en lui une figure d'ombre dans ton monde privé.

T-13.V.3:6

Qui sait ? Seule l'ombre le sait

Sur une base quotidienne, nous en savons davantage sur l'obscurité que sur la lumière parce que l'obscurité est l'endroit où nous nous cachons. Cette obscurité, qui se tapit à l'intérieur, a été décrite par le psychiatre suisse Carl Jung

(1875-1961) comme étant l'ombre, un complexe inconscient, contenant les aspects réprimés (oubliés intentionnellement) de la conscience. L'ombre représente un « nœud » dans le système psychique. Nous voyons ces nœuds se dévoiler dans nos lapsus et dans des comportements qui vont à l'encontre de notre personnalité ou ceux dont nous ne sommes pas fiers. L'alcoolisme, la dépendance à la drogue, la dépression, l'anxiété, le comportement obsessionnel compulsif, la paresse, la fatigue et la colère sont tous des manifestations de l'ombre. L'ombre est fuyante. Elle représente les choses que je refuse de reconnaître en moi, même si je les remarque facilement chez les autres.

Tout le monde possède une ombre, et moins
elle est incorporée dans la vie consciente de l'individu, plus elle
est noire et dense. En fin de compte, elle constitue un accroc
inconscient contrecarrant nos meilleures intentions.
DR CARL JUNG, PSYCHIATRE SUISSE (1875-1961)

Mark Twain a dit une fois que rien n'est plus satisfaisant que l'échec d'un ami. Vous vous devez d'aimer Mark Twain pour son irrévérence et sa fine habileté à identifier les choses du point de vue de l'ego. Avez-vous déjà entendu parler de la malchance de quelqu'un puis avoir pensé : « Là, je le dépasse; maintenant, je suis plus en santé ou plus fortuné que lui. » Avez-vous déjà été jaloux du succès d'un ami? Certains amis accueillent les bonnes nouvelles à notre sujet et les partagent volontiers —, mais pas toujours. L'ombre vit dans la cave et remonte à la surface quand je « joue la comédie » ou lorsque je nie avoir des ennuis. On peut le constater par des dépenses compulsives, des excès de gloutonnerie, ou tout autre excès. Plus nous enfouissons nos préoccupations non résolues (ce que nous ne désirons pas regarder en face) plus elles requièrent de l'énergie pour les maintenir là – plus ce « camouflage » peut nous rendre fou. Carl Jung décrit comment un jour, durant une thérapie, un patient âgé de 45 ans s'est écrié soudainement : « Mais je ne peux admettre avoir perdu les 25 dernières années de ma vie ! » Tant que nous ne regardons pas notre ombre, nous sommes à sa merci. Tant que nous n'aurons pas examiné cette obscurité, nous ne serons pas en mesure de dissiper un peu d'énergie de l'ego.

Votre ego est plus malin que vous, beaucoup plus, et si vous ne le reconnaissez pas, et ne le respectez pas, vous avez très peu de chance contre lui.

JED MCKENNA, (*SPIRITUAL ENLIGHTENMENT: THE DAMNEDEST THING*)

Là où j'enseignais à Sing Sing, un prisonnier m'a révélé qu'il était content d'avoir été emprisonné, car il en avait assez d'avoir à se cacher, et de jouer continuellement la comédie. La seule façon de s'en sortir était de se faire arrêter. Dans le film *Frost/Nixon*, il était évident qu'un jour Nixon serait obligé de dire la vérité. Le déni constant était devenu pour lui un trop lourd fardeau. Aussi difficile que ce l'était de le confesser, vivre dans le mensonge était pire que d'admettre au monde ce que toute la planète savait déjà.

Un œuf dans ma barbe

Ram Dass, auparavant appelé Dr Richard Alpert (1931-, É.-U.) ancien professeur de psychologie à l'Université Harvard, entreprit un voyage en Inde en 1967, où il fit la rencontre de Neem Karoli Baba, qui devint son gourou ; et par la suite, Ram Dass devint lui-même un enseignant spirituel. Plusieurs années après son illumination, Ram Dass fit la rencontre d'une femme qui jouait également le rôle de gourou auprès de quelques-uns de ses propres disciples. Elle avait été ménagère dans le Queens, à New York. Un jour, pendant qu'elle relaxait dans la baignoire, elle eut une illumination qui l'amena à développer sa philosophie. Quand elle et Ram Dass se sont rencontrés, ce fut électrique. Ils combinèrent leurs forces et commencèrent à donner des conférences en tandem. Ram Dass et son associée faisaient du célibat une partie intégrante du processus de l'atteinte d'une conscience supérieure. Pourtant, ils n'étaient plus célibataires. Heureusement, Ram Dass étant un homme honnête, il ne pouvait plus continuer ainsi et il admit cette erreur dans un délicieux article intitulé, *Egg in My Beard.*

Nous, chacun de nous, avons un œuf dans notre barbe — dont les bavures sont évidentes. Dans l'« espace privé » de notre automobile, on se décrotte le nez et on découvre soudainement que quelqu'un nous observe. Lors d'une fête où nous avons bu un peu trop, nous faisons semblant que nous allons bien. Nous devenons dépendants d'une mauvaise habitude et luttons pour y mettre un terme. Nous faisons des erreurs. Nous engraissons et faisons de grands efforts pour perdre du poids. Nous nous endettons, puis il semble que nous ne soyons plus capables de nous en sortir. En vivant le Cours, nous permettons à nos frères et sœurs d'avoir un œuf dans leur barbe, ou quoi que ce soit d'étrange à propos de la psychologie d'un individu sans lui permettre de nous déséquilibrer. Puis, nous progressons et aimons en dépit des défauts apparents, des divergences et des difficultés — saisissant que si nous voyons un problème, il réside dans notre propre façon de penser. Si quiconque a un problème, ça peut *seulement* être moi.

> *[…] toutes tes noires leçons doivent être portées de plein gré à la vérité, et joyeusement déposées par des mains ouvertes pour recevoir et non pas fermées pour prendre.*
>
> T-14.XI.4:6

Il est beaucoup plus facile d'enfouir ses pensées que de les affronter ; et pourtant, ce faisant, l'ego continue d'exister tout en dévastant notre vie. On nous demande de remonter à nos racines, au centre du nœud qui débute par notre égoïsme, et par conséquent, notre séparation. En ce sens, le Cours ne s'approfondit pas rapidement, mais la récompense de la lumière et de l'amour qui vient avec la démonstration du désir d'examiner notre ombre est tellement gratifiante. Quelle que soit l'intensité de l'obscurité, chaque expérience est importante pour la croissance spirituelle et on ne sait jamais comment la malchance peut nous ouvrir à la chance. L'échec survient souvent lorsque la plus profonde obscurité précède l'aube du succès. S'affranchir de l'ego fait appel à la persévérance, à la vigilance et au désir de demeurer éveiller. Aussitôt que nous avons démontré notre désir d'affronter un problème, et d'être honnête quant à notre part de malperception, les choses changent. Pour qu'un arbre croisse normalement, ses racines doivent être profondes.

Les thèmes qui suivent montrent quelques ruses de l'ombre utilisées par l'ego. En prêtant attention à ces tricheurs, nous pouvons approcher les choses à un niveau supérieur, ou plus profond. Plus profond parce que nous avons éliminé quelques blocages qui mènent à la conscience de la présence de l'amour ; supérieur parce que nous sommes maintenant plus libres qu'auparavant.

Faites attention au mensonge et à la dissimulation (le déni)

Le déni est la plus subtile et la plus rusée des défenses. Il est souvent plus facile de négocier avec nos ennemis qu'avec nous-mêmes. La projection est « là ». La raison pour laquelle nous sommes fâchés est « claire ». Nous sommes probablement capables de dresser toute une liste de raisons. Ce n'est pas toujours aussi évident quand nous sommes dans le déni ; après tout, la qualité première du déni est de nier d'être dans le déni. Il n'est pas nécessaire de laver son linge sale en public. Cela ne serait pas vraiment agréable ni utile pour les autres ou pour nous. C'est envers nous que nous devons être honnêtes. Ce que nous dissimulons est banal, mais nous ne le savons pas tant que nous « chérissons » nos péchés secrets et nos haines cachées. Non seulement devons-nous observer et témoigner, mais nous devons évoluer et accepter notre rôle dans le rêve du monde, et de plein gré renoncer à celui de gardien de l'ego.

L'évasion hors des ténèbres compte deux phases : Premièrement, reconnaître que les ténèbres ne peuvent cacher. Cette étape entraîne généralement de la peur. Deuxièmement, reconnaître qu'il n'y a rien que tu veuilles cacher même si tu le pouvais. Cette étape apporte l'évasion hors de la peur. Quand tu seras devenu désireux de ne rien cacher, non seulement désireras-tu entrer en communion mais tu comprendras aussi la paix et la joie.

T-1.IV.1:1-5

Prendre garde à l'embellissement et à l'exagération

Quand la tentation de mentir est grande, même pour des banalités, une exagération, un embellissement quelconque, quand nous exagérons ou atténuons le fait que nous travaillons fort, quand nous minimisons la somme d'argent que nous avons dépensée, ou la manière que nous avons été maltraités, vous demandez-vous : Pourquoi entreprendre un embellissement ? Ai-je vraiment besoin d'aller dans cette zone-là ? Quoi d'autre voudrais-je dramatiser ou exagérer, excepté l'ego ? Quand on me pose une question, puis-je répondre aussi honnêtement que possible ? Pourquoi disons-nous parfois : « Je vais être franc avec toi ? » Cela veut-il dire qu'à d'autres moments nous ne le sommes pas ? C'est très important de se sentir (d'être) propre. L'âme, de par sa nature, aime la clarté. La propreté embellit. Un esprit réceptif n'a pas de conflit.

Préfères-tu avoir raison ou être heureux ?
T-29.VII.1:9

1. **Il n'est pas nécessaire d'avoir raison.** Il peut même être plus rafraîchissant d'avoir tort. La vérité va bientôt s'imposer, je suis donc aussi bien d'ouvrir la porte. Dites la vérité, prenez une profonde respiration, et ayez confiance en Dieu. Alors, nous nous sentons bien mieux, plus heureux parce que plus libres. Rappelez-vous que la séparation est notre problème majeur. Nous voulons nous sentir connectés. Quand j'étais étudiant au doctorat, je suivais un cours dans un groupe de thérapie afin que

nous, les étudiants, puissions un jour animer nous-mêmes de tels groupes. Au terme de ce cours, après avoir eu la chance de tous mieux nous connaître, on nous incita à partager quelque chose que *généralement* nous gardons secret. Un homme était particulièrement récalcitrant à faire cet exercice. Finalement, étant le seul à ne pas avoir partagé son secret, il lança soudainement : « J'ai tué ma femme. » Il y eut un silence de mort dans la salle alors que tous les yeux se sont tournés vers lui, et nous avons écouté son histoire. Il avait eu un accident automobile dans lequel sa femme avait été tuée alors que c'était lui qui conduisait. Il y avait eu une enquête sur l'accident et il n'avait pas été incriminé. Néanmoins, il se sentait responsable et avait porté le fardeau de la culpabilité durant de nombreuses années. Il a pleuré à gros sanglots et nous a dit à quel point il se sentait libéré d'avoir finalement partagé son affreux secret.

2. **Confiez-vous à un ami, à un compagnon, à un amoureux, à un thérapeute ou à un camarade de classe — quelqu'un que vous aimez — qui vous aime, quelqu'un sur qui vous pouvez compter.** La thérapie des alcooliques anonymes est efficace en partie parce qu'on permet aux gens de dire : « Je suis un alcoolique » dans un environnement chaleureux, ouvert et tolérant. Dites à votre partenaire, qui le sait déjà, que vous êtes un « alcoolique de l'ego » et peut-être trouvera-t-il cela rafraîchissant. L'ouverture est toujours rafraîchissante.

3. **Remettez-les au Saint-Esprit.** Invoquez Dieu. Être sincère signifie être prêt à prendre la responsabilité de nos pensées et de nos actions – maintenant. Puis, complétons la purification en remettant ces actions et pensées au Saint-Esprit.

Tu as seulement besoin de laisser le miroir propre
et pur de toutes les images des ténèbres cachées
que tu y as tracées. Dieu y luira de Lui-même. Seul le clair
reflet de Lui-même peut y être perçu.

T-14.IX.5:5-7

Chapitre 14

Chacun possède la réponse maintenant

Se souvenir de ce que nous savons déjà

Puisque le Saint-Esprit répond véritablement,
Il répond pour tous les temps, ce qui signifie que chacun
possède la réponse maintenant.

T-6.IV.3:4

Un maître reçut la visite d'un professeur qui voulait en savoir davantage sur l'illumination. Le maître versa une tasse de thé à son invité et continua à remplir la tasse qui débordait. Le remarquant, le professeur ne put s'empêcher de dire :

— La tasse déborde ; vous ne pouvez pas continuer à en verser !

— Comme cette tasse, vous débordez d'idées. Comment vais-je pouvoir vous enseigner, puisque votre tasse n'est pas vide ? répliqua le maître.

Comme homme, et aussi comme une
des créations de Dieu, ma justesse de pensée, qui venait du
Saint-Esprit ou de l'Inspiration universelle, m'a appris d'abord
et avant tout que cette Inspiration est pour tous. Je ne pourrais

pas L'avoir moi-même sans connaître cela. « Connaître » est le mot approprié dans ce contexte, parce que le Saint-Esprit est si proche de la connaissance qu'Il l'appelle ; ou mieux, qu'Il lui permet de venir...

T-5.I.4:6-9

Re-connaître la vérité

Parfois, vous rencontrerez une personne qui suit le Cours depuis relativement peu de temps qui se sent « comme un poisson dans l'eau. » Elle y plonge immédiatement. Cette « aptitude » provient davantage de l'état de préparation émotionnelle ou spirituelle que de notre intelligence intellectuelle. Le Cours nous entraîne jusqu'à un profond « Ah-ha ! », donc à une toute nouvelle manière de voir les choses. Il parvient à nous faire ressentir qu'il existe autre chose au-delà du monde que nous voyons avec nos yeux. Enfin, tous les rêves ont une fin, toutes les illusions sont écartées, et chacun se souvient de Dieu.

En juin 2007, j'ai contracté une encéphalite transmise par une morsure de moustique qui a fait monter ma fièvre à 41 degrés, provoquant une crise d'épilepsie. Je suis tombé dans le coma et j'ai été placé sous assistance respiratoire durant plusieurs jours. Je suis sorti du coma tard dans la nuit dans une chambre d'hôpital. Au début, j'étais incapable de parler, seulement de regarder. J'ai pris ma main droite pour la porter à mon visage. Je me suis alors dit : « Ceci est une main. Je me demande comment il se fait que je me rappelle du nom de cette chose. » Et alors une chose étrange s'est produite, une voix intérieure a dit : « Qui veut le savoir ? » Je me demandais comment je connaissais le langage et les mots. Je me demandais comment je savais un tas de choses ; mais surtout, je me demandais quel était mon questionnement. Tout était fascinant – mes mains et les tableaux sur les murs de la pièce. Même le jour suivant, voir le merveilleux visage de ma femme Dolores et ses magnifiques cheveux roux, tout était une merveilleuse espérance brillante. Pour un court moment, le monde s'était arrêté et j'étais capable de voir sans *être contaminé par l'interprétation.* Aucun passé ne s'introduisait dans le présent et aucun futur pour me dérouter. Plusieurs jours ont passé avant que je pense : « Tu as des factures à payer, Tu dois te rétablir. Tu dois sortir d'ici. »

Dolores a dit plus tard que le plus étonnant aspect de toute l'expérience était que j'avais cessé de planifier.

Un esprit guéri ne fait pas de plans. Il exécute les plans qu'il reçoit en écoutant une sagesse qui n'est pas la sienne.

E-135.11:1-2

La qualité première de l'expérience mystique est appelée qualité « noétique » ; noétique signifie que nous en arrivons à « re-connaître » ou à nous « souvenir » de quelque chose qui existait déjà. Le philosophe grec Platon (428-348 av. J.-C.) nous dit que l'âme est éternelle, qu'elle connaît tout, et n'a qu'à se « rappeler » tout ce qu'elle connaît déjà. Pour Shankara (788-820, en Inde) et Eckhart (1260-1326, Allemagne), le chemin du salut est le chemin de la connaissance ou de la *révélation* ; la révélation étant une expérience personnelle intense et un contact direct avec le transcendant qui n'a rien à voir avec les mots. La révélation transcende le temps et peut survenir en un instant. Le physicien théoricien Stephen Hawking (1942-, Angleterre) a dit que sa plus grande pénétration du cosmos lui est venue soudainement un soir alors qu'il s'apprêtait à se coucher. Quand est survenue la révélation, elle est arrivée à la vitesse de l'éclair.

L'ego est l'aspect interrogateur du soi de l'après-séparation, qui a été fait plutôt que créé. Il est capable de poser des questions mais non de percevoir des réponses signifiantes, parce que celles-ci impliqueraient la connaissance et ne peuvent être perçues.

T-3.IV.3:1-2

Quand quelqu'un « reçoit » un poème, il ressent souvent qu'il lui a été donné. Sainte Hildegarde de Bingen (1098-1179, Allemagne) et sainte Thérèse d'Avila (1515-1582, Espagne) ont dit qu'elles avaient reçu leurs livres en un instant. Amadeus Mozart (1756-1791, Allemagne) a dit qu'il recevait une sonate entière (entendait) en un instant. Ce n'était pas une question de *composer.*

Et c'est de la même manière que le Cours a été *donné* à Helen. Il ne s'agissait que de consigner cela sur papier. Pas besoin de le « composer ». La vision nous permet de savoir ce que nous avons déjà vu, non pas dans le temps, mais dans l'éternité. L'enseignement du Saint-Esprit est donc une leçon pour nous *re-mémorer, nous rappeler, nous re-connaître,* ou rassembler ce que l'esprit connaît déjà.

Nous ne nous soucions pas de prouesses intellectuelles ni de jeux de logique. Nous nous occupons seulement de ce qui est l'évidence même, sur laquelle tu as passé dans les nuages de la complexité où tu penses penser.

E-39.1:3-4

Dans *Critique de la raison pure* datant de 1781, le philosophe allemand Immanuel Kant (1724-1894) a avancé l'existence de deux sortes de savoirs, un savoir *a priori* et un savoir *rationnel* ou la raison. L'intellect se fonde sur l'information, les faits et les associations amassées dans la vie. Ce qui est *a priori*, nous savons intuitivement que c'est vrai. Par exemple, nous savons tous qu'il y a une chose telle que l'« amour », quoiqu'elle n'ait pas de « forme » dans le monde. Nous devons aller au-delà de l'esprit pour joindre l'Esprit, le Savoir et donc, Être.

La rationalité a ses limites.
WEI WU WEI, TAOÏSTE ANGLAIS (1895-1986)

Ji-Un, un maître Shingon, était un érudit sanskrit bien connu. Durant sa jeunesse, il avait l'habitude de prononcer des conférences à ses frères étudiants. Sa mère eut vent de cela et elle lui écrivit une lettre. « Fils, je ne pense pas que tu sois devenu un fidèle du Bouddha parce que tu souhaites devenir un dictionnaire ambulant. Il n'y a pas de fin à l'information et aux commentaires, à la gloire et à l'honneur. J'aimerais que tu cesses de donner ces conférences. Retire-toi dans un petit temple dans une partie reculée de la montagne. Consacre ton temps à la méditation et atteins ainsi la réalisation vraie. »

Pour découvrir ce qui « se passe réellement », il n'est pas nécessaire de recueillir davantage d'information. Nous souffrons tous d'une surabondance d'information, et celle qui nous a été transmise est entièrement en lien avec ce qui se passe dans le monde. Pour découvrir ce qui se passe réellement, nous devons nous tourner vers l'au-delà intérieur.

Retirez-vous dans le désert, assoyez-vous et attendez. Ou, de façon plus pragmatique, comme le dit Jésus dans les évangiles : « Pour toi, quand tu veux prier, entre dans ta chambre la plus retirée, verrouille la porte et adresse ta prière à ton Père qui est là dans le secret » (Matthieu 6,6). En d'autres mots, trouve un lieu calme — assois-toi et attends, et après un moment, il est possible de comprendre ce qui se passe réellement. Quand nous cessons de penser (ce qui freine le monde), nous découvrons ce qui se passe réellement.

La perception repose dans le choix

Tout dans ce monde est une question de choix. La connaissance précède le temps, et la perception n'est pas une affaire de choix. C'est plutôt une simple question d'Être. La perception est incertaine. Même si nous *savons* tous que ce n'est pas le cas, nous percevons que le Soleil tourne autour de la Terre. Je vois mon ami au loin dans un centre commercial. En m'approchant, je m'aperçois que c'est quelqu'un d'autre. La perception ne m'a pas fourni la bonne information. Quand nous regardons une maison d'un certain angle, nous « imaginons » les autres côtés. Je présume que les autres côtés sont là. Si je regarde un film, je peux voir qu'une façade, ou je peux voir un paysage projeté sur un écran situé derrière les acteurs. Est-ce qu'il y a *là* quelque chose qui relève du rêve ? Nous ne savons pas à quel point nous projetons jusqu'à ce que nous cessions de projeter. Un nouvel étudiant, après avoir étudié le Cours depuis quelques semaines, est venu me voir et m'a dit :

– Je commence à comprendre à quel point je passe mon temps à juger.

– C'est formidable ! Tu commences à comprendre, ai-je dit à mon tour.

Or la projection te blessera toujours.
Elle renforce ta croyance en ton propre esprit divisé, et son seul but est de faire durer la séparation.
C'est uniquement un mécanisme de l'ego pour te faire sentir différent de tes frères et séparé d'eux.
[...]
L'ego n'utilise la projection que pour détruire ta perception à la fois de toi-même et de tes frères.

T-6.II.3:1-3 ET 7

Peu de temps avant sa mort, le psychiatre suisse Carl Jung (1875-1961) était interviewé par sir Laurence Vander Post (1906-1996, Afrique du Sud) pour la BBC, à Londres. Vers la fin de l'interview, il y a eu ce moment merveilleux où le Dr Vander Post demande au Dr Jung s'il croyait en Dieu. Jung fait une pause et dit : « Croire en Dieu ? Non, je sais. » Quand nous savons, le questionnement cesse. Croire, c'est être faible, incertain. Les croyances peuvent changer. Savoir, c'est avoir la certitude.

La connaissance est un *a priori*. Elle est intemporelle. Elle est sans mots. C'est la certitude. C'est ne pas être divisé. Elle est au-delà du sujet et de l'objet. Sujet et objet signifient le « soi » et « l'autre ». La connaissance est l'expérience directe d'Être. La connaissance est l'Unité. Seule l'unité est libre de conflits (T-3.VII.6:8). La connaissance est une pénétration profonde dans l'essence. Elle est stable, immuable et libre de conflits. Elle ne relève pas du corps ni des sens.

Tu n'as pas besoin du jugement pour organiser ta vie, et tu n'en as certainement pas besoin pour t'organiser toi-même. En présence de la connaissance, tout jugement est automatiquement suspendu, et c'est ce processus qui permet à la re-connaissance de remplacer la perception.

T-3.VI.3:5-6

Étiquetage

Le bouddhisme zen parle d'un état d'esprit qui va au-delà de la pensée et de la « non-pensée ». C'est un état dans lequel l'étiquetage des choses a cessé. Comme Zorba le Grec le dit à son riche compagnon américain tout en dansant sur la plage, en Crête : « Il n'y a qu'une chose qui ne va pas avec toi, patron ! Il te manque un brin de folie ! » Afin de voir, nous devons être libres de la pensée rigide, égoïste. Un prêtre shintoïste, lorsqu'on l'interrogea à propos de sa théologie, répondit au journaliste Bill Moyers : « Je ne pense pas que nous avons une théologie. Nous dansons. »

Quand tu aimes quelqu'un, tu l'as perçu tel qu'il est et cela te permet de le connaître. Tant que tu ne l'as pas d'abord perçu tel qu'il est, tu ne peux pas le connaître.

T-3.III.5:3

Il est écrit dans le Genèse qu'Adam *connaissait* Ève. Lorsque nous aimons quelqu'un, nous l'aimons tel qu'il est. Nous voyons au-delà de la façade ; nous voyons son innocence et c'est pour cela que nous l'aimons. Nous ne pouvons pas *connaître* quelqu'un lorsque nous projetons sur lui. Attaquer quelqu'un, c'est en faire un étranger. Lorsque nous aimons, nous voyons l'entièreté et l'innocence de l'autre, ce qui est la seule manière de le *connaître*. C'est ainsi que Dieu nous connaît. Je me souviens d'avoir regardé Judy, ma petite amie de l'école secondaire, et pensé qu'elle ne pouvait faire aucun mal. Jamais elle n'aurait su comment. Elle n'était que pureté et innocence. J'ai vécu la même expérience quelques années plus tard lorsque je suis tombé amoureux de mon épouse, Dolores. L'amour n'est pas quelque chose que l'on planifie. Aimer, c'est se souvenir de l'Unité.

> *Un souvenir qui n'est pas vivant dans le présent ne se « souvient » pas du ici et du maintenant, ne se « souvient » pas de son identité réelle, et n'est pas du tout un souvenir.*
>
> THOMAS MERTON,
> MYSTIQUE CATHOLIQUE AMÉRICAIN (1915-1968)

La mémoire de Dieu est impossible pour l'ego. Dieu ne connaît pas l'ego, puisque Dieu nous connaît seulement comme un Soi, seulement dans la vérité – non pas dans nos rêves – non pas comme une illusion. Une illusion est une illusion. Si Dieu est réel, l'ego ne l'est pas. Si l'ego est réel, Dieu ne l'est pas. Le Saint-Esprit est le pont entre la perception et la connaissance. En utilisant la perception de telle manière qu'elle reflète la connaissance, nous nous souvenons de Dieu.

> *Ôtez le paradoxe au penseur et vous obtenez un professeur.*
>
> SOREN KIERKEGAARD

Le paradoxe

Selon D. T. Suzuki (1870-1966, Japon), l'homme qui a fait connaître le bouddhisme zen en Occident, la connaissance ne peut être décrite, car elle se trouve *au-dessus* ou *à l'extérieur* de la boîte des mots et de la raison. D'après Suzuki : « Quand on s'oblige à se servir du langage pour exprimer les choses du monde transcendantal, il se corrompt et présume toutes sortes d'oxymorons et de paradoxes. » Le satori, but spirituel du bouddhisme, est une expérience libre de concepts. Le Cours est lui-même rempli de paradoxes :

- Utilise l'Esprit pour aller au-delà de l'esprit.
- Nous *regardons plus loin* que ce qui n'est pas là.
- Dire : « En dehors de moi-même, je ne peux rien faire », c'est obtenir tout le pouvoir.
- Nous pardonnons ce que personne n'a jamais fait.
- Un miracle, c'est faire le défaire, ou défaire le faire.
- Si tu veux voir — ferme les yeux.
- La matière importe peu.
- L'éveil, c'est le repos.
- La mort n'est rien.
- En pardonnant au monde notre culpabilité, nous sommes libérés du monde.
- Pour te retrouver, perds-toi.
- Ce que nous pensions rechercher nous cherche.
- La meilleure manière d'arriver quelque part, c'est de laisser aller le besoin d'aller quelque part.
- En cessant d'être un individu, nous gagnons notre indépendance.

Observer la projection

Observez la projection. Ne faites pas que la regarder. Ne tentez pas de l'analyser ou de l'interpréter. Observez-la pour ce qu'elle est. Gros, maigre, grand et petit sont des jugements faits par les yeux de l'ego. Voyez plutôt des personnes : voyez l'amour ; voyez l'innocence. Quand l'homme d'État américain Daniel Webster (1754-1782) voulait donner l'impression à quelqu'un qu'il se souvenait de lui, mais ne pouvait pas se rappeler son nom ou à quel endroit ils s'étaient rencontrés, il lui demandait : « Quelle était cette vieille plainte ? » Neuf fois sur dix la personne commençait à raconter un grief et ainsi, s'identifiait. Vivre le Cours signifie être disposé à comprendre à quel point je ne veux pas voir que mon frère est sans péché. Nous voulons découvrir les problèmes du monde. Changer notre vision de la perspective de l'ego pour celle de l'Esprit, c'est contempler le monde totalement innocent et sans péché. En voyant un monde sans péché, l'amour que Dieu a pour nous devient nous. La perception correcte ne fait que voir ; et dans cette vision, on y trouve la liberté et la connaissance. *L'innocence est la Vérité.* Il n'existe rien d'autre que la vérité. La vérité est tout ce que voit l'innocent. L'égoïsme, le jugement, la plainte et l'attaque rendent le monde flou — obscur.

Il n'y a rien de partiel dans la connaissance. Chaque aspect est entier ; par conséquent, aucun aspect n'est séparé. Tu es un aspect de la connaissance, étant dans l'Esprit de Dieu, Qui te connaît. Toute connaissance doit être tienne, car en toi est toute connaissance.

T-13.VIII.2:1-4

Un bébé avait été laissé seul sur une couverture dans la cour arrière pendant que la mère courait répondre au téléphone dans la maison. Quand la mère est revenue, elle a découvert qu'un petit serpent non venimeux avait rampé sur la couverture et l'enfant, s'imaginant que c'était un jouet, l'avait attrapé et le secouait comme un hochet. L'enfant était en sécurité et, à ce point, il avait tellement secoué le serpent qu'il en était mort. L'*innocence de l'œil* n'avait jamais vu la possibilité d'un problème. Innocence ne signifie pas « naïveté ». En fait, nous devons être conscients de toutes les ruses de l'ego, puis choisir de voir les choses différemment. Cela requiert un retournement de la pensée. Cela signifie l'absence de défense plutôt que la défensive. Cela signifie voir l'amour dans toutes choses, même si cela semble être une attaque.

La révélation est littéralement ineffable parce que c'est l'expérience d'un amour ineffable.

T-1.II.2:7

En choisissant Dieu, la vie est sans effort. À tout moment de la journée, le Nous réel que nous sommes – notre Soi réel –, cette petite étincelle peut choisir dans quelle direction nous irons. Si vous doutez d'une décision, demandez : « Cette décision m'apportera-t-elle la paix d'esprit, ou me privera-t-elle de la paix d'esprit ? » La décision est juste lorsqu'elle apporte la paix. Choisissez la paix encore et encore, et la paix viendra.

La perception de l'ego n'a pas d'équivalent en Dieu, mais le Saint-Esprit demeure le Pont entre la perception et la connaissance. En te permettant d'utiliser la perception d'une manière qui reflète la connaissance, tu finiras par t'en souvenir.

T-6.II.7:2-3

La vision parfaite rejette le péché.
Elle ne peut pas voir ce qui n'est pas là.

Chapitre 15

Guérir le terroriste intérieur

De la colère et de la responsabilité

Toi qui te sens menacé par ce monde changeant, ses revirements de fortune et ses farces amères [...] écoute bien cette leçon. ***Le monde ne procure aucune sécurité. Il est enraciné dans l'attaque,*** *et tous ses « dons » d'apparente sécurité sont d'illusoires tromperies.*

E.153.1:1-3 (gras ajouté)

Le yenta et le shenpa : Développer des relations particulières

Il y a un vieux dicton juif qui dit qu'être égocentrique, c'est comme « avoir un yenta dans son chapeau ». *Yenta* est un mot yiddish qui signifie « moulin à paroles » ou « commère ». Un yenta, comme dans la pièce et le film *Un violon sur le toit,* est aussi un intermédiaire qui *doit* fouiner partout afin de bien apparier les couples. Le *chapeau,* c'est la tête de quelqu'un. L'ego est un yenta. Il aime raconter des histoires. Il y a un concept similaire dans le bouddhisme tibétain connu sous le nom de *shenpa.* Un shenpa est un lieu où nous sommes « accrochés. » C'est un petit irritant qui fonctionne sans arrêt dans notre tête ; et après un moment, nous ne pouvons plus nous empêcher d'y penser – impossible de nous en défaire.

Si on entretient un shenpa, il peut devenir très fort et puissant. Un shenpa est une façon de penser qui s'est transformée en habitude – une projection (vraisemblablement) justifiée.

La guérison survient lorsqu'un patient commence à entendre son chant funèbre et questionne sa validité. Jusqu'à ce qu'il l'entende, il ne peut pas comprendre que c'est lui qui se le chante à lui-même. L'entendre est le premier pas vers la guérison. Le questionner doit alors devenir son choix.

PSYCHOTHÉRAPIE 2.VI.1:5-8

Ces conscientisations passagères représentent les nombreuses opportunités qui nous sont données pour littéralement « changer de chanson. » Le son de la guérison peut être entendu à la place. Mais tout d'abord, la volonté de remettre en question la « vérité » du chant de condamnation doit percer. Les étranges distorsions entremêlées inextricablement dans le concept de soi-même, cela même n'étant rien d'autre qu'une pseudo-création, font paraître ce vilain son vraiment très beau. « Le rythme de l'univers », « le chant céleste des anges », tout cela et plus sont entendus au lieu de bruyants cris perçants discordants.

PSYCHOTHÉRAPIE 2.VI.2:2-6

Changer sa chanson

Un yenta ou un shenpa peut être un grief que nous retenons dans notre esprit contre nous-mêmes ou contre une autre personne – quelques petits irritants qui travaillent à l'insu de l'esprit, nous convainquant que nous avons raison, que l'autre a tort, et qu'il nous a blessé. Un dimanche matin, alors que je révisais mes notes pour l'office du jour dans un café de New York, je remarquai un sans-abri assis tout juste en face de moi qui tenait une tasse de café et parlait tout seul. Quelques personnes à ce moment l'entouraient, et il parlait assez fort de sorte qu'en me penchant vers l'avant et en écoutant attentivement, j'étais en mesure de saisir en grande partie ce qu'il disait. La plupart des gens gardent leurs pensées pour eux. Toutefois, les gens de la rue pensent parfois à haute voix. Je ne pouvais pas tout entendre ce qu'il disait, mais suffisamment pour comprendre qu'il pratiquait un discours qu'il dirait à quelqu'un exerçant une certaine autorité – peut-être à un juge, ou à un frère ou à une sœur. Il était évident qu'il préparait un dossier pour se défendre. Vous êtes-vous déjà promené dans votre automobile en train de penser à quelque shenpa, à monter votre propre dossier, à pratiquer un discours ?

En interprétant l'erreur, tu lui donnes un pouvoir ; et ayant fait cela, tu passeras sur la vérité.

T-12.I.1:8

Quand un shenpa se produit, il peut nous tomber dessus pour tester si oui ou non nous sommes toujours présents. L'ego joue souvent le rôle du serpent sournois ; et à peine pensons-nous avoir acquis un peu de liberté, il se glisse par la porte arrière et nous attrape. Nous pouvons penser que nous sommes exempts de tout jugement puis nous nous entendons dire quelque chose qui est manifestement de l'ordre du jugement. Remarquez avec quelle facilité la paix est rejetée. Un vendeur n'est pas aussi courtois que nous l'aurions aimé, notre partenaire fait quelque chose d'irréfléchi, un petit bouleversement se produit, quelqu'un dit quelque chose sur un mauvais ton, cela est interprété comme une attaque, et ma paix d'esprit disparaît brusquement ; et, je suis celui qui l'a laissé aller.

Autant il est sûr que ceux qui ont des rancœurs vont ressentir de la culpabilité, autant il est certain que ceux qui pardonnent trouveront la paix. Autant il est sûr que ceux qui ont des rancœurs vont oublier qui ils sont, autant il est certain que ceux qui pardonnent s'en souviendront.

E-68.3:2-3

Nous pouvons avoir cette idée folle que si nous réprimandons vertement quelqu'un, il comprendra et changera. Soyons clairs. Ça n'arrive jamais ! Ça n'arrive jamais parce que nous attaquons un autre ego. L'attaque ne fonctionne jamais. Répondre à une erreur par une erreur ne fait que susciter la peur. Comment est-il possible que dans le but de rendre les autres meilleurs nous devions agir pour qu'ils se sentent mal ? Lorsque nous sommes humiliés ou maltraités, cela nous rend-il plus coopératifs ? Je préférerais avoir la paix d'esprit plutôt que de donner à quelqu'un un morceau de mon esprit.

Si tu perçois une offense en un frère, arrache l'offense de ton esprit.

T-11.VIII.12:1

Changez de direction !

Si j'ai une écharde dans un doigt qui me fait mal, je « la retirerai ». Si une pensée blesse mon esprit, je peux l'éliminer. Je ne la nie pas et ne la réprime pas ! Je la « laisse aller », tout simplement. Il y a une merveilleuse histoire à propos de Clara Barton (1821-1914, États-Unis), fondatrice de la Croix Rouge. Un ami lui a rappelé une chose cruelle qui lui était arrivée quelques années auparavant, mais Clara ne se rappelait pas l'incident.

– Ne te souviens-tu pas du mal qu'on t'avait fait ? demanda l'ami.

– Non, dit Clara. Je me souviens de l'avoir oubliée. C'est tout ce dont je me souviens.

La raison te dira que la seule façon d'échapper à la misère, c'est de la reconnaître « et de prendre l'autre voie. »

T-22.II.4:1

Il importe peu d'avoir raison ou tort au sujet de ce qui me blesse ou me met en colère. L'erreur est d'être en colère. Quand je suis en colère, le meilleur conseil que je pourrais suivre est de toujours « attendre une minute. » La meilleure réponse est le délai. Compter jusqu'à 10 est une sage idée et compter jusqu'à 60 l'est encore plus. L'ego parle toujours en premier (T-6.IV.1:2). Mais, il est toujours possible de suspendre la projection de l'ego pour un instant afin d'obtenir une meilleure perspective. Délai signifie *analyser* la situation. Un enseignant de Dieu ne peut être insulté. Vous ne pouvez pas être insulté. Seul l'ego peut être insulté, et nous ne sommes pas des ego. Pouvez-vous imaginer Jésus être insulté ? Nous ne devons enseigner à personne qu'il peut nous blesser. Si nous le faisons, nous nous enseignons que ce qui n'est pas de Dieu a un pouvoir sur nous (T-14.III.8:2).

Ne vous défendez pas

Nul ne peut devenir un enseignant avancé de Dieu jusqu'à ce qu'il ait pleinement compris que les défenses ne sont que les sots gardiens de folles illusions. Plus le rêve est grotesque, plus ses défenses semblent être féroces et puissantes.

M-4.VI.1:6

Notre non-défense est tout ce qui est requis pour que la vérité se fasse jour dans nos esprits avec certitude.

E-135.21:3

Alors que les défenses « semblent » nous protéger contre notre culpabilité, nos peurs et les attaques apparentes des autres, elles nous font vivre plus d'insécurités et nous rendent plus craintifs. En fin de compte, nous sommes nus devant Dieu. On ne peut offrir à Dieu aucun blâme, aucune attaque ou défense efficaces contre qui que ce soit. Les excuses ne fonctionnent pas au Ciel et elles ne fonctionnent pas ici sur terre non plus. Que feriez-vous si quelqu'un s'approchait et commençait à s'attaquer à votre corps ? Faites tout ce qui est en votre pouvoir pour l'arrêter, pour les trois raisons suivantes :

1. **Nous croyons encore que nous sommes des corps**
   La preuve de cela est que nous tenons à notre corps. Tant que nous tiendrons à notre corps, nous croirons

qu'il peut être blessé. Ne voulant pas que notre corps soit blessé ou handicapé, nous ferons tout ce qui sera possible pour empêcher que cette personne nous blesse.

2. **Nous ne voudrions pas faciliter l'erreur chez un frère**
   Si nous laissons quelqu'un nous battre, nous sommes complices d'un crime. Nous ne voudrions pas devenir complices d'un crime. Nous ne voudrions pas être une victime.

3. **Nous ne sommes pas appelés à devenir des martyrs**
   Dire « Ne pas se défendre » signifie simplement « ne défendez pas l'ego stupide ». C'est, après tout, un ego stupide. Ce n'est pas ce que nous sommes. Jésus se tient devant Ponce Pilate. Pilate lui dit : « N'entends-tu pas toutes les accusations qui sont portées contre toi ? N'as-tu rien à dire pour ta défense ? » Et, il ne dit rien. Si Jésus avait répondu à Ponce Pilate : « Oui, je suis réellement le Fils de Dieu et tu es en train de commettre une grave erreur », nous serions encore en train de nous poser la question s'il était oui ou non le Fils de Dieu. La non-défense ne signifie pas ne pas protéger mon corps si quelqu'un m'attaque, permettre un comportement destructeur, permettre aux autres de prendre le dessus sur moi ni vivre dans des conditions abusives.

Laisse-les être aussi haineux et méchants qu'ils le veulent, ils ne pourraient pas avoir d'effet sur toi à moins que tu ne manques de reconnaître que c'est ton rêve.

T-27.VIII.10:6

Gérer les critiques

Que faire si quelqu'un nous critique? Écouter! Écouter attentivement et vous demander :

1. Pourquoi cette personne dit-elle ce qu'elle en train de dire?
2. Y a-t-il même une graine de vérité dans ce qu'elle dit?
3. Puis-je changer de quelque manière afin d'améliorer les choses?
4. Y a-t-il la moindre chance de voir les choses autrement?

Peut-être que l'autre a raison. Peut-être que l'autre a tort. S'il a tort, il a besoin de mon amour. S'il a raison, il a besoin de mon amour. Nous devrions aussi nous rappeler que si quelqu'un nous porte préjudice, il parle de la projection qu'il fait sur nous. Comme tout n'est que projection, il n'y a aucune raison de prendre les choses de façon personnelle. Il n'est pas nécessaire d'être «réactif» si quelqu'un a quelque chose à dire de bon ou de mauvais à notre sujet. Si nous sommes réactifs, il doit y avoir une «raison» quelconque de l'être. Être réactif signifie avoir besoin d'une meilleure façon de voir. C'est pour cette raison que nous ne devons pas être trop encouragés par des éloges ni trop abattus par le blâme. Dans l'un et l'autre cas, nous nous considérons comme des gens particuliers.

Si mon frère m'attaque verbalement, il m'envoie peut-être une information pertinente. Il me dit peut-être quelque chose que personne d'autre ne me dira. En écoutant attentivement, j'en arrive à mieux comprendre l'autre et je me rapproche d'une solution. Écouter une critique sera probablement apprécié. C'est la réelle signification de faire aux autres ce que nous aimerions qu'ils fassent pour nous. Ce que les autres me disent correspond à ce que je leur ai demandé de dire. La seule chose nécessitant une correction est mon esprit. Lorsque je comprends correctement, je ne peux être insulté parce qu'il n'y a aucun « Je » à insulter.

Il reste la possibilité que l'autre ait tort. Dans lequel cas, je dois examiner pourquoi je serais contrarié s'il a tort. S'il n'y a aucune vérité dans ce qu'il dit, pourquoi devrais-je être contrarié par ce qui est faux ? J'ai regardé une scène à la télévision où il y avait des coups de feu et des poursuites en voiture. Tout ce que le bon ou le méchant gars devait faire pour déclencher une bataille consistait à insulter la mère de l'autre gars. Ne savons-nous pas qui est notre mère ? Si on dit quelque chose de faux à notre sujet, cela ne signifie pas que nous devrions taire la vérité. Répondre par la colère est toujours une erreur. Toute colère est une tentative pour amener quelqu'un à se sentir coupable (T-15.VII.10:3).

Mets-toi vite d'accord avec ton adversaire,
tant que tu es encore en chemin avec lui, de peur que cet
adversaire ne te livre au juge, le juge au gendarme, et que
tu ne sois jeté en prison.

Matthieu 5,25

Ne pas attaquer ne signifie pas que nous ne sommes jamais en désaccord. Cela requiert des compétences pour être un parent, un instituteur, un conseiller ou un employeur qui peut gérer les situations difficiles sans se mettre en colère, sans être rancunier ou sans être malicieux. Les bons enseignants ne terrorisent jamais leurs étudiants (T-3.I.4:5). Le Dr Ken Wapnick écrit dans *A Course in Miracles and Christianity* : « J'ai fréquemment commenté publiquement qu'une des leçons les plus importantes que peut apprendre un Enseignant de Dieu est comment ne pas être d'accord avec quelqu'un (que cette personne suive une autre voie spirituelle, ou que ce soit un étudiant qui suive le Cours) sans qu'il se sente attaqué. » La colère garde l'ego en vie, mais elle se dissipe quand nous constatons qu'elle est inutile.

Corriger les ego

L'attention soutenue que prête l'ego aux erreurs
des autres ego n'est pas le genre de vigilance que le Saint-
Esprit voudrait que tu maintiennes [...].
Pour l'ego, il est doux, juste et bon de relever
les erreurs et de les corriger [...].
Si tu relèves les erreurs de l'ego de ton frère,
tu dois voir par le biais du tien, parce que le Saint-Esprit ne
perçoit pas ses erreurs.

T-9.III.1:1, 2:1 ET 3:1

Un petit garçon écrit une histoire pour sa mère et la lui donne. La mère prend l'histoire, et, remarquant une erreur grammaticale, prend un stylo et la corrige. Elle remarque une autre erreur et encore une autre erreur. Finalement, elle finit la correction de l'histoire et la remet à son fils qui lui dit en pleurant : « Je ne voulais pas que tu la corriges, je voulais que tu l'aimes. »

C'est toujours une erreur d'essayer de corriger un autre ego. Les ego ne peuvent être corrigés. Les ego n'ont pas besoin d'être corrigés. Ils n'existent pas. Le monde n'a pas besoin d'être corrigé, il a besoin d'être aimé. Nos amis n'ont pas besoin d'être corrigés, ils ont besoin d'être aimés. Nos enfants n'ont pas besoin d'être corrigés, ils ont besoin d'être aimés. La seule chose qui a besoin d'être corrigée c'est « la cause de l'ego » dans mon esprit. Il existe *une forme correcte de projection,* à savoir, l'extension de l'amour, et donc l'annulation de la culpabilité par le pardon. L'amour est extension. Le Saint-Esprit s'élargit pour inclure et ainsi reconnaître l'Unité.

[...] l'attaque n'est jamais discrète et il faut y renoncer entièrement.

T-7.VI.1:3

C'est un enseignement lourd. Si je vois un problème chez mon frère, il doit être en moi. Signaler une erreur veut dire l'amplifier. Je dois me demander : « Qu'est-ce qu'il y a en moi qui a besoin de trouver un problème ? » Avec tout ce que je m'apprête à dire, je me demande : « Est-ce que ce que je m'apprête à dire sera constructif ? » Chaque fois que nous attaquons, nous attaquons un autre ego. Que va répondre cet ego ? Il va se mettre en colère et sera sur la défensive, et il contre-attaquera. Vivre le Cours signifie écouter les critiques, y découvrir sa valeur, et penser à ce que je peux faire pour voir cette situation correctement et comprendre que 99,9 % du temps, quand nous critiquons les autres, nous n'allons pas parvenir à rejoindre leur justesse d'esprit. Nous allons heurter leur ego et l'ego répliquera de la même manière que les ego l'ont toujours fait — en se défendant et en attaquant. Donc, cette attaque ne fonctionne jamais et la sécurité repose dans la non-défense.

Laissez-le être ce qu'il est

Je cite souvent ce passage lors de mes conférences : « Laisse-le être ce qu'il est, et ne cherche pas à faire de l'amour un ennemi » (T-19.IV.D.i.13:8). Pour nous, laisser les autres être ce qu'ils sont est une des choses les plus difficiles à faire. Penser que l'on peut corriger les autres signifie que nous pensons savoir « comment » les corriger.

> *Si tu attaques l'erreur en autrui, c'est toi-même que tu blesseras. Tu ne peux pas connaître ton frère quand tu l'attaques. C'est toujours un étranger qui est attaqué.*
>
> T-3.III.7:1-3

Combien de fois dois-je être giflé par la réalité avant de la voir ? Cet apparent « chenpa » *qui n'existe pas* peut conduire l'esprit vers un puits de droiture. La colère est une réponse intéressante, quoique peu subtile. Lorsqu'il y a de la fumée, il y a du feu, et même une irritation est un voile sur une fureur (E-21.1:4). Si je suis en mode attaque, ou en mode plainte, voire en mode légèrement « irrité », je m'aveugle moi-même ; et je n'ai pas encore appris ma leçon. Nous déployons beaucoup de vigilance pour protéger notre ego ; nous en déployons beaucoup moins pour protéger la justesse de notre esprit.

Tu peux être aussi vigilant contre les diktats de l'ego que pour eux.

T-4.IV.4:2

Dans l'évangile de Jean, il y a l'histoire de la femme surprise en délit d'adultère. Selon la loi de Moïse, la femme devait être lapidée. Ils l'amenèrent à Jésus et lui demandèrent ce qu'ils devaient faire et Jésus dit :

– Que celui d'entre vous qui n'a jamais péché lui jette la première pierre.

Lorsqu'ils entendirent ces mots, ils laissèrent tomber leur pierre l'un après l'autre, les plus âgés d'abord. Jésus resta seul avec la femme, qui se tenait encore devant lui et lui dit :

– Eh bien, où sont-ils ? Personne ne t'a condamnée ?

– Personne, Maître, répondit-elle.

– Je ne te condamne pas non plus, dit Jésus. Tu peux t'en aller, mais désormais ne pèche plus.

En d'autres mots :

– Va et ne répète plus la même erreur.

C'est le plus âgé qui laissa tomber sa pierre en premier. Plus nous avons vécu, plus nous savons que nous n'avons pas été capables de passer dans ce monde sans faire d'erreur.

Chaque fois que tu consens à ressentir de la douleur, à être privé de quelque chose, à être traité injustement ou à avoir besoin de quoi que ce soit, tu ne fais qu'accuser ton frère d'attaque contre le Fils de Dieu.

T-27.1.3:1

L'ego parle toujours en premier (T-5.VI.3:5). La leçon 6 tirée du livre d'exercices se lit ainsi : « Je ne suis jamais contrarié pour la raison à laquelle je pense. » Par conséquent, que mon frère ait « tort » ou ait « raison » je dois me demander : « Pourquoi suis-je contrarié ? » Voici une réelle occasion de réflexion. Y a-t-il une « lueur de vérité » dans la leçon que mon frère m'apprendrait ?

Tu ne peux pas être trahi, persécuté ou crucifié

Pendant des années, tu as probablement réagi comme si tu étais crucifié. C'est une tendance marquée chez les séparés, qui refusent toujours de considérer ce qu'ils se sont fait à eux-mêmes.

T-6.I.3:1-2

Le message de la crucifixion laisse entendre qu'il n'est pas nécessaire de percevoir toute attaque qui soit – même la plus méchante – comme une persécution. Qui je suis en vérité (l'Esprit) ne peut être persécuté. L'Esprit ne peut être détruit (T-6.IV.4:1-7). Si je me comporte comme un persécuté, j'accable mes frères de culpabilité. Si j'emprisonne mes frères, je m'emprisonne moi-même. Une des choses les plus insensées que quelqu'un puisse dire est : « Regarde ce que tu m'as fait faire, là. » Personne n'est responsable de la manière que nous nous comportons ou comment nous nous sentons. En vivant le Cours, je remarque que je suis la *cause* de tout ce que je pense et ressens. Jésus a été flagellé, battu et placé sur une croix pour mourir et il n'a jamais condamné ses accusateurs. Il n'a jamais projeté.

Le Christ vous a laissé un exemple afin que vous suiviez ses traces : Lui qui n'a pas commis de péché et dans la bouche duquel il ne s'est pas trouvé de tromperie ; lui qui, insulté, ne rendait pas l'insulte, dans sa souffrance, ne menaçait pas, mais s'en remettait au juste Juge.

1 Pierre 2,21

Si quelqu'un agit par ignorance, il ne sait pas qui il est ou ce qu'il fait. Comme le disait mon vieux professeur de psychologie transpersonnelle le Dr Thomas Hora, « L'ignorance n'est pas une personne. »

Je n'aurais pas pu dire : « C'est par un baiser que tu trahis le Fils de l'homme ? », à moins de croire en la trahison. Tout le message de la crucifixion était simplement que je n'y croyais pas. La « punition » que je suis censé avoir appelée sur Judas est une erreur du même genre. Judas était mon frère ainsi qu'un Fils de Dieu, qui faisait partie de la Filialité autant que moi. Était-il vraisemblable que je le condamne alors que j'étais prêt à démontrer que la condamnation est impossible ?

T-6.I.15:5-9

Jésus est accroché sur une croix — il saigne et agonise, la foule se moque de lui, et malgré tout, il ne se voit pas comme un persécuté. Tout ce que nous devons faire, c'est suivre son exemple dans des circonstances moins extrêmes. On nous demande d'enseigner seulement l'amour en toutes circonstances, même quand le monde, c'est-à-dire les autres, semble nous attaquer. Si mon frère est mû par la peur, cela ne signifie pas que je doive agir de la même manière. Tout comme un parent observant un enfant qui se comporte mal et qui voit au-delà du comportement l'innocence intérieure, ainsi Dieu regarde au-delà de notre fausse interprétation – sachant la vérité de notre Être. Dieu nous a créés parfaits. Nous pouvons peut-être faire un rêve imparfait, mais ce n'est qu'un rêve.

Nous ne pouvons pas être blessés, et nous ne voulons rien montrer à nos frères et à nos sœurs, sauf notre entièreté (T-5.IV.4:4). Dans le film *La Dernière marche,* sœur Préjean, la nonne interprétée par Susan Sarandon, n'a pas nié ce que le criminel, interprété par Sean Penn, avait fait. Elle l'a aimé et a regardé au-delà de ses fautes la vérité qui se trouve à l'intérieur. Tel nous enseignons, tel nous apprenons ; et si nous réagissons comme si nous avions été persécutés, ainsi enseignons-nous la persécution. On ne peut pas enseigner la persécution et trouver la paix intérieure. Ce que nous devons enseigner est notre parfaite immunité. Nous ne pouvons pas être assaillis davantage que ne l'a été Jésus. Il est un exemple extrême. Ne pouvons-nous pas être aussi tolérants pour des exemples nettement moins extrêmes ?

> *Ce n'est pas le danger qui vient quand les défenses sont déposées. C'est la sécurité. C'est la paix. C'est la joie. Et c'est Dieu.*
>
> M-4.VI.1:11-15

Les deux loups

Il y a une merveilleuse histoire shenpa tirée de la tradition amérindienne cherokee. Un vieux grand-père dit à son petit-fils qui est en colère contre un ami :

– Moi aussi, j'ai déjà éprouvé une grande haine envers ceux qui ont tant pris sans se préoccuper de ce qu'ils font.

Mais la haine finit par t'user et ne blesse pas ton ennemi. C'est comme si tu ingurgitais du poison tout en espérant que ton ennemi meure. C'est comme s'il y avait deux loups à l'intérieur de moi. Un est doux et compréhensif et ne fait aucun mal. Il vit en harmonie avec tout ce qui l'entoure et ne se sent pas offensé. L'autre loup est vindicatif et plein de colère. La moindre chose va le mettre en colère. Il se bat avec tout le monde et sans raison. Il ne peut pas penser parce que sa colère et sa haine sont trop grandes. Parfois, il est dur de vivre avec ces deux loups qui sont à l'intérieur de moi. Les deux tentent de dominer mon esprit.

Le garçon regarda son grand-père dans les yeux et lui demanda :

– Lequel gagne, grand-père ?

– Le gagnant sera celui que je nourris, lui répondit son grand-père en souriant.

Je désapprouve vraiment les duels. Si un homme me mettait au défi, je le prendrais par la main gentiment et avec indulgence pour l'amener à un endroit tranquille et le tuerais.

MARK TWAIN, AUTEUR AMÉRICAIN (1835-1910)

Prenez gentiment tous les yenta et shenpa par la main et emmenez-les dans un endroit tranquille ; et là, confiez-les au Saint-Esprit pour les éliminer. Retirez-vous et soyez sûr que Dieu fait sa part. Si l'Esprit veut que vous connaissiez les résultats du miracle, il vous les montrera. Autrement, ayez confiance et avancez. L'expérience nous aide à reconnaître une erreur lorsque nous la répétons. Quand un shenpa arrive, n'oubliez pas : c'est un test ; ce n'est qu'un test. Demandez à l'Esprit de corriger votre désir de le refaire, puis retournez-vous, éloignez-vous et revenez un autre jour quand l'amour gouverne l'esprit. Si je suis sur la défensive, si je vois poindre des pensées d'attaque, je sais que quelque chose ne tourne pas rond avec ma façon de penser. En effet, nos frères et sœurs sont parfois blessants. La question est, comment dois-je « voir » ce qui a été fait ? Est-ce que je vois que cela était blessant ? Mon ego est-il branché ou est-ce que je vois cela comme un appel à l'aide et porte cela à un niveau supérieur ? Est-ce que je riposte ? Ou, puis-je me rasseoir ? Nous ne devons pas permettre l'abus. Ni répondre par l'abus. Ceux qui nous mettent à l'épreuve sont nos meilleurs enseignants et amis.

Soyez reconnaissant à ceux qui, pour quelque raison que ce soit, vous font retourner à la solitude de Dieu. Méfiez-vous des autres, qui vous procurent de délicieux réconforts qui vous éloignent de la prière. Les amis sont parfois des ennemis et les ennemis, des amis.

JALALUDDI RUMI, MYSTIQUE SOUFI (1207-1273)

Lorsque nous perdons la maîtrise d'une situation, c'est le temps de la remettre entre les mains de Dieu. Ce n'est pas le monde qui a besoin d'être corrigé ; c'est la perception que j'en ai qui doit l'être. Observons-le avec les yeux de l'innocence plutôt que de le juger – ainsi nous ne jugeons pas. Dès que nous voyons comment l'ego établit son jeu, nous comprenons que nous n'avons pas à jouer. J'ai seulement besoin de demander au Saint-Esprit de corriger ma perception.

Il y a une façon de trouver la certitude ici et maintenant. Refuse de faire partie des rêves apeurants, quelque forme qu'ils prennent, car tu perdras ton identité en eux.

T-28.IV.2:1-2

Refuser de faire partie des rêves apeurants

C'est simple. Si nous enseignons à quiconque qu'il peut nous blesser, nous nous enseignons que ce qui n'est pas de Dieu possède un pouvoir sur nous. Nous n'attaquerions jamais quelqu'un à moins de croire qu'il nous a enlevé, d'une certaine façon, la paix de Dieu. Si les autres ont le pouvoir de nous enlever la paix de Dieu, c'est que nous leur avons donné ce pouvoir.

> *Ainsi le souvenir de Dieu est-il obscurci dans les esprits qui sont devenus le champ de bataille des illusions. Or, bien au-delà de cette guerre insensée, il brille, prêt à revenir en ta mémoire quand tu te ranges avec la paix.*
>
> T-23.1.12:8-9

Chapitre 16

De l'égoïsme à la plénitude du Soi

Je ne suis personne. Qui es-tu ?

Être centré sur soi est de l'ego, mais être plein de Soi est du pur esprit parce que c'est ainsi que Dieu l'a créé.

T-7.IX.1:4

Prépare-toi maintenant à ce que soit défait ce qui n'a jamais été.

T-18.V.1:1

Résumons brièvement. Nous pensons que nous sommes séparés, détachés, seuls ; capables de construire notre propre monde et de penser nos propres pensées à l'extérieur de l'Esprit de Dieu. Nos esprits sont séparés de Dieu et tandis qu'il y a une partie de nous qui se souvient de notre Maison (le Ciel), ce n'est pas notre mode de vie quotidien dans ce monde. En effet, dans notre rêve du monde, nous avons oublié que nous possédons un esprit qui peut nous ramener à l'Unité — un état que nous n'avons jamais quitté. Nous rêvons que nous sommes un ego emprisonné dans un corps dans l'espace/temps et qui fait de nous des êtres particuliers.

L'autodidacte

La particularité est l'idée du péché rendue réelle (T-24.II.3:1). C'est une fausse impression que nous avons à propos de nous-mêmes et une absence de foi en tout le monde sauf en nous-même (T-24.VI.1:1). C'est une forme d'auto-création, une fonction que je m'accorde. C'est penser que je suis en quelque sorte exclusif, unique, meilleur ou pire que les autres. La particularité est le concept du Soi, plus chéri que la vérité. La particularité est le grand dictateur des décisions fausses (T-24.I.5:1). C'est la perte de la paix. Plus je défends ma particularité, moins il est probable que je puisse entendre la Voix de Dieu.

> *Tu n'es pas particulier. Si tu penses l'être, et voulais défendre ta particularité contre la vérité de ce que tu es réellement, comment peux-tu connaître la vérité ?*
>
> T-24.II.4:1-2

Nous percevoir comme un être particulier, c'est nous considérer comme « meilleur que, ou pire que » les autres. Les deux cas font appel à un jugement. Nous faisons de nous un être particulier ou nous rendons quelqu'un d'autre particulier. Nous sommes tous des membres égaux d'une famille qui recherchent la différence ; faire de nous-mêmes des êtres *meilleurs que* ou *pire que* est une forme de séparation.

Particularité = Péché = Séparation = Souffrance
Souffrance = Particularité = Péché = Séparation
Séparation = Souffrance = Particularité = Péché
Péché = Séparation = Souffrance = Particularité

Manières d'être particuliers

N'oubliez pas que n'importe quelle forme de particularité doit être défendue, et le sera.

PSYCHOTHÉRAPIE 3.II.10:1

Il y a une myriade de manières où la particularité est manifeste. On peut l'observer le plus indiscutablement dans la recherche de statut et de prestige dans le monde, à notre travail, dans notre communauté, au sein de notre famille, etc. Explorons quatre des manières les plus manifestes où la particularité peut masquer la vérité.

Tu as l'esprit plein de combines pour sauver la face de ton ego, et tu ne cherches pas la face du Christ. C'est certes un sombre miroir dans lequel l'ego cherche à voir sa propre face. Comment peut-il maintenir le truc de son existence autrement que par des miroirs ? Mais c'est à toi de décider où tu regardes pour te trouver.

T-4.IV.1:5-8

1. L'égotisme : Nous sommes particuliers parce que nous avons du succès

Il y a une histoire à propos de quatre étudiants zen qui décident d'entreprendre ensemble une semaine de méditation silencieuse. Ils s'assoient, environ deux heures passent et l'un d'eux dit :

– Je me demande si j'ai fermé le feu de la cuisinière.

– Eh ! Imbécile, réplique le deuxième, tu viens de parler, et nous avons convenu de garder le silence.

– Non, mais à quoi pensez-vous, ajoute le troisième, vous êtes deux maintenant à avoir parlé.

– Je suis le seul qui n'a pas parlé, conclut le quatrième.

[...] aucune de tes actions, rien de ce que tu penses, souhaites ou fais n'est nécessaire pour établir ta valeur [...]. Ton ego n'est jamais en jeu parce que Dieu ne l'a pas créé. Ton pur esprit n'est jamais en jeu parce qu'Il l'a créé.

T-4.I.7:6 ET 9

Tout le monde est conscient de cette distorsion particulière. Nous pensons être particuliers parce que nous gagnons beaucoup d'argent ; nous conduisons une voiture de luxe ; nous sommes séduisants, beaux et jeunes ; nous indiquons notre diplôme à la suite de notre nom ; nous sommes des VIP. Il n'y a rien de mal à posséder beaucoup d'argent, à être beau et à se sentir en pleine forme, etc. Aucun de ces aspects cependant ne peut rendre quelqu'un particulier ; et aucun d'eux ne garantit la paix d'esprit. Ce sont des raisons extérieures où l'on recherche le salut, chez d'autres personnes, dans des possessions, dans des situations et des événements spéciaux et dans le concept du Soi que nous cherchons à rendre réel.

Ne va pas te tromper jusqu'à croire que tu peux, avec quoi que ce soit d'extérieur, avoir une relation paisible avec Dieu ou avec tes frères.

T-1.VII.1:7

Même si je ne l'ai jamais rencontré, j'ai séjourné dans la maison d'un homme qui fut, à un moment donné, le meilleur joueur des ligues majeures de baseball. Sa mère, qui m'accueillait, m'a confié qu'il était très malheureux parce que, cette année-là, il ne faisait pas partie d'une équipe gagnante. Comme le dit si clairement mon ami le Dr Scott Olsen : « Nous devons être prêts à nous défaire de toutes les notions fallacieuses du Soi. Nous devons être prêts à nous débarrasser de toutes ces images créées par le Soi. » Le Cours nous encourage à nous dire :

Mon salut ne peut venir d'aucune de ces choses. Mon salut vient de moi et seulement de moi.

E-70.5:7-8

Le Moi, dans les phrases précitées, peut être compris comme le Moi en tant que Fils de Dieu — le Soi reconnecté avec le tout. Dans la leçon 84, nous lisons l'affirmation : « Je n'adorerai pas d'idoles et je n'élèverai pas mon propre concept de soi pour remplacer mon Soi. »

Habituellement, les gens découvrent que la vie d'une célébrité est onéreuse et accablante une fois que la nouveauté s'est évaporée.

Dr David Hawkins, psychiatre américain (1927–)

Plus notre position est élevée dans le monde, plus il peut être difficile de connaître la vérité, et donc d'être libre. Les gens célèbres (Marilyn Monroe, Elvis Presley, la princesse Diana, Anna Nicole Smith et Michael Jackson) ont tous vécu une période difficile dans le monde qui s'est avérée pour eux de plus en plus mensongère. On disait de Marilyn Monroe qu'elle avait atteint le statut de « mythe. » Mythe signifie « non réel. » Deux mois avant sa mort, elle a accordé une entrevue qui a été enregistrée pour le magazine *Life* intitulé *Marilyn on Marilyn.* Elle a exprimé avec beaucoup de franchise ses sentiments quant à l'image qu'Hollywood lui avait fabriquée. Elle considérait cette image comme une silhouette de carton, un personnage de bande dessinée. Elle a affirmé très clairement que tout cela n'était que fantaisie. Hollywood avait créé une image de déesse sexuelle, et cette image ne la représentait pas. Comme elle l'a exprimé : « Je ne suis pas une déesse sexuelle. Je suis une personne. » Puis elle a ajouté, de manière assez saisissante, se référant à Hollywood : « Et je les ai laissé faire. » Ce n'était pourtant pas ce qu'elle était. Elle était, dit-elle tout en pleurant : « Seulement Norma Jean », mais Norma Jean a été perdue et était devenue Marilyn Monroe.

2. Nous sommes particuliers de par nos opinions

Nul ne peut juger sur une preuve partielle.
Cela n'est pas un jugement. Ce n'est qu'une opinion basée sur l'ignorance et le doute. Son apparente certitude ne fait que masquer l'incertitude qu'elle voudrait dissimuler.

E-151.1:1-4

Rien n'est plus favorable à la tranquillité d'esprit
que de ne pas avoir d'opinion.

George Christoph Lichtenberg, scientifique allemand (1742-1799)

Peut-être nous considérons-nous comme particuliers à cause de nos opinions ou de nos attitudes « supérieures ». Connaissez-vous la différence entre une corneille et un corbeau ? Les corneilles possèdent quatre longues plumes qui se détachent de leurs ailes. Les plumes sont appelées *pignons.* Les corbeaux en possèdent cinq plutôt que quatre, la différence n'est donc que d'un pignon. Nos opinions ne sont que des opinions, et par conséquent, des formes de séparation. Comme l'a dit François-René de Chateaubriand (1768-1848), un des fondateurs du romantisme de la littérature française : « Vous n'êtes pas supérieurs seulement parce que vous voyez le monde sous un éclairage odieux. »

L'amour ne fait pas de comparaisons (E-195.4:2). La comparaison est un stratagème de l'ego. Une « différence » peut-elle faire une différence ? Importe-t-il d'être républicain ou démocrate ? Importe-t-il de savoir quelle Église nous fréquentons ? Cela a-t-il à voir avec le Ciel ?

L'éminent maître zen Kai-Chu était à la tête de la Tofuki, une cathédrale de Kyoto. Un jour, le gouverneur de Kyoto lui téléphona. Son assistant lui remit la carte du gouverneur, sur laquelle était inscrit : Kitagaki, gouverneur de Kyoto.

— Je n'entretiens aucune relation avec ce type, dit Kai-Chu à son assistant. Dis-lui de partir.

L'assistant rapporta la carte tout en s'excusant.

— C'était mon erreur, dit le gouverneur, rayant au crayon les mots « gouverneur de Kyoto ». Présentez-la à votre maître encore une fois.

— Oh, est-ce Kitagaki ? s'exclama le maître quand il vit la carte. Je veux rencontrer ce type.

Au paradis, il n'y a aucun médecin, aucun capitaine, aucun révérend et aucun gouverneur. Il n'y a aussi aucun méthodiste, aucun bouddhiste, aucun baptiste, aucun hindou, aucun musulman et aucun juif. Il n'y a aucune idéologie, aucune philosophie, aucun système de croyance. Tout cela est de la pure fabrication.

3. État de victime

Nous pouvons aussi nous percevoir comme particuliers à cause de notre triste état de « victime. » « Pauvre malheureux que je suis. Regardez ce qui m'est arrivé. » Le Cours révèle un mensonge qui se cache à l'intérieur. En fait, nous aimons être crucifiés. Nous pouvons tous penser à des gens qui systématiquement éprouvent des problèmes avec le monde — y compris nous-mêmes. Plus nous traînons de culpabilité, plus nous avons l'impression d'être punis par des événements extérieurs. La souffrance est l'accent qui est mis sur ce que le monde a fait pour nous faire mal. Tant que nous sommes victimes de quelque chose d'extérieur à nous, il nous est impossible de voir. Par surcroît, nous rendons particuliers les gens que nous croyons qu'ils nous persécutent. Nous percevoir comme persécutés est un moyen commode de ne rien voir. Si je me sens persécuté, alors je dis que quelqu'un d'autre est responsable de ce que je ressens. Ça doit être toi. Je pointe du doigt et dis : « Je suis une bonne personne. Tu n'en es pas une. »

Mes frères et les tiens sont constamment occupés à justifier l'injustifiable.

T-6.I.11:4

Le club des « jérémiades » du mois

Un disque-jockey de la radio a demandé au chanteur de country western Hank Williams quelle était la raison de son succès, et Hank a répondu : « Les gens aiment bien se sentir mal. » Quand je cite cette boutade lors de conférences publiques, les gens éclatent de rire à tout coup. Nous rions parce que c'est vrai. George Bernard Shaw a déjà dit : « Lorsque quelque chose est drôle, nous devrions y rechercher attentivement la vérité sous-jacente. » Sigmund Freud a écrit un livre entier sur les blagues, saisissant le pouvoir du contenu inconscient et la vérité qui souvent se terre derrière une blague. Histoire de s'amuser, voici quelques titres tirés de quelques chansons western, chacune évocatrice de l'insanité de l'ego.

My Wife Ran Off With My Best Friend And I Sure Do Miss Him (Ma femme s'est enfuie avec mon meilleur ami et il me manque beaucoup)
I'm So Miserable Without You, It's Almost Like You Were Here (Je me sens si mal sans toi, c'est presque comme si tu étais ici avec moi)
I Liked You Better Before I Knew You So Well (Je t'aimais plus avant de si bien te connaître)
How Can I Miss You, If You Won't Go Away ? (Comment puis-je m'ennuyer de toi, si tu ne t'en vas pas ?)
I Keep Forgettin' I Forgot About You (Je n'arrête pas d'oublier que je t'ai oubliée)
If You Don't Leave Me Alone, I'll Go Find Someone Who Will (Si tu ne me laisses pas tranquille, j'irai trouver quelqu'un qui le fera)

L'ego *semble apprécier* être maltraité, abandonné et trahi, car cela prouve que nous sommes les *innocentes victimes* de ce que d'autres personnes (le monde) nous ont fait. Nous pensons tous que nous souffrons davantage que les autres, ce qui nous aide à justifier nos projections sur eux. Un des aspects du Cours qui est le plus consternant est la conscience qu'au niveau de l'ego nous voulons souffrir. Nous aimons vraiment nous complaire dans la douleur la plus exquise et la plus merveilleuse, cela prouve que nous sommes séparés et isolés du tout. Nous aimons être dans des relations malsaines. Nous aimons parler aux gens de nos problèmes. Nous aimons parler de nos douleurs et de nos maux, car cela fait de nous des êtres particuliers et nous donne le « droit » de nous plaindre. Quand l'ordinateur ne fonctionne pas, quand le médecin ou le plombier me disent que la situation est pire que ce qu'ils pensaient — que devrais-je faire ? Dois-je me considérer comme une victime ou puis-je m'élever au-dessus de cela ? Si je pense que je suis une victime, je peux m'arrêter et me demander : « Pourquoi ? » Me poser cette question provoque un intervalle dans mes pensées et me fournit un « moment pour choisir » — un moment où il est possible d'être suffisamment débarrassé des pensées et des expériences afin de choisir l'amour (le Saint-Esprit) au lieu de la peur (l'ego). Les mots *prends garde* ne sont utilisés qu'une seule fois durant le Cours et on les retrouve dans la phrase suivante :

> *Prends garde à la tentation de te percevoir injustement traité.*
>
> T-26.X.4.1

Le souhait d'être injustement traité est une tentative de compromis qui voudrait combiner l'attaque et l'innocence (T-27.I.1:1-2). Le secret du salut, selon le Cours, réside dans la reconnaissance que quoi qu'il arrive « tu te fais cela à toi-même » (T-27.VIII.10:1). Le « tu » qui a pris cette décision est l'esprit de décision. C'est pourquoi changer l'esprit change tout. La réponse à la victimisation est l'acceptation de la responsabilité. En acceptant la responsabilité, nous ne pouvons pas projeter ; nous ne pouvons pas blâmer quelqu'un d'autre ou les circonstances. Blâmer ne fait qu'aggraver notre sentiment de culpabilité. Si je comprends vraiment la leçon 31 du Cours « Je ne suis pas la victime du monde que je vois », je fais un pas de géant dans la compréhension du Cours entier. Peu importe où nous sommes, peu importe ce qui se passe, nous sommes responsables de notre présence ici — dans cet endroit merveilleux — à ce moment merveilleux.

C'est la seule chose que tu aies besoin de faire pour que la vision, le bonheur, la délivrance de la douleur et l'évasion complète hors du péché te soient tous donnés. Ne dis que ceci, mais en le pensant vraiment et sans réserve, car là réside le pouvoir du salut :

« Je suis responsable de ce que je vois. Je choisis les sentiments que j'éprouve, et je décide quel but je voudrais atteindre. Et tout ce qui semble m'arriver, je le demande, et je reçois comme j'ai demandé. »

Ne t'y trompe plus, tu n'es pas impuissant devant ce qui t'est fait. Reconnais seulement que tu as fait erreur et tous les effets de tes erreurs disparaîtront.

T-21.II.2:1-7 (GRAS AJOUTÉ)

Nous devons bien comprendre que tout en n'étant pas responsables de ce que font les autres, nous sommes responsables de *notre manière d'interpréter* ce qu'ils font. Nous pouvons décider d'être des victimes ou d'être libres.

4. Nous sommes particuliers parce que nous sommes des êtres spirituels

Un des moyens des plus subtils d'être particuliers est de penser que nous sommes meilleurs que les autres parce que nous sommes religieux – que d'une certaine manière, Dieu nous regarde d'une façon unique. Ainsi, Il nous trouve une place de stationnement, nous dit comment investir sagement, et nous donne des forces que d'autres n'ont pas.

Quatre dames catholiques prennent le thé ensemble. Une d'entre elles avale une gorgée de thé et dit :

– Mon fils est prêtre, et chaque fois qu'il entre dans une pièce, toutes les dames disent : « Bonsoir, mon Père. »

La seconde dame prend une gorgée de thé et dit :

– Mon fils est évêque, et quand il entre dans une pièce, toutes les dames disent : « Bonsoir, Votre Grâce. »

Génial ! La troisième dame prend une gorgée de thé et dit :

– Mon fils est cardinal. Quand il entre dans une pièce, toutes les dames disent : « Bonsoir, Votre Éminence. »

La quatrième dame prend une gorgée de thé et dit :

– Mon fils mesure 1,88 m, il est strip-teaseur et bien musclé. Quand il entre dans une pièce, toutes les dames disent : « Oh, mon Dieu ! »

Selon le *Tao Te Ching*, si nous pensons que parce que nous connaissons le Tao nous sommes meilleurs que les autres, c'est que nous ne sommes pas accordés avec le Tao. Penser que notre religion est meilleure qu'une autre est un stratagème catastrophique de l'ego. Les personnes qui transcendent l'orthodoxie et la tradition pensent peut-être qu'elles sont meilleures que celles qui soutiennent les institutions établies. Nous pouvons nous dire : « Je médite. Je suis meilleur que ceux qui ne méditent pas. » Ou : « Je mange sainement. Je suis meilleur que les personnes qui mangent des cochonneries. » Ou, beaucoup plus insidieusement : « Je ne porte aucun jugement, je suis donc meilleur que les personnes qui jugent. »

Le soi que tu as fait ne peut jamais être ton Soi.

E-96.3:3

Je ne suis personne, qui es-tu ?

Alors, qui sommes-nous si nous ne sommes rien de ce qui a été précédemment mentionné ? Un pasteur âgé entre dans la chapelle de son église, s'agenouille devant l'autel, et dit : « Seigneur, je ne suis personne, je ne suis tellement personne. » L'assistant du pasteur qui passait par là, apercevant le pasteur âgé, entre dans la chapelle, s'agenouille à côté de lui et dit également : « Seigneur, je ne suis personne moi aussi, je ne suis tellement personne ! » Le gardien qui passait par là, voyant les deux pasteurs agenouillés, entre et s'agenouille lui aussi. Lui aussi dit : « Seigneur je ne suis personne, je ne suis tellement personne ! » L'assistant du pasteur ouvre les yeux, voit le gardien à côté de lui, entendant ce qu'il dit, pousse le coude du pasteur aîné et lui dit : « Regarde celui qui pense qu'il n'est personne ! »

De toi-même, tu ne peux rien faire, parce que de toi-même, tu n'« es » rien.

T-8.IV.7:3

Les mystiques parlent d'atteindre la vacuité, un vacuum d'un calme profond. Nous pouvons penser au vide comme à une interruption de l'ego et à l'absence du Soi. C'est un lieu paisible où rien ne doit arriver – où Être ne peut qu'être. Les mystiques se décrivent comme des êtres qui ne sont pas particuliers. Être une personne qui n'est pas particulière signifie également se souvenir de la vérité d'Être ; le Cours dit que c'est « un état dans lequel l'esprit est en communication avec tout ce qui est réel » (T-4.VII.4:4).

Je ne suis personne ! Qui es-tu ?
Tu n'es personne aussi ?
Alors, nous sommes deux, tais-toi !
Ils nous chasseraient, tu sais.
C'est terrible, d'être quelqu'un !
Public, comme une grenouille,
Qui crie son nom toute la journée
À travers les marais !

EMILY DICKINSON, POÈTE ET MYSTIQUE AMÉRICAINE (1830-1886)

Quand Harrison Blake a demandé à son ami Henry David Thoreau s'il s'était ennuyé de la société lors de son aventure à Walden Pond, Thoreau a répondu : « Non, je ne suis rien. » Thoreau avait entrepris cette retraite à Walden Pond afin de se retrouver, c'est-à-dire, pour découvrir son Dieu intérieur. Il ne pouvait pas comprendre, dit-il, « toute cette agitation incessante à Concord. » C'est ce qu'il a écrit en 1845. À quel point le monde d'aujourd'hui est-il plus affairé et « apparemment » plus important ? Quand nous cessons d'imaginer le monde, nous pouvons voir les choses et les apprécier dans leur immédiateté. Il n'y a alors aucun besoin de changer ce moment. Le mystique n'est pas un projecteur, et ne veut pas l'être. Comme l'a exprimé l'auteur anglais Aldous Huxley (1894-1963) : « Notre tâche n'est pas de penser. Notre tâche est d'« être pensé ».

Pourquoi êtes-vous malheureux ? Parce que 99,9 %
de tout ce que vous pensez, et de tout ce que vous faites, est
pour vous-même. Et il n'existe pas.
WEI WU WEI, PHILOSOPHE TAOÏSTE ANGLAIS (1895-1986)

Lors de mes conférences, je partage chaque fois cette citation de Wei Wu Wei. Les gens rient nerveusement. Nous rions parce que nous savons que c'est vrai.

Lors d'un débat public, un homme a dit à la mystique Jean Klein (1916-1998, Autriche) :

— Chaque fois que je viens vous écouter, je remarque que vous semblez très à l'aise et très détendue. Vous irradiez une chaleur calme et aimante. Vous avez l'air heureux. Pour ma part, je suis toujours insatisfait, souvent stressé. Il y a des moments où je suis très malheureux. Quelle différence existe-t-il entre nous ?

— Vous pensez que vous êtes quelqu'un et je sais que je ne le suis pas, répondit Jean.

Laisser tomber l'histoire personnelle

En laissant tomber notre histoire personnelle, nous gagnons la conscience « dans le maintenant. » « Si nous effacions l'histoire personnelle, dit Don Juan, dans les livres de Carlos Castaneda, nous serions libérés des pensées importunes des autres. » Don Juan a souligné à son étudiant, Carlos, que lui, Carlos, devait renouveler son histoire personnelle quotidiennement en racontant à sa famille et à ses amis tout ce qu'il avait fait. Si nous n'avons pas d'histoire personnelle, aucune explication n'est nécessaire. Autrement dit, si vous n'avez pas d'histoire, vous n'avez pas à vous y ajuster. « Un jour, dit Don Juan, j'ai découvert que je n'avais pas besoin d'une histoire personnelle ; donc, tout comme boire, j'ai arrêté d'essayer de m'y adapter. »

Don Juan a dit qu'il savait maintes choses parce que :

1. il n'avait pas d'histoire personnelle ;
2. il ne se sent pas plus important que qui que ce soit d'autre ;
3. sa mort est assise juste là à ses côtés.

Si nous nous percevons comme des êtres particuliers, nous pouvons aussi penser que nos problèmes sont plus importants que ceux des autres. En effet, ce sont nos problèmes individuels qui établissent notre individualité dans le monde. En perdant le sens de notre propre importance, nous constatons que tout le monde rencontre le même problème — l'expérience de se sentir séparé de Dieu. En décrivant ses expériences mystiques, l'enseignant spirituel A. H. Almaas (1944-) dit : « J'apprends beaucoup sur ce que je suis vraiment lorsque je ne suis pas piégé dans les détails de ma vie ou de mon histoire personnelle. Je deviens alors le témoin immuable d'arrière-plan. » Ou, comme le dit le professeur spirituel Gangaji (1942-, États-Unis) : « Je ne suis pas contraint par mon histoire. »

C'est à la construction d'un concept de soi que sert l'apprentissage du monde. Tel est son but : que tu viennes sans un soi, et que tu en fasses un au fur et à mesure. Et au moment où tu atteins la « maturité », tu l'as perfectionné, pour traiter le monde d'égal à égal, en accord avec ses exigences. Le concept de soi est fait par toi. Il n'a pas du tout de ressemblance avec toi. C'est une idole faite pour prendre la place de ta réalité en tant que Fils de Dieu.

T-31.V.1:5-7 ET 2:1-2

Nos corps traversent différents terrains biologiques, temporels, géographiques, et sont imprégnés de contextes sociaux variés ; par conséquent, la forme diffère, mais la forme n'est que l'enveloppe. Sur le plan du contenu, nous sommes tous les mêmes. Pour l'ego, si la forme paraît bonne, c'est tout ce qui compte. La forme est totalement non pertinente pour l'esprit et seul l'amour est réel. Moins nous pensons que nous sommes particuliers, mieux s'en porte la santé d'esprit. En accédant à la santé d'esprit, nous découvrons que ce qui arrive à notre soi, nos espoirs et nos rêves, nos blessures et nos douleurs, n'est pas une question de vie ou de mort. Au-delà de l'égoïsme, le soi est amour. Il est informe, en dehors de l'espace, intemporel, infini et vide.

Maître Eckhart (1269-1326) se servait des mots *désert* et *aride* pour décrire son expérience de l'illumination. La mystique espagnole sainte Thérèse d'Avila (1515-1582) parlait de la *nature sauvage tranquille* ou du *désert solitaire* de la Déité. C'est pourtant la vraie contrée de l'âme, un espace libéré du désir, là où l'ego ne peut régner. Même si la réalité ultime constitue la vraie nature de toute chose, en soi, elle n'est rien. Être rien permet de découvrir la paix, l'expansion et d'être libéré des limitations. Rien est plein, entier, infini. C'est tout, et c'est partout. C'est omniprésent.

Le soi que tu as fait n'est pas le Fils de Dieu. Par conséquent, ce soi n'existe pas du tout. Et tout ce qu'il semble faire et penser ne signifie rien. Il n'est ni bon ni mauvais. Il est irréel, et rien de plus que cela.

E-93.5:1-5

Si nous réussissons à nous libérer de la prison de l'individualité, que fait-on ensuite ? S'ensuit dans le temps une seconde et encore une seconde ; et, que trouvons-nous dans cette seconde ? Nous trouvons l'Unité. Nous trouvons l'Âme, le Soi, l'Esprit, non entravés par l'ego. Nous sommes éternité. Nous sommes Amour. Ce Soi est un pur témoin. Il existait bien avant le temps — avant le big-bang et hors du monde de la perception. Il n'est pas né. Il ne meurt pas.

J'ai un ami qui participe à une pratique spirituelle où les gens travaillent en dyades, ou en groupes de deux. Chaque participant s'assoit face à un partenaire, et les partenaires, à tour de rôle, posent des questions du type : « Dis-moi qui tu es ? » Les participants répondent en spécifiant leurs noms et leurs occupations. Ils peuvent parler de leurs familles et du lieu où ils vivent. Lorsqu'il s'arrête de parler, l'autre partenaire demande encore : « Dis-moi qui tu es ? » « Je suis la femme ou le mari d'un tel ou d'une telle », etc. Finalement, les participants se rendent compte qu'aucune des définitions ne convient. Qui ils sont en vérité doit transcender toutes ces définitions.

Bien que le soi que nous avons créé ne représente pas qui nous sommes réellement au-delà, au-dessus et à l'extérieur de toutes les illusions du monde, il y a un Soi que nous sommes en vérité. Ce Soi est un saint enfant à l'image de Dieu, non pas à notre image. Ce Soi détient la clé de la paix intérieure et nous ramène, encore une fois, à la Maison. Notre plus grand bonheur vient de la conscience que nous sommes les enfants de Dieu. Il vient du désir d'accomplir Sa volonté. La leçon 96 du Cours dit que *le salut vient de mon seul Soi*. S'il y a un Soi, il n'y en a pas deux. Il n'y a pas d'esprit divisé. Il y a seulement l'unité.

Je vous demande simplement d'arrêter de vous imaginer que vous êtes né, avez des parents, êtes un corps, mourrez, etc. Ne faites qu'essayer, débutez – ce n'est pas aussi difficile que vous le pensez.

NISARGADATTA MAHARAJA, ENSEIGNANT SPIRITUEL INDIEN (1897-1981)

Quand chaque concept a été mis en doute et en question, et reconnu comme n'étant fondé sur aucune hypothèse qui tiendrait à la lumière, alors la vérité est laissée libre d'entrer en son sanctuaire, propre et libre de culpabilité. Il n'est pas d'énoncé que le monde ait plus peur d'entendre que celui-ci : « Je ne connais pas la chose que je suis, et je ne sais donc pas ce que je fais, où je suis, comment regarder le monde ni comment me regarder moi-même. »

T-31.V.17:5-7

Lorsque nous nous accrochons à notre particularité, notre individualité est ce qui nous sépare. Nous tenons à la culpabilité parce qu'elle confirme notre identité individuelle.

La mort de la particularité n'est pas ta mort, mais ton éveil à la vie éternelle. Tu ne fais qu'émerger d'une illusion de ce que tu es à l'acceptation de toi-même tel que Dieu t'a créé.

T-24.II.14:4-5

Il est plus facile de parler de ce que nous ne sommes pas que de ce que nous sommes. Nous ne sommes pas nos corps, nos fonctions, notre église, notre cité, notre État ou notre nation. Nous ne sommes pas notre race, notre clan ou notre famille. Nous ne sommes même pas nos pensées ou celui qui les pense, nos sentiments ou celui qui les ressent, parce que les pensées et les sentiments qui naissent de l'ego ne sont pas la vérité de notre Être. On tire une grande sagesse en vieillissant dans « l'apprentissage de la mort, » en laissant aller tous ce qui entoure les décorations et les distinctions appréciées par le monde.

L'unité a rejoint l'Unité

[…] car tant que tu penses qu'une partie de toi est séparée, le concept d'une Unité jointe en ne faisant qu'Un est in-signifiant.

T-25.I.7:1

L'ego, « c'est » la séparation, et la séparation, c'est la souffrance. L'Unité, c'est l'état que nous n'avons jamais quitté. C'est sans fin, intemporel et nôtre. C'est notre demeure éternelle. Le Cours dit que la mémoire de Dieu ne brille pas seule (T-24.VII.2:1). Être est absolument singulier, non pas multiple. Il n'y a pas plusieurs Êtres. Il n'y a qu'un Dieu. Au-delà des différences intérieures et extérieures, de l'obscurité et de la lumière, du bien et du mal, il n'y a que l'Unité. Quand il fait froid, l'eau gèle ; quand il fait chaud, la glace se transforme en eau ; quand l'ego règne, l'esprit gèle dans la forme. En se réveillant, l'esprit fond et rejoint le pur esprit.

Si on compare le tout à l'océan et la partie à une goutte d'eau, alors lorsque la goutte se fond dans l'océan, elle voit avec l'œil de l'océan. Rien n'est perdu. Tout est gagné.

Ce fragment de ton esprit en est une si minuscule partie que, si seulement tu pouvais apprécier le tout, tu verrais immédiatement qu'il est comme le plus petit rayon est au soleil, ou comme la plus petite ride à la surface de l'océan. Dans sa stupéfiante arrogance, ce minuscule rayon de soleil a décidé qu'il était le soleil ; cette ride presque imperceptible se proclame océan.

T-18.VIII.3:3-4

Que se passe-t-il lorsque nous aimons ? Nous sommes perdus, mais nous sommes retrouvés (Matthieu 10,39). Perdre l'ego signifie gagner l'éternel. Perdre une illusion, c'est acquérir la réalité. Comment un rêve peut-il être réel ? Comment une illusion ne peut-elle être qu'une illusion ; et, que perdons-nous lorsque nous perdons une illusion ? Selon le physicien autrichien Erwin Schrödinger (1887-1961), le nombre total d'esprits est un. Par définition, la division est incertaine. Elle est en conflit parce qu'elle ne s'accorde pas avec elle-même. L'ego, étant lui-même séparation, considère l'Unité comme quelque chose qui est à l'extérieur de lui-même. Dans l'Unité, toutefois, il n'y a aucune place où Dieu s'arrête et où vous commencez. « Où est Dieu, voilà où tu es. Telle est la vérité » (T-14.VIII.4:4-5).

Tu crois que tu peux abriter des pensées que tu n'aurais pas à partager, et que le salut consiste à garder des pensées pour toi seul. Car dans les pensées privées, qui ne sont connues que de toi, tu penses trouver une façon de garder ce que tu voudrais avoir seul, tout en partageant ce que tu voudrais partager. Et ensuite, tu te demandes comment il se fait que tu ne sois pas pleinement en communication avec ceux qui t'entourent, et avec Dieu Qui vous entoure tous ensemble.

T-15.IV.7:3-5

Une étude sur le bonheur menée par un groupe de psychologues sociaux durant les années 1990 a conclu que rien ne pouvait être dit pour nous rendre heureux. Le bonheur, disent-ils, est subjectif. Néanmoins, l'étude a révélé quelques traits fondamentaux du bonheur. Ce qui procure le bonheur n'a rien à voir avec le monde : le succès, la jeunesse, l'apparence, l'argent, ou tout autre atout enviable. L'élément gagnant était les relations intimes. L'étude spécifiait que des liens soutenus, intimes avec les autres constituaient les composants les plus fondamentaux du bonheur. Ce qui nous rend le plus heureux est l'expérience d'aimer et d'être aimé. L'étude concluait que les personnes les plus malheureuses étaient manifestement celles qui n'avaient pas expérimenté le donner et le recevoir qu'entraîne une relation amoureuse. Nous sommes littéralement un. Nous sommes littéralement d'un Esprit indivisé. La séparation est l'insatisfaction Heureusement, nous n'avons pas à être avec d'autres corps pour expérimenter l'Unité. Ainsi, le Cours nous demande : « Tu penses vraiment que tu es seul à moins qu'un autre corps ne soit avec toi » (E-76.3:4) ? Le Saint-Esprit est toujours avec nous. Quand les esprits sont fusionnés, nous ne sommes jamais seuls. Nous ne pouvons pas être séparés de l'Amour de Dieu.

Observez le vol synchronisé des oiseaux ou un banc de poissons nageant comme s'ils étaient guidés par un esprit.

Chaque oiseau ou poisson accomplit son travail et pourtant ils se déplacent comme s'ils n'étaient qu'un. Quand les membres d'un orchestre symphonique jouent ensemble ou que des danseurs dansent ensemble, il y a une réjouissance inévitable qui vient avec le sens profond de l'Unité jointe en ne faisant qu'Un (T-25.I.7:1).

La vérité est si loin au-delà du temps qu'elle survient tout entière d'un coup. Car de même qu'elle fut créée une, de même son unité ne dépend pas du tout du temps.

T-15.II.1:9

L'omniprésence : Le Tout en Un

On peut penser que l'Unité est l'omniprésence, ou la présence en tout temps et en tous lieux. En écartant la projection, nous expérimentons l'omniprésence et l'omniprésence entraîne la compassion. L'omniprésence, c'est la sérénité. Dans la sérénité, il n'y a aucune division, ni bien ni mal, rien qui séduise et repousse. L'omniprésence, c'est la tranquillité, l'ubiquité, l'illimité, le partout, l'universel et le non-jugement. L'Unité, c'est l'esprit infini. L'Unité est, tout simplement. Tel qu'exprimé dans la leçon 30 du Cours : « Dieu est dans tout ce que je vois parce que Dieu est dans mon esprit. »

L'unité est simplement l'idée que Dieu est. Et dans Son Être, Il embrasse toutes choses. Aucun esprit ne contient autre chose que Lui. Nous disons : « Dieu est », puis nous cessons de parler, car dans cette connaissance les mots sont in-signifiants.

E-169.5:1-4

Cette Unité est infinie, intemporelle et à portée de ta main parce que tes mains sont les Siennes.

T-24.V.9:4

Je suis allé dîner avec un ami. De l'endroit où nous étions assis, nous ne pouvions nous empêcher d'entendre la conversation à la table voisine. Il y avait un homme âgé et sa femme. Ce jour-là, l'homme avait eu une révélation et il voulait la partager avec sa femme. Il a dit :

– Sais-tu ce que j'ai compris aujourd'hui, chérie, nous ne sommes que des personnes ici.

Sa femme, incapable de comprendre le sens de ce qu'il lui disait, lui a demandé s'ils devaient peinturer ou tapisser la salle de bain. Il lui expliqua de nouveau :

– Non, non, chérie, écoute-moi, tu sais, nous ne sommes que des personnes ici.

– Est-ce qu'elle devrait être bleue ou jaune ? lui répondit-elle.

J'ai pris conscience alors qu'il partageait avec moi cette révélation : « Nous sommes juste des personnes ici ! »

Chapitre 17

Par-dessus tout

Renforcer la motivation pour le changement

Tous les bons enseignants se rendent compte que seul un changement fondamental durera, mais ils ne commencent pas à ce niveau. Renforcer la motivation pour le changement est leur but premier. C'est aussi leur but ultime. Tout ce qu'un enseignant a besoin de faire pour garantir un changement, c'est d'accroître chez l'apprenant la motivation pour le changement. ***Un changement de motivation est un changement d'esprit,*** *et il est inévitable que cela produise un changement fondamental parce que l'esprit est fondamental.*

T-6.V.B.2:1-5 (gras ajouté)

Un étudiant hindou alla voir son maître alors que celui-ci se tenait debout dans une rivière et lui dit qu'il voulait être éclairé. Le maître s'approcha de lui, s'empara de l'étudiant par le cou, lui plongea la tête dans l'eau, et la maintint sous l'eau durant environ deux minutes. L'étudiant combattait fermement pour se libérer. Finalement, le maître le sortit de l'eau. Quand l'étudiant réussit à retrouver son souffle et put parler, il dit :

— Pourquoi… pourquoi avez-vous fait cela ?

— Quand tu étais sous l'eau, que désirais-tu le plus ? lui demanda le maître.

— Plus que n'importe quoi, je voulais respirer.

— Alors, dit le maître, quand tu voudras être éclairé autant que tu cherches à respirer, tu pourras être éclairé.

Ce que vous aimez chez les mystiques, c'est le profond amour et la dévotion qu'ils ont pour Dieu. Dieu devient le principal désir du cœur. Finalement, Dieu est la seule chose que nous voulons. Ainsi, pourquoi ne pas vouloir atteindre l'ultime ? Nous ne cherchons pas l'ultime parce que nous accordons plus d'importance à notre rêve du monde qu'à Dieu.

Cherche Dieu et tu trouveras Dieu et tous les biens
avec lui en tout temps et partout.

MAÎTRE ECKHART, MYSTIQUE ALLEMAND (1260-1326)

Le Saint-Esprit est là pour nous aider à changer nos esprits dans une ambiance agréable, dépourvue de jugement. Pour changer, nous devons comprendre que :

1. on éprouve un besoin de changer ;

2. l'esprit peut être changé ;

3. il y a une « meilleure » façon de voir les choses.

L'instant saint est le résultat de ta détermination à être saint. C'est la réponse. Le désir et la volonté de la laisser venir précèdent sa venue. Tu y prépares ton esprit dans la seule mesure où tu reconnais que tu le veux par-dessus tout.

T-18.IV.1:1-4

Le 7 mai 2001, on m'a découvert et enlevé une tumeur de la grosseur d'un citron. Le jour suivant, en me réveillant, je vois l'oncologue debout au pied de mon lit. Ses premières paroles ont été : « M. Mundy, je dois vous dire que le cancer s'est propagé. » Il s'était répandu à travers mon système lymphatique. Je devais maintenant décider si j'allais suivre une approche naturelle ou entreprendre une chimiothérapie. J'ai demandé au Dr Ken Wapnick ce qu'il en pensait et il a dit que si je voulais entreprendre la thérapie naturelle, je devais la suivre en entier. Finalement, j'ai décidé de suivre les deux : la chimiothérapie et l'approche naturelle du Dr Richard Schultz, qui a aussi été clair à ce sujet : « Si vous suivez ce programme, ne le faites pas à moitié. » Onze mois plus tard, je n'avais plus le cancer.

Tu ne peux pas t'engager totalement parfois.

T-7.VII.1:4

Croire qu'il y a une autre façon de percevoir,
voilà l'idée la plus élevée dont soit capable la pensée de l'ego.
C'est qu'elle contient un soupçon de re-connaissance
de ce que l'ego n'est pas le Soi.

T-4.II.4:10

Motivation et besoin

Une grenouille tombe dans un nid-de-poule et ne peut en sortir. Même ses amis en l'encourageant ne réussissent pas à lui faire rassembler assez de force pour sortir de ce trou. Finalement, ils l'abandonnent à son sort. Le jour suivant, ils l'aperçoivent qui s'active pas loin. En quelque sorte, elle s'en était sortie.

– Comment tu t'y es pris ? On se disait que jamais tu ne réussirais.

– Je n'étais pas capable, mais comme un camion s'approchait, j'ai été obligée d'en sortir, répliqua la grenouille.

Une amie thérapeute raconte l'histoire d'une cliente qui intentait une poursuite contre son employeur pour discrimination et qui avait développé des attaques de panique et la phobie de conduire. Toutefois, lorsque son chien est tombé sérieusement malade, comme elle était seule, elle a dû conduire pour l'amener chez le vétérinaire. Depuis ce temps, elle est de nouveau capable de conduire. Si nous avons besoin de manger, de boire ou d'aller aux toilettes, notre motivation à satisfaire ce besoin est directement proportionnelle au niveau d'inconfort ressenti. Lorsque des circonstances deviennent insoutenables, nous sommes motivés à changer. Quand l'amour d'un couple marié s'estompe, quand notre santé se détériore, quand nous sommes endettés, nous *pouvons* changer. Cependant, nous n'avons pas besoin d'attendre d'être provoqués pour changer. La procrastination est l'évitement du maintenant.

Réveiller la vision spirituelle

Tu peux temporiser et tu es capable
d'une énorme procrastination, mais tu ne peux pas
quitter entièrement ton Créateur, Qui a fixé des limites à
ton aptitude à malcréer […].
La tolérance à la douleur peut être grande,
mais elle n'est pas sans limites. Tôt ou tard, chacun finit
par reconnaître, même très vaguement, qu'il « doit »
y avoir une meilleure voie. En s'affirmant, cette re-

connaissance devient un tournant.
À la fin, cela réveille à nouveau la vision spirituelle, tout en diminuant l'investissement en la vue physique.
T-2.III.3:3 ET 5-8

Lorsque quelque chose de tragique survient comme un cancer, un divorce, une faillite, nous pouvons soit changer soit sombrer dans le désespoir. Nous pouvons nous réfugier dans le déni, la projection, la dissociation et la dépendance. La leçon 20 du livre d'exercices mentionne : «Je suis déterminé à voir.» La leçon 21 : «Je suis déterminé à voir les choses différemment.» Et la leçon 28 : «Par-dessus tout, je veux voir les choses différemment.» Pour me sentir libre, je dois vouloir être libre *par-dessus tout.* Je dois être prêt à faire tout ce qui est requis pour changer. Est-ce que je veux réellement la paix de Dieu avant tout? Ou, est-ce que je veux toujours faire les choses à ma manière – selon mes conditions – à mon propre rythme – jusqu'à ce que je n'aie plus le temps?

J'ai un mal de tête, je prends une aspirine et la douleur disparaît. Un apport extérieur a changé quelque chose à l'intérieur. Les médicaments traitent les symptômes, mais la cause demeure toujours là. Mon mal de tête est disparu. Mais la cause de mon mal de tête demeure. Si l'esprit n'a pas changé, il ne s'est pas produit de changement réel. Tous les symptômes physiques sont causés par la culpabilité ressentie par l'esprit. L'esprit coupable projette un corps malade. Nous pouvons réparer les symptômes du corps. Si, toutefois, la culpabilité qui règne dans l'esprit n'est pas réparée, le même symptôme ou un nouveau apparaîtra.

Une participante à un atelier sur le pardon souffrait de migraines. Elles avaient commencé après qu'une relation s'était mal terminée. Elle éprouvait une colère constante et elle était incapable de pardonner. Durant l'atelier, elle se rendit compte qu'elle n'avait pas le choix. Elle allait *devoir se pardonner à elle-même* et à son ex. Elle avait décidé de se libérer de tout ce gâchis — de tout laisser aller. Elle constata que tout ce qui s'était produit n'avait rien changé ; qu'actuellement, tout ce qu'elle voulait était de laisser aller la haine qu'elle éprouvait pour cet homme. Plus tard, elle me confia qu'à sa grande surprise, les migraines avaient disparu. En acceptant de tout laisser aller, elle se sentait maintenant merveilleusement libérée.

Il y a une histoire bouddhiste qui raconte que deux moines qui marchaient d'un village à un autre durent traverser une rivière à gué. Il y avait une jeune femme debout sur la berge qui voulait traverser de l'autre côté. Un moine lui offrit de la prendre sur son dos pour traverser. Il la déposa de l'autre côté et les deux moines poursuivirent leur voyage. L'autre moine commença lentement à être submergé intérieurement, devenant de plus en plus en colère, parce que les moines bouddhistes n'étaient pas censés toucher aux femmes. Après deux heures silencieuses, il dit à son compagnon :

— Comment as-tu pu accepter de te laisser toucher par cette femme ?

— Je l'ai laissée près de la rivière. Toi, tu la transportes encore, répondit l'autre moine.

Apprendre et vouloir apprendre sont inséparables. Tu apprends le mieux quand tu crois que ce que tu essaies d'apprendre a de la valeur pour toi.

T-4.V. 5:5-6

Si j'étudie l'espagnol parce que je sais que je vais séjourner en Espagne, je suis beaucoup plus motivé à l'apprendre que je le serais si je n'envisageais pas un jour d'utiliser cette langue. Si je sais que je vais jouer du piano en vue d'un récital, ma motivation à apprendre à jouer une œuvre musicale particulière est évidemment accrue. Afin d'apprendre ce que le Cours a à nous enseigner, je dois vraiment faire ce qui m'y est demandé.

> *Tu veux être heureux. Tu veux la paix. Tu ne les as pas maintenant,* ***parce que ton esprit est totalement indiscipliné****, et tu ne peux pas distinguer entre la joie et le chagrin, le plaisir et la douleur, l'amour et la peur. Tu apprends maintenant comment les distinguer. Et ta récompense sera grande, en effet.*
>
> E-20.2:4-8 (GRAS AJOUTÉ)

La discipline et l'Esprit

Le mot discipline a comme racine le mot *disciple*. Un disciple est un partisan d'un enseignant ou d'un enseignement. L'enseignant entraîne l'enseignement. Jésus est un rabbin — un enseignant. Nos esprits sont *totalement* indisciplinés. Étant indisciplinés, nous avons du travail à faire avant d'être guéris et entiers. Nous devons purifier notre perception afin d'enlever la peur. Combien de temps accordons-nous aux compulsions, aux faims du corps que nous « semblons » incapables de retenir ? Et, qui est ce « nous » qui ne peut le maîtriser ? Lorsque nous sommes dissociés, pris par la projection ou distraits par une activité routinière, nous n'essayons même pas de maîtriser nos esprits.

Un toxicomane ne tente pas de retenir un besoin. La dépendance a gagné.

Il n'est pas besoin d'apprendre par la douleur.
Et les douces leçons s'acquièrent joyeusement et
se retiennent avec joie. Ce qui te rend heureux,
tu veux l'apprendre et ne pas l'oublier.

T-21.I.3:1-3

Épictète, philosophe stoïcien grec, a dit que la paix vient d'une vie simplement vécue dans laquelle nous apprenons à dominer l'esprit et à supprimer *l'aversion et le désir.* L'aversion est un sentiment contre lequel nous nous opposons. Nous sommes appelés à nous libérer de *tous* les dénis et les projections. L'aversion est quelque chose que nous ne pouvons pas endurer et tentons de maintenir à l'écart. Les désirs sont des choses desquelles nous essayons de soutirer davantage. Vouloir quelque chose ou vouloir éloigner quelque chose de nous rend la chose réelle. Quand nous tombons amoureux, nous désirons cette personne plus que tout. Puis, quand nous divorçons, nous essayons de rayer cette personne de notre vie.

Mon amie, Lori Coburn, raconte l'histoire d'un jeune homme qui était tombé amoureux d'une fille qui avait ce « charmant petit espace » entre ses deux dents avant. Plus tard, quand ils ont rompu, elle est devenue « cette catin aux dents écartées. » Les deux comportements extrêmes, ces deux jugements, le premier positif puis négatif, renforcent l'idée que quelque chose ou quelqu'un d'extérieur à nous peut nous rendre heureux ou malheureux.

Tout comme polir du fer peut le transformer en un miroir, un esprit conditionné par la discipline peut éliminer sa rouille mentale.

GHAZZALI, MYSTIQUE SOUFI (1058-1111)

Renoncer aux polluants, les blocages de la conscience de la présence de l'amour, les *bêtises* qui empêchent l'évolution spirituelle requiert vigilance et correction de l'esprit. Il ne s'agit pas de travailler d'arrache-pied. En fait, c'est beaucoup plus facile que de ne pas travailler. Ne pas travailler (inconscience et dissociation) mène au désespoir et à la dépression. Un jour, nous nous réveillerons, alors pourquoi ne pas nous réveiller maintenant ?

Quand tu as appris à décider avec Dieu, toutes les décisions deviennent aussi faciles et justes que de respirer. Cela est sans effort, et tu seras conduit aussi doucement que si l'on te portait sur un paisible sentier par un jour d'été. C'est seulement ta propre volition qui semble faire qu'il est dur de décider.

T-14.IV.6:1-3

Esprit errant et entraînement de l'esprit

Nous pouvons probablement tous penser à un moment où le pur esprit nous a exhortés d'aller dans une direction et en avons pris une autre pour ensuite le regretter. Si quelque chose va à « l'encontre de notre meilleur jugement », il est judicieux de s'arrêter, de regarder, d'écouter et de demander une rectification. Nous sommes beaucoup trop tolérants face à un *esprit errant*. On peut appeler cela de la méditation, mais un esprit errant n'est souvent qu'une simple dissociation, de la complaisance, une répétition du passé ou un rêve éveillé. Un esprit errant *est* de la projection. Il nous éloigne plutôt que de nous rapprocher de l'Unité. On peut le déceler et le corriger. Un esprit divisé ou dissocié ne sait pas ce qu'il veut. Un esprit unifié et discipliné baigne dans la satisfaction. Avec un esprit unifié, nous allons tout simplement de l'avant et faisons ce que nous sommes appelés à faire. La vraie question n'est pas de se demander pourquoi je n'entends pas la voix du Saint-Esprit, mais plutôt pourquoi je ne fais pas ce qu'Il me demande de faire afin que j'entende encore mieux sa voix ?

Tu as vu à quel point tu manques de discipline mentale et à quel point tu as besoin d'entraînement de l'esprit. Il est nécessaire que tu en sois conscient, car c'est certes une entrave à ton avancement.

E-95.4:4

« Oui, mais, direz-vous, je ne veux pas subir de lavage de cerveau. » Nous avons déjà subi un lavage de cerveau et 99,9 % du temps, nous écoutons l'endoctrinement provenant de l'ego et d'un consensus créé et stimulé par la télévision, les magazines, la radio, l'Internet, nos voisins, et j'en passe. Nos esprits sont très indisciplinés, très mal entraînés. Notre capacité d'écouter le Saint-Esprit dépend de notre volonté de remettre en question nos esprits errants, nos machinations, nos terribles fantasmes, nos croyances et nos illusions.

[…] lorsque l'esprit est occupé par un nom ou une forme, il comprendra seulement cela. Lorsque l'esprit s'élargit dans d'innombrables pensées, chaque pensée devient

faible ; mais au fur et à mesure que les pensées sont résolues, l'esprit se concentre sur un point et devient fort, et avec un tel esprit l'investigation intérieure deviendra facile.

RAMANA MAHARSHI, SAGE INDIEN (1879-1950)
TIRÉ DE *L'ENSEIGNEMENT DE RAMANA MAHARSHI*

Clarté et engagement

Comme j'essaie d'accorder une partie de mon engagement à Dieu et l'autre à l'ego, j'obtiens des résultats incertains. Faire l'expérience d'un esprit tranquille donne un résultat précis. Plus je porte attention au Saint-Esprit, plus je ne peux m'empêcher de faire ce que Dieu me demande. La vraie discipline est de se souvenir de ce que nous voulons réellement. La discipline entraîne automatiquement des résultats positifs. La main droite n'a pas à dire à la main gauche ce qu'elle doit faire. Le pianiste ne pense pas où il doit placer ses doigts sur les touches du piano. L'esprit éveillé ne « pense » pas à la réponse appropriée.

Dis seulement au Saint-Esprit :
« Décide pour moi », et c'est fait. Car Ses décisions sont des reflets de ce que Dieu connaît de toi, et dans cette lumière, l'erreur quelle qu'elle soit devient impossible. Pourquoi lutterais-tu avec tant de frénésie afin de prévoir tout ce que tu ne peux pas connaître, alors que toute connaissance se trouve derrière chaque décision que le Saint-Esprit prend pour toi ?

T-14.III.16:1-3

Chapitre 18

Un Cours d'entraînement de l'esprit

Transformer nos esprits — Transformer nos vies

Ceci est un cours d'entraînement de l'esprit. Tout apprentissage comporte de l'attention et de l'étude à un certain niveau.
T-1-VII.4:1

Tu as vu à quel point tu manques de discipline mentale et à quel point tu as besoin d'entraînement de l'esprit. Il est nécessaire que tu en sois conscient, car c'est certes une entrave à ton avancement.
E-95.4:4

Apprendre par les récompenses est plus efficace qu'apprendre par la douleur, parce que la douleur est une illusion de l'ego et ne peut jamais induire plus qu'un effet temporaire.
T-4.VI.3:4

Nous sommes tous dépendants

Il est facile de développer une relation spéciale avec la nourriture, l'alcool, la drogue, le sexe, l'argent et les uns pour les autres. Nous sommes dépendants de nos attitudes, nos pensées nuisibles, nos traditions, nos coutumes, etc. Nous sommes accros à notre « état d'esprit », à nos façons de voir et d'être dans le monde. Les habitudes et les dépendances dirigent souvent nos vies sans que nous en soyons conscients. Nous faisons les choses régulièrement, rituellement — de façon routinière. Le mot « addiction » vient du latin *addictus* qui signifie « quelque chose à laquelle nous *cédons*, à laquelle nous sommes *dévoués*, dont nous avons *besoin* ». La répétition quotidienne de toute activité coutumière peut *blesser* ou *aider*, *retarder* ou *soutenir* notre être physique, mental et spirituel. Permettre aux erreurs de se poursuivre, c'est faire des erreurs additionnelles. Reconnaître et corriger les modèles destructifs de pensée et en adopter des constructifs peut faciliter notre bien-être ; en fait, l'utilisation saine des modèles attentionnés est une façon de comprimer le temps plutôt que d'avoir la continuité du temps par le rêve (T-1.II.6:9). C'est pour cette raison que les leçons du livre d'exercices du Cours sont conçues pour nous aider à penser de façon plus créative et plus sereine.

Je t'ai enjoint de te conduire comme je me suis conduit, mais pour cela il faut que nous répondions au même Esprit. Cet Esprit est le Saint-Esprit, Dont la Volonté est pour Dieu toujours. Il t'enseigne comment me garder comme modèle de ta pensée, avec pour résultat que tu te conduis comme moi.

T-5.II.12:1-3

Pourquoi faisons-nous ce que nous faisons ?

Nous pouvons penser que notre mère fait (ou faisait) la meilleure cuisine, non pas parce qu'elle est (ou était) la meilleure. Nous pensons qu'elle est la meilleure parce que c'est ce que nous mangions, tous les jours, année après année. Si je prends toujours un certain type de nourriture, bientôt je ne pourrai plus m'en passer.

Tu ne peux pas te séparer de la vérité en « donnant » l'autonomie au comportement.

T-2.VI.2:8

Nos modèles de pensée sont aussi enracinés en nous que l'est l'accent qui caractérise notre parler. Si vous grandissez en Angleterre, à Boston, en Argentine ou en Russie vous avez un accent distinct. Les acteurs doivent parfois changer leur accent pour jouer un rôle. Nous pouvons donc, nous aussi, changer nos esprits si nous sommes prêts à essayer. Cela requiert, cependant, un peu de volonté. Changer l'esprit signifie donc s'impliquer dans un « processus » de changement. Les animaux naissent avec des dispositions intrinsèques face à des comportements spécifiques. Ils construisent des nids, élèvent leurs petits, vieillissent et meurent sans les névroses et psychoses qui caractérisent l'esprit humain. Fait intéressant, les seuls animaux qui développent des névroses sont ceux qui sont enfermés dans des cages ou qui vivent dans nos maisons selon nos règles. « Non, non, mauvais chien ! »

Nous développons une identité qui est basée sur nos prédispositions fondamentales et nos coutumes. Nous ne vivons pas en nous appuyant sur la raison ; nous vivons plutôt sous l'effet de l'impulsion, de conventions et de réactions routinières. Nous achetons le jeu, nous jouons le jeu, et plus nous jouons le jeu, plus le jeu joue avec nous. Plus nous perdons la notion du jeu, plus nous pensons que le jeu est réel – moins nous nous souvenons de Dieu.

Tout finit par retourner à Dieu. C'est orienté ainsi. Cela l'a toujours été. Néanmoins, une centaine de chemins se présentent, ce sont tous des détours et des distractions, sauf – pour suivre la Voix de Dieu. Pour rentrer à la « Maison », je dois abandonner *toutes* les distractions de l'ego afin de commencer à bien nettoyer la maison et être heureux maintenant.

Seuls ceux qui s'accusent eux-mêmes
condamnent. Alors que tu te prépares à faire un choix
qui aura des résultats différents, il y a d'abord une chose qui
doit être sur-apprise. Cela doit devenir une réponse habituelle
si typique de tout ce que tu fais que ce sera
ta première réponse à toute tentation et à toute
situation qui survient.
Apprends ceci, et apprends-le bien, car c'est
ici que le retard du bonheur est réduit d'un laps de temps
dont tu ne peux pas te rendre compte.
Tu ne hais jamais ton frère pour ses péchés,
mais seulement pour les tiens.
Quelque forme que ses péchés paraissent prendre,
elle ne fait qu'obscurcir le fait que tu crois qu'ils sont les tiens,
et qu'ils méritent donc une « juste » attaque.

T-31.III.1:1-6

Nous tentons de ne pas ressembler à nos parents pour finalement nous rendre compte qu'en vieillissant, nous leur ressemblons. À quel point sommes-nous conscients de la programmation issue de notre famille, de nos voisins, de nos écoles, de notre église et de la société élargie dans laquelle nous vivons, du pays dont nous faisons partie. Plus que toute autre chose du XXIe siècle — la télévision nous dicte sa vision du monde.

Transformer nos esprits — Transformer nos vies

Selon le philosophe grec Aristote (384 av. J.-C. - 322 av. J.-C.), l'excellence morale ou la vertu vient par le biais des habitudes. « Nous sommes ce que nous faisons », dit Aristote. L'excellence est une habitude à cultiver. Une bonne habitude nous permet de prendre de bonnes décisions. « La vertu, dit Aristote, est un ensemble de compétences développées graduellement dans le temps par la pratique. » Nous nous conditionnons par des modèles de pensée, ce qui explique pourquoi « cela ne fait aucune différence si nous développons des habitudes d'un genre ou d'un autre depuis notre jeunesse » *(Éthique à Nicomaque).* Nos pensées deviennent une « seconde nature » et sont une partie intégrante de notre caractère.

> *Les routines comme telles sont dangereuses, parce qu'elles deviennent facilement des dieux elles-mêmes et mettent en péril les buts mêmes pour lesquels elles ont été montées.*
>
> M-16.2:5

William James, philosophe américain (1842-1910), était fasciné par l'étude des modèles acquis de pensée et par le mysticisme. Selon James, « l'habitude est une seconde nature, mais elle vaut dix fois la nature. » G. I. Gurdjieff (1866-1949), mystique grec-arménien et enseignant spirituel, dit que la plupart des personnes traversent la vie comme des somnambules. Notre vraie identité peut ainsi être connue seulement quand nous reconnaissons et demandons d'apporter une correction aux routines. « Seule la raison, dit Gurdjieff, peut transformer l'être. »

Tu ne te rends pas compte à quel point l'idée de séparation a interféré avec la raison. La raison réside dans l'autre soi que tu as coupé de ta conscience. Et rien de ce à quoi tu as permis de rester dans ta conscience n'est capable de raison. Comment le segment de l'esprit qui est dénué de raison peut-il comprendre ce qu'est la raison, ou saisir l'information qu'elle lui donnerait ?

T-21.V.4:1-3

Aristote, Nietzsche, James et Gurdjieff voyaient les dispositions, les habitudes et les instincts comme une partie intégrante au développement d'une vie spirituelle. Pour chacun, la moralité est une chaîne continue d'actions qui émanent de notre nature intérieure. Par conséquent, les pensées que nous développons sont d'une suprême importance.

Le Cours tente de nous ramener à ce qui est naturel et raisonnable. Il essaie de nous aider à reprendre possession de notre esprit afin que nous puissions rendre notre « esprit » à l'Esprit. Nous passons de l'absence de conscience à la pleine conscience. C'est un monde d'absence de conscience. Nous avons littéralement oublié qui nous sommes. Nous pensons être des corps qui sont piégés dans un monde, dans le temps et dans l'espace. Pour regagner la pleine conscience, pour revenir à ce qui est naturel, je dois être d'accord à faire un pas au-delà du processus de pensée confiné dans le rêve du monde. En prenant conscience du pouvoir de l'esprit, combien nous avons été subjugués par les leçons de l'ego et à quel point il est facile de devenir dépendant d'une mauvaise façon de penser, le psychiatre William Glasser a écrit en 1976 un best-seller intitulé *Les Drogues positives.* Constatant à quel point nous devenons dépendants si facilement, il a suggéré d'essayer de cultiver quelques habitudes qui nous aident plutôt que celles qui freinent notre évolution durant notre vie.

Une drogue positive est quelque chose que tout le monde peut essayer. Il n'y a pas de risque. Puisque toutes les drogues positives ne sont que des activités simples et faciles à accomplir, il n'est pas possible d'échouer ce que vous tentez de faire. Ce qui est difficile, c'est de le faire assez longtemps pour en créer une dépendance, mais si vous abandonnez il n'y a aucun mal.

WILLIAM GLASSER, PSYCHIATRE AMÉRICAIN (1925-)

Caractéristiques des habitudes négatives

Tout en parcourant cette première liste, pensez à n'importe quelle mauvaise habitude excessive, comme manger, boire, fumer, parier, dépenser, etc., observez combien de dépendances sont associées à de soi-disant appétits corporels, qui, selon le Cours, ne sont pas d'origine physique. Tout ce qu'un corps fait doit d'abord être pensé.

1. **Nous choisissons de le faire.** Nous y consacrons du temps. Un bon moyen d'observer une « réelle » dépendance est que c'est probablement une activité que nous faisons tous les jours. Un alcoolique boit tous les jours.

2. **Nous le faisons facilement.** Cela requiert peu d'effort d'allumer une cigarette, de se verser un autre verre ou de s'écraser devant la télévision.

3. **Nous le faisons souvent seuls.** Comme nous sommes peu fiers de nous-mêmes quand nous nous engageons dans une dépendance négative, nous cachons souvent le fait que nous en sommes dépendants.

4. **Selon nous, cette dépendance *semble* avoir de la valeur.** Le fait de fumer peut nous calmer ; boire peut (temporairement) nous faire oublier nos problèmes ; une drogue peut nous aider à « relaxer ».

5. **Lorsque nous nous y adonnons, nous nous critiquons.** Nous sommes conscients que cette dépendance est nocive pour nous, mais cela ne nous arrête pas.

6. **Si nous persistons dans cette voie, les choses empireront,** notre santé se détériorera et notre relation en souffrira. Nous serons moins efficaces au travail, nos finances seront affectées et notre estime de soi sera détruite.

Caractéristiques des habitudes positives

Les trois premières caractéristiques sont les mêmes que celles des modèles de pensées négatives. Les trois dernières sont semblables, mais à la fois différentes.

1. **Nous choisissons de le faire.** Nous y consacrons du temps. Nous pouvons ou pas les pratiquer tous les jours.

2. **Nous le faisons facilement.** Cela ne demande pas beaucoup d'effort pour s'y adonner. Selon Aristote, l'action morale est plus facile et plus agréable que l'action immorale. Être gentil ne demande *pas d'effort*. Être déplaisant requiert de l'énergie.

3. **Nous pouvons le faire seuls.** Sans compétition – marcher, lire, écrire, jouer d'un instrument de musique et méditer sont des exemples de gestes et de modèles positifs à faire « en solitaire ».

4. **Pour nous, elles ont une valeur.** Elles enrichissent et améliorent notre vie mentale, physique, financière, sociale (sur le plan émotionnel) et spirituelle.

5. **Quand nous les exécutons, nous ne nous critiquons pas.** En fait, nous nous sentons mieux lorsque nous les accomplissons.

6. **Si nous sommes persévérants, les choses s'amélioreront.** Notre santé, nos finances et nos relations s'amélioreront. Si nous sommes assez persévérants, nous pourrions en maîtriser l'art et devenir spécialistes, experts, virtuoses dans notre champ de compétence.

Créer de nouveaux modèles : demander la direction de l'Esprit

L'habitude se prend facilement de t'engager
dans la vie vers Dieu et Ses créations si tu refuses activement
de laisser ton esprit s'égarer.

T-4.IV.7:1

Arrêtez de lire et croisez les doigts. Observez quel pouce est sur le dessus. Habituellement nous faisons cela de la même façon sans y penser. Maintenant refaites-le, et cette fois, invertissez les pouces *consciemment*. En le faisant, cela nous « pousse » petit à petit sur un sentier neurologique distinct. Faites n'importe quoi à maintes reprises, et bientôt cela se fera automatiquement. Nous *ne pensons pas* où placer nos doigts quand nous tapons sur un ordinateur. Les pianistes *ne pensent pas* où ils vont disposer les doigts sur le piano. Pour intervertir nos pouces, il nous faut d'abord « penser ». Nous ne pensons pas à suivre l'ego, nous ne planifions pas de porter un jugement et de projeter. Cela est si enraciné que nous le faisons automatiquement. Littéralement, nous « ne pensons pas » à ce que nous sommes en train de faire. Pour passer de l'ego au Saint-Esprit, « pensez » en premier. Observez le jugement. Remarquez-le, puis riez-en, souriez et laissez aller. Cela requiert un peu de volonté et pourtant avant longtemps, suivre la direction intérieure et développer l'esprit de miracle peut, avec le temps, devenir aussi naturel que respirer, parce que c'est ce qu'il y a de plus naturel au monde.

Les miracles sont des habitudes et devraient être involontaires.
Ils ne devraient pas être sous un contrôle conscient.
PRINCIPE NUMÉRO 5 DES 50 PRINCIPES DES MIRACLES T-1.1:5

Cela requiert un effort constant pour rééduquer l'esprit. J'ai lu quatre suggestions indiquant combien de temps cela prend pour acquérir ou casser une dépendance, 21 jours, 30 jours, 40 jours et « environ pour toujours. » Avec un effort constant, nous pouvons *soit interrompre* ou acquérir un nouveau modèle de pensée et ainsi une nouvelle façon d'être. Lorsque nous mettons fin à une dépendance, comme boire de l'alcool, fumer ou prendre de la drogue, nous devons *persévérer* – pour devenir libre. Jésus, dans Luc 11,18, parle de l'importance de l'importunité (demande constante). Nous ne devrions pas être surpris quand vient le moment de mettre fin à notre dépendance à l'ego ; cela nécessitera de la persévérance. Oui, l'ego résistera vigoureusement. Comme l'ego ne s'est pas développé en une journée, il faut de la volonté pour changer nos modèles de pensée et pourtant :

> *Où toute réalité a été retirée à ce qui n'a jamais été vrai, peut-il être difficile de l'abandonner, et de choisir ce qui doit être vrai ?*
> T-26.III.7:7

> *Les miracles représentent la délivrance de la peur.*
> *« Expier » signifie « défaire ». Le défaire de la peur est une part essentielle de la valeur d'Expiation des miracles.*
> PRINCIPE NUMÉRO 26 DES 50 PRINCIPES DES MIRACLES T-1.I.26

Défaire, purifier et épurer

Les Alcooliques anonymes, programme le plus efficace pour gérer l'alcoolisme, est un processus de déprogrammation ou de défaire. Selon le Dr Bob, cofondateur des Alcooliques anonymes, ces principes des Alcooliques anonymes peuvent se résumer en neuf mots : *Confiance en Dieu, nettoyer sa maison, aider les autres.* Lorsqu'un membre des Alcooliques anonymes montre des symptômes de détresse, il peut faire appel à un parrain ou assister à une rencontre. Lorsque vous vivez cette détresse durant l'étude du Cours, demandez de l'aide au Saint-Esprit. Le Saint-Esprit est disponible jour et nuit et la ligne ne sera jamais occupée et vous n'aurez jamais besoin de laisser un message. Restez tranquille et réfugiez-vous dans un endroit « à caractère raisonnable » (la raison) à l'intérieur de l'esprit.

Abandonne ce que tu ne veux pas et garde ce que tu veux.
Comme l'évident est simple !

M-4.I.A.6:6

Le bonheur vient en se libérant de l'ego. La purification au sens physique du terme est traditionnellement interprétée comme la combustion du bourbier, de la rouille, de l'endettement exagéré, du surplus de poids, des jugements accablants et des exigences que l'ego fait sur le monde et sur nous. De la même manière, en pardonnant, nous laissons aller ce qui est faux et abandonnons nos projections pour que la vérité puisse éclater. Les mystiques décrivent souvent une série d'étapes ou de stades du développement d'une vie mystique. Les mystiques, dont certains sont de provenance radicalement différente comme celle d'Evelyn Underhill, de Thérèse d'Avila, de la soufiste Bernadette Roberts et de Gurdjieff, décrivent la *purification* comme la première étape du développement spirituel. La purification signifie purifier, se défaire du superflu, nettoyer, clarifier, etc.

Le premier pas vers la liberté comporte
un tri du faux et du vrai.

T-2.VIII.4:1

J'offre mes services de conseiller par téléphone. Très souvent, des gens appellent parce qu'ils éprouvent des problèmes avec quelqu'un et me parlent de la manière dont ils ont été traités, offensés ou déçus par leur fiancé, copain, copine, mari, épouse, employeur, etc. Cela peut leur prendre environ une vingtaine de minutes avant de « cracher le morceau » ou pour restituer le « poison » qu'ils ont accumulé intérieurement. Puis, lorsqu'ils se sont calmés, je remarque que la plupart du temps je suis enclin à leur dire : « Je crois que vous allez devoir laisser aller cela. » Et même si je ne leur dis pas, je pense :

Parce que cela vous rend malade.

Mon amie Jeannine Caryl a décrit comment elle avait cessé de fumer. Elle exprimait avec ferveur à un jeune homme le pouvoir de Dieu tout en fumant une cigarette. Elle dit au jeune homme :

– Dieu peut tout.

– Si Dieu peut tout, alors comment se fait-il qu'Il ne puisse pas t'aider à cesser de fumer ? répliqua-t-il.

Le lendemain, en s'allumant une cigarette, elle s'était souvenue de ce détail de la discussion qu'elle avait eue la veille avec le jeune homme. Elle cessa immédiatement de fumer et, depuis, elle ne fume plus. Il ne s'agissait que de se décider. L'ego peut séduire (nos besoins et souhaits apparents) ou nous pouvons choisir de voir cela à la manière de Dieu. Il n'est pas facile de laisser aller l'ego, mais cela devient de plus en plus facile quand nous nous tournons vers le Saint-Esprit. La correction n'a sa place qu'au niveau où le changement est possible. Nous avons besoin d'être guidés au niveau de l'esprit (T-2.IV.5:3-4). Si l'esprit change, tout change.

L'habitude de la sainteté

À chaque instant, nous devons choisir. Nous sommes toujours sur le point de « décider » entre la vérité et ce qui n'est qu'illusion. Accomplir la volonté de Dieu, donc notre propre Volonté, c'est être libre. Cela ne signifie rien pour l'ego. Pour l'ego, si Dieu gagne, nous perdons. En vérité, c'est seulement lorsque Dieu gagne que nous gagnons. Nous pouvons être libres ou demeurer esclaves. Nous *savons* quand nous choisissons l'ego et nous *savons* quand nous choisissons Dieu. La justesse d'esprit est la « volonté » d'y retourner.

Ce n'est pas de conduite, mais d'esprit qu'il te faut changer, et ça, c'est affaire de désir. Tu n'as pas besoin d'être guidé, sauf au niveau de l'esprit. La correction n'a sa place qu'au niveau où le changement est possible.

T-2.VI.3:4-6

S'éveiller signifie choisir la justesse d'esprit, et donc cesser de céder les rênes à l'ego. L'esprit éveillé se fond dans l'esprit. C'est une question de choix. Résister à la tentation est une question de volonté — non pas « forcer la volonté », seulement le vouloir. C'est simplement le choix de voir correctement. Il n'est pas nécessaire d'attaquer l'ego ou de le « détrôner ». C'est cesser tout simplement de lui accorder du pouvoir.

Ta pratique doit donc reposer sur ton désir de lâcher prise de toute petitesse.

T-15.IV.2:1

Chaque automne et chaque printemps, quand vient le temps du grand nettoyage dans notre communauté, les camions viennent ramasser les vieux tapis, les électroménagers brisés, les meubles, etc. On remarque qu'il y a plusieurs types « d'appareils pour abdominaux » en bordure du trottoir. Au départ, l'idée de s'entraîner à la maison était peut-être bonne, mais de toute évidence, cela n'a servi à rien d'acheter tous ces appareils. Malgré la présence de ces gadgets, il n'en demeure pas moins que la meilleure façon de perdre du poids, c'est de ne pas trop manger ; et, si je veux tonifier mes abdominaux, je peux marcher, faire des redressements assis, des levées de jambes, et davantage. Il n'est pas nécessaire de posséder un équipement particulier. Aucune pilule ou formule magique n'est requise. Ce qu'il faut, ce n'est pas de la magie. Ce n'est qu'une question de choix. Qui décide ? De façon similaire, le développement spirituel requiert de la discipline et un engagement quotidien ou de tous les instants. En d'autres mots, cela veut dire pratiquer.

À ce stade, donc, il n'est pas nécessaire d'avoir une structure planifiée de manière à inclure de fréquents rappels de ton but et des efforts pour l'atteindre. La régularité [...] est avantageuse pour ceux dont la motivation est inconstante et qui ont encore de lourdes défenses contre l'apprentissage.

E-95.6:1-3

Le livre d'exercices de ce Cours est conçu pour nous aider dans notre pratique quotidienne, et plus nous la mettons en pratique, plus nous sommes à l'aise de vivre le Cours. Il n'y a pas de méthode définie pour compléter les leçons dans le livre d'exercices, cependant, il est préférable de commencer et de finir la journée par l'étude d'une leçon. Certains transcrivent la leçon sur un bloc-notes et la place à un endroit où ils pourront la lire durant la journée — sur le côté d'un écran d'ordinateur, sur un chéquier ou sur le tableau de bord de la voiture. D'autres laissent une copie du Cours dans la salle de bain où ils peuvent lire une leçon tous les matins. Lisez la leçon avant d'entrer dans la douche, puis répétez-la sous la douche. Placez-la en écran de veille sur l'ordinateur. La méthodologie est moins importante que la volonté de se souvenir de ce que l'on nous demande de faire.

Le pardon s'acquiert. Il n'est pas inhérent à l'esprit, lequel ne peut pécher. Comme le péché est une idée que tu t'es enseignée toi-même, tu dois aussi apprendre le pardon, mais d'un Enseignant autre que toi-même, Qui représente l'autre Soi en toi. Par Lui tu apprends comment pardonner au soi que tu penses avoir fait, puis tu le laisses disparaître. Ainsi tu rends ton esprit indivisé à Celui Qui est ton Soi, et Qui ne peut jamais pécher.

E-121.6:1-5

Les miracles sont des habitudes, et le pardon peut devenir une habitude. La patience peut devenir une habitude. La gentillesse peut devenir une habitude. Nous développons le pardon en le pratiquant souvent. Tellement qu'il devient un automatisme. Quand cela devient automatique, nous n'avons pas à réfléchir quelle sera notre réponse, nous le faisons « naturellement ». En fait, après un certain temps, je n'ai plus besoin de le faire. C'est-à-dire que je n'ai pas plus besoin de penser à le faire qu'un alcoolique réellement réformé n'a à penser à ne pas boire.

Les leçons que tu t'es enseignées ont été tellement sur-apprises et fixées qu'elles montent comme de lourds rideaux pour obscurcir le simple et l'évident.

T-31.I.3:4

Sur-apprentissage

Dans le monde de l'éducation, il existe une théorie appelée le sur-apprentissage. Répétez inlassablement une activité et elle sera encodée dans le cerveau. La plupart d'entre nous ont sur-appris la manière de lacer ses souliers. Les hommes ont sur-appris la manière de nouer une cravate. Quand nous étudions une langue étrangère, nous apprenons un nouveau mot; mais ensuite, nous le révisons encore et encore. Ainsi, il est peu probable que nous l'oublierons. Il en est de même pour la musique, je pratique une partition jusqu'à ce que je la sache; et puis, je la pratique encore et encore. Nous avons tellement sur-appris les leçons de l'ego que cela ne devrait pas nous surprendre d'entendre que cela va nécessiter énormément de discipline pour intégrer une toute nouvelle habitude. Bien que nous « sachions » que la projection crée la perception, nous sommes tellement engagés dans un processus de jugement que nous devons nous surprendre et arrêter, nous surprendre et arrêter, nous surprendre et arrêter, jusqu'au moment où nous n'avons plus à nous surprendre — que nous n'allons tout simplement plus dans cette zone.

Quoique nous ne soyons pas tenus à le faire, certains étudiants du Cours révisent leur livre d'exercices après l'avoir terminé. En relisant le texte, il devient graduellement de plus en plus clair parce que nous sommes maintenant en mesure de le comprendre à un niveau beaucoup plus subtil. De même, sur-apprendre signifie que nous n'oublions pas. En commençant à vivre le Cours, en l'appliquant de mieux en mieux, nous acquérons littéralement l'habitude d'esprit de miracle.

Chapitre 19

Le jeûne de la parole : La diète spirituelle

Observer et corriger nos pensées

Ainsi nous commençons notre voyage au-delà des mots en nous concentrant d'abord sur ce qui entrave encore tes progrès.
E-PI.IN.181-200.3:1

Une brève récapitulation

La projection fait la perception. Comprendre cette phrase de cinq mots est fondamental pour la compréhension du Cours. Je projette le monde comme étant « réel » sans « comprendre » que je suis un fabricant d'images. Je fais un rêve. Chaque mot est une projection à l'intérieur du rêve. Tout change quand nous changeons notre façon de voir. Premièrement, je dois me rappeler que mon esprit peut être transformé. Un miracle est un changement de l'esprit à partir de l'absence de conscience, de la pensée erronée, de la fausseté d'esprit ou de l'insanité à la pleine conscience, la justesse d'esprit, la santé d'esprit ou la raison. Le corps *n'agit* faussement qu'en réaction à une *pensée fausse*. Nous essayons de reprendre la maîtrise de nos esprits, et donc de nos pensées erronées, de telle sorte qu'en étant libérés de ces pensées fausses, nous puissions apprendre à penser de nouveau (ramener nos esprits) directement vers l'esprit de Dieu. Dieu est Amour. Dieu est Vie. La Vie est la Pensée. Dieu est Esprit. Nous faisons partie de Dieu (T-5.II.5:5). La Voix de Dieu nous parle tout au long de la journée (E-49).

> *Le corps ne peut agir faussement*
> *qu'en réaction à une pensée fausse.*
>
> T-2.IV.2:5

Nos esprits sont composés de bribes d'information appelées « mots ». Tandis que les mots sont des « symboles de symboles », ils restent (ainsi que nos sensations, sentiments et intuitions) un instrument fondamental pour notre apprentissage. Le Cours est écrit avec des mots. Vous êtes en train de lire des mots qui communiquent des idées qui peuvent contribuer à « changer nos esprits ».

> *Pourrais-tu savoir combien de fois tu pensais simplement*
> *avoir raison, sans jamais te rendre compte que tu avais tort ?*
>
> M-10.4:3

Quelque chose en nous aime la technique, et les exemples qui suivent sont des techniques, *des suggestions pratiques* — des moyens d'observer nos pensées et de les corriger en prenant de plus en plus conscience du langage et ainsi des pensées fausses produites par le langage. Chacun veut avoir raison, et l'ego est plus préoccupé par la *domination* que par *la santé de l'esprit*. L'ego, toutefois, puise sa motivation dans notre conscience. L'exercice suivant n'est tout simplement qu'une façon de reconnaître que ce que nous disons est une réflexion extérieure à une condition intérieure qui a besoin d'être corrigée. Tout comme la colère est un signe certain que notre réflexion est un *écart* et que nous avons besoin d'un meilleur moyen de voir, devenir plus conscient de notre langage nous aide aussi à voir où et comment nous sommes bloqués à l'intérieur de la structure de l'ego. De ce point de vue, nous pouvons alors choisir de nouveau. Souvenez-vous, « chacun de tes choix établit ta propre identité telle que tu la verras et la croiras » (T-31.VIII.6:6).

Sigmund Freud a souligné l'importance des lapsus et des blagues qui en disent long sur notre inconscient. De la même manière, nous examinerons les mots suivants afin d'être plus conscients de nos propres modèles de pensée pour comprendre nos blocages dans la façon de penser de l'ego. Nous pouvons ainsi devenir plus conscients de ce que nous faisons et rediriger notre pensée loin de la « direction » de l'ego.

Nous pensons que nos jugements nous donnent raison. Toutefois, ce ne sont *que* des jugements. Lorsqu'une pensée prend naissance, observez vers qui elle est dirigée. Nous apprenons à remettre en question la valeur de l'ego en tant que guide dans la vie.

Surveille ton esprit attentivement pour déceler toute croyance qui entrave son accomplissement, puis écarte-toi d'elle.

T-4.IV.8:5

Si nous utilisons cette *technique,* elle peut nous rendre plus conscients du niveau d'insanité que nous avons adopté. À travers ce processus, nous pouvons voir ce qui « touche notre corde sensible ». Que faisons-nous quand nous suivons un régime amaigrissant ? Nous éliminons certains aliments, ou nous réduisons la quantité de nourriture, ou bien les deux. Pour suivre une diète monétaire, nous réduisons nos dépenses. Les problèmes surviennent quand nous exagérons, quand nous dépensons à outrance, quand nous nous suralimentons, buvons beaucoup trop, ou quand nous accordons trop d'importance à la gravité d'une situation. La solution consiste à réduire, à éliminer ; à taire la pensée projective — à ne rien dire. Une façon simple d'examiner nos projections est de porter attention aux mots que nous utilisons. Nous pouvons donc « laisser aller » cette façon de penser qui nous détourne du bonheur. Cependant, nous ne pouvons pas changer notre manière de penser si nous ne savons pas qu'elle est malavisée.

Parfois un péché peut être répété maintes et maintes fois, avec des résultats manifestement affligeants, mais sans perdre son attrait. Et puis soudain, tu le changes du rang de péché à celui d'erreur. Maintenant tu ne le répéteras plus, tu cesseras simplement et tu en lâcheras prise, à moins que la culpabilité subsiste.

T-19.III.3:3-5

Nous mettons l'ancien de côté pour permettre au nouveau d'être à l'avant-plan. Le serpent se dépouille de sa peau pour que la nouvelle puisse prendre place. Nos corps rejettent les vieilles cellules pour faire place à de nouvelles. De la même manière, ayant dressé un nombre de défenses à l'encontre de la vérité, nous ne devrions pas être surpris de trouver, alors que nous acquérons peu à peu l'esprit de miracle, que nous écartons les vieilles habitudes et les pensées qui ne nous sont plus utiles. L'alcool rend certaines personnes obstinées, entêtées et querelleuses. D'anciens alcooliques et toxicomanes disent que seulement quelques jours après avoir arrêté de boire, ils se sont mis à réfléchir plus clairement. Ils ont même découvert qu'ils *voulaient* être gentils avec les autres. Comme un membre des A.A. m'a déjà dit : « C'est bien de se réveiller le matin plutôt que de revenir à soi au matin. »

Plus tu t'approches du centre de Son système
de pensée, plus la lumière devient claire.
T-11.IN.3:4

Tout comme la « maladie » est un signe que le corps est déréglé, ainsi en est-il de la mélancolie (le débalancement de l'équilibre naturel), signe d'une certaine « pollution » ou « maladie » de l'esprit. Nous avons donc besoin d'un nettoyage de l'esprit. Si nous n'enlevons pas la pierre et le sable, comment découvrir l'or ? Tout comme cesser de fumer, de boire ou de consommer des drogues signifie que nous avons commencé à purifier notre corps, l'élimination de certains mots de notre langage peut être un guide sûr pour clarifier notre pensée. Cela nous aide également à reconnaître lorsque nous avons des pensées qui ont besoin d'être corrigées.

J'ai souvent regretté d'avoir parlé. Je n'ai jamais
regretté de ne pas avoir parlé.
Henry Suese, mystique allemand (1295-1366)

Chaque mot est une projection

Selon l'article de Jan Donges « You are what you say », dans le numéro du *Scientific American Mind Magazine* de juillet/ août 2009, on peut obtenir beaucoup d'informations d'ordre psychologique en observant les mots que nous prononçons – même l'emploi de mots anodins comme les pronoms. La fréquence de l'utilisation du mot « je », par exemple, en révèle beaucoup à notre sujet. Chaque mot est une affirmation, une déclaration, une annonce, une proclamation, une assertion provenant du néant – pour le monde. Le premier cri du bébé sortant de l'utérus est une projection – une affirmation. Le bébé était confortablement au chaud et bien nourri dans l'utérus, tandis que maintenant il y a des lumières vives et des sons, et quelqu'un s'empare de lui. Avec les mots, nous étiquetons, concrétisons, solidifions et rendons réel. Quelle a été la première tâche confiée à Adam ? Il doit désigner toutes les choses (Genèse 2,20). Il commence par nommer les animaux. Quelle est la première chose que nous apprenons au préscolaire ? Nous apprenons des « mots ». Quelle est la première chose que nous faisons dans une classe de biologie dans un collège ? Nous commençons par *étiqueter* les parties d'une fleur ou d'une grenouille.

Cet univers, superposé sur Dieu, n'est rien d'autre qu'un nom.
SHANKARA, INDIEN VÉDANTISTE (788(?)-820(?))

Nommer crée la dualité. C'est distinguer les choses qui sont nommées de celles qui ne le sont pas. Un esprit de miracle n'entend qu'une voix – « la voix intérieure de la raison (l'amour) ». Quant à elle, la voix intérieure de la raison est facilement noyée par l'indignation de la voix de l'ego. Les mots qui jaillissent de nos bouches sont des expressions évidentes de nos pensées intérieures et de nos personnalités.

Le jeûne de la parole

Dieu n'offre que miséricorde. Tes paroles ne devraient refléter que la miséricorde, car c'est ce que tu as reçu et c'est ce que tu devrais donner.

T-3.VI.6:1-2

Jésus, dans les Évangiles, dit que ce n'est pas ce que nous mettons dans notre bouche qui nous souille; c'est ce qui sort de notre bouche qui nous rend impurs (Marc 7,15). Le «jeûne de la parole» est un moyen d'attraper l'ego rusé en action. Nous pouvons ainsi éviter de retomber entre ses griffes. Observer les mots qui sortent de notre bouche est un bon moyen de commencer à prendre conscience de l'étendue de nos propres ombres.

1. Surveiller les blasphèmes et les mots grossiers

Lorsque je regardais avec Sarah, ma fille qui était alors adolescente, une émission de téléréalité spécifiquement conçue pour les adolescents, nous avons rapidement remarqué que le langage utilisé par les participants était fréquemment «censuré». Maudire une chose est vraisemblablement une projection. Un jour, j'ai emmené une amie à l'église. Après le sermon du dimanche, nous avons eu une discussion. Durant cette discussion, elle n'a cessé de parler de sujets qui «la faisaient ch...» Pourquoi dire : «Merde?» Pourquoi voudrais-je dire à quelqu'un d'autre qu'il est un connard? Un jour, à la cafétéria du collège où j'enseignais, je n'ai pu m'empêcher d'écouter une conversation d'un groupe d'étudiants qui étaient assis à la table voisine. Ils n'utilisaient que l'adjectif « malade » pour qualifier tout ce qu'ils croyaient bon ou mauvais.

2. Surveiller les insultes

Nous pouvons essayer de corriger quelqu'un en le grondant pour qu'il se sente coupable, en s'imaginant que cela le transformera. Plutôt que de corriger le problème, ce procédé crée une impression de séparation entre nous et les autres et accroît notre sentiment de culpabilité. Notre but est de dissiper nos propres « erreurs », non pas de les projeter sur les autres. En faisant cela, nous commençons subtilement à avoir un effet sur autrui d'une manière non verbale. Il est bon, cependant, de surveiller l'utilisation d'insultes avec des mots comme *stupide, fou, ridicule, idiot* et *absurde.* Ces mots sont extrêmement projectifs et punitifs. Nous n'aimerions pas qu'on utilise ces mots à notre égard, alors pourquoi voudrions-nous les employer envers quelqu'un d'autre qui est tout de même un de nos frères (même s'il se dissimule sous un masque), et par conséquent, un avec nous ?

Voudrais-tu condamner tes frères ou les libérer ?

T-II.VI.2:2

3. Surveiller les mots qui débutent par « dé » ou « mal »

Durant mes 10 années d'enseignement à la prison de Sing Sing, j'ai observé qu'une des pires choses qu'un prisonnier puisse subir était de voir qu'un autre prisonnier ou gardien le « mettait à part » — lui manque de respect. « Eh ! il m'a manqué de respect. » Tout le monde a besoin d'être respecté. « Dé » est un préfixe latin qui indique « séparation » ou « éloignement ». Nous ne pouvons qu'être *dé-çus* si nous avons un rendez-vous, une attente ou une anticipation quant à la manière qu'une situation est censée se passer. Si cela ne se passe pas selon nos attentes, nous sommes déçus. Un jour, un ami m'a donné une petite plaque sur laquelle on voit le visage innocent d'un chiot épagneul cocker et sous l'image il était inscrit : « Bénis soient ceux qui n'attendent rien, car ils ne seront pas déçus. » Seul l'ego peut être *déçu*. Dire à un enfant qu'il nous a déçus, c'est l'accabler. Les enfants ont besoin d'encouragement, non pas qu'on les condamne.

- Pour éprouver un *mal-aise* nous devons avoir déjà été à l'aise.
- Nous ne pouvons être *dé-sillusionnés* que si nous vivons une illusion.
- Nous ne pouvons être *dé-senchantés* que si nous sommes d'abord *enchantés*.

4. Surveiller les « compter sur »

Un jour, j'ai fait un exposé lors d'une conférence. C'était une de ces fois où tout semblait bien se dérouler. Les producteurs m'avaient avisé que la conférence serait enregistrée (et elle l'a été) et que l'on m'en remettrait une copie. Durant l'exposé, il y a eu beaucoup de rires imprévus et j'avais hâte d'obtenir l'enregistrement. J'ai attendu durant environ deux semaines et, n'ayant pas encore reçu le CD, j'ai téléphoné et on m'a dit que l'enregistrement était raté. J'ai anticipé la réponse que j'allais donner – sachant qu'elle provenait de l'ego – « Oh, c'est vraiment dommage. Je comptais sur cet enregistrement. » Seul l'ego compte sur quelque chose pour en tirer profit. Seul un ego a des attentes et des espérances sur le monde.

5. Surveiller les mots « dégoûté », « irrité » et « vulgaire »

Surveille ton esprit pour déceler les tentations de l'ego, et ne le laisse pas te tromper. Il ne t'offre rien.

T-4.IV.6:1-2

Surveillez les mots fortement empreints de jugements. Examinez attentivement le mot « dégoûté ». C'est un mot nettement subjectif. Qui sommes-nous pour être « dégoûtés » ? Lors d'une autre occasion, un ami ne cessait pas de dire : « Cela m'irrite en diable. » Dégoûté, vulgaire et irrité représentent un sentiment qui vient des tripes ; quelque chose qui nous rend malades. Choisir de condamner ébranle notre tranquillité d'esprit. Avez-vous déjà pensé que quelqu'un était « impoli » ou « grossier » ? Des mots comme « épouvantable », « horrible », « inexcusable » ou « atroce » ? Est-ce réel, ou est-ce notre jugement sur quelque chose qui nous empêche de comprendre ? Se sentir offensé, c'est offenser les autres.

6. Surveiller le mot « odieux »

Alexander Hamilton, premier secrétaire du Conseil du Trésor et Aaron Burr, vice-président des États-Unis, ont longtemps été des rivaux politiques. En 1804, Hamilton, cité au Albany Register, avait dit qu'il considérait que Burr s'était comporté de façon « odieuse ». Burr exigea des excuses et comme Hamilton n'en fit point, Burr le provoqua en duel. Le duel eut lieu à Weehawken, dans le New Jersey, et Aaron Burr tua Alexander Hamilton à cause du terme « odieux ». J'ai entendu dire par un historien américain qu'il considérait qu'Alexander Hamilton était celui dont le QI était le plus élevé parmi les pères fondateurs. C'est lui qui a conçu le système bancaire que nous utilisons de nos jours. Soixante personnes travaillaient dans son service pendant que d'autres n'en avaient que cinq. Son QI était peut-être élevé, mais il semble que son QÉ (quotient émotionnel) était plutôt bas.

> *[...] juste un mot, un petit chuchotement qui ne te plaît pas, une circonstance qui ne te convient pas ou un événement que tu n'avais pas anticipé bouleverse ton monde et le précipite dans le chaos. La vérité n'est pas fragile. Les illusions la laissent parfaitement inaffectée et imperturbée. Mais la particularité n'est pas la vérité en toi. Elle peut être déséquilibrée par n'importe quoi.*
>
> T-24.III.3:1-5

7. Surveiller les mots « fâché » et « offensé »

« Fâché » et « offensé » indiquent une perte d'équilibre. Pour être fâchés, nous devons d'abord avoir fait une *mise en place.* Le terme anglais fâché « upset » vient de l'allemand *aufsetzen* qui signifie « renverser » ou « chavirer » comme il est possible de chavirer en canot. Une traduction espagnole du mot « fâché » est *trastornado* qui signifie « avoir une tornade ». Si nous sommes fâchés, nous ressemblons à Joe Btfsplk, le personnage de la bande dessinée Li'l Abner qui se promenait toujours sous une tornade. Si je peux être blessé par quelqu'un, alors je dis qu'il est un pécheur et qu'il a du pouvoir sur moi – celui de m'enlever ma tranquillité d'esprit. Dans un état d'équilibre intérieur, nous ne pouvons pas être fâchés. De façon similaire, si nous sommes *offensés,* quelque chose nous pousse « à bout ». Seul l'ego peut être offensé.

8. Faire attention à ne pas être outré ou insulté

« Outré » vient de l'anglo-français *ut-rage,* ou du latin *outre* ou *uter* – comme *autre.* C'est l'*autre* qui est le problème. Outrage signifie « rage extérieure ». Le mot « outré » est fréquemment employé aux nouvelles du soir, par exemple : « La communauté est outrée par le récent développement à l'école du quartier. » Pour être « outrés », nous devons ressentir que soi-même ou quelqu'un a été blessé ou insulté. « Insulte » vient du latin *insultar,* signifiant « sauter sur » ou « assaillir ». Jésus a-t-il pu être insulté ? Si nous pensons que nous avons été lésés ou insultés, c'est le moment propice de s'arrêter, de regarder et d'écouter. Nous ne pouvons pas être insultés à moins de penser que ce soit possible. Un être illuminé peut-il être insulté ? Est-ce que ce que je vois peut m'insulter ? Y a-t-il jamais eu un moment où nous avons pu à juste titre être outrés ? Non, *nunca,* jamais ! N'importe qui peut exprimer toutes sortes de méchancetés à notre égard et elles n'auront aucun effet sur nous si nous savons qui nous sommes véritablement.

N'enseigne à personne qu'il t'a blessé, car si tu le fais tu t'enseignes à toi-même que ce qui n'est pas de Dieu a un pouvoir sur toi.

T-14.III.8:2

9. Surveiller le mot « embêté »

Parfois, juste un mot bien inoffensif peut démontrer comment nous perdons notre tranquillité d'esprit. Je parlais avec un homme étonnant, un professeur de physique qui adorait jouer avec les concepts. C'était passionnant de voir comment fonctionnait son esprit. Il devenait très excité par les concepts avec lesquels il jouait. Ce devait être un pur délice pour ses étudiants. Un de mes amis employait souvent la phrase : « Ce qui m'embête, c'est… » Dans son esprit, il y avait une « bête » tout comme quelqu'un peut avoir une infection ou un virus. Pourquoi quelque chose nous embêterait ? Un esprit de miracle ne peut littéralement pas être *embêté.*

Surveille ton esprit pour déceler les bribes de peur, sinon tu seras incapable de me demander de le faire.

T-4.III.7:5

10. Surveiller les mots « haïr », « avoir peur » et « combattre »

Haïssons-nous réellement certaines choses que nous disons « haïr » ? Observez en quelle occasion on utilise la phrase : « Je hais quand cela m'arrive » ou « Je déteste dire cela, mais... » Une amie de ma fille disait à quel point elle haïssait sa coiffure et ses vêtements. Une autre disait qu'elle haïssait New York. Avons-nous réellement peur qu'il pleuve cet après-midi ? Y a-t-il réellement dans ce monde des choses à combattre ? Rappelez-vous qu'on ne fait pas la guerre de la même manière que l'on fait la paix. Les mots « haïr », « avoir peur » et « combattre » sont-ils des mots que nous voulons vraiment employer ?

Mots à utiliser moins fréquemment, mais à ne pas éliminer complètement

La majorité des mots cités plus haut peuvent être complètement rayés de notre vocabulaire, tout comme nous pourrions éliminer complètement les bonbons, sucreries, biscuits, gâteaux et crèmes glacées de notre alimentation. En ce qui a trait aux mots qui suivent, nous les utiliserons probablement de temps en temps ; néanmoins, nous pourrions réduire leur fréquence et être plus conscients du *contexte* dans lequel ils sont employés. Il faut observer si ces mots sont employés par l'ego d'une manière à porter un jugement. Ce sont des mots que l'on doit employer, mais il n'est pas nécessaire d'en abuser autant. Nous ne les éliminons pas complètement. Ici, nous ne jeûnerons pas, nous allons seulement suivre une diète plus sévère.

1. Surveiller les mots « eux » et « ils »

Un matin, je conduisais un ami à l'aéroport. Il désirait écouter le poste de radio qui donne régulièrement l'état de la circulation. Il y avait un commentateur politique que décrivait l'état de notre monde et répétait constamment les mots « ils, ils, ils, ils, » « eux, eux, eux, eux ». Qui sont-« ils ? » La vérité est qu'il n'y a pas de « ils ».

2. Surveiller les mots « vouloir », « besoin » et « doit avoir »

Avons-nous réellement « besoin » ou « devons-nous avoir » certaines choses que nous pensons avoir « besoin » ? Jusqu'à quel point la vie est-elle dirigée par la tyrannie de nos besoins ? Il y a des moments où nous devons aller à l'épicerie ou pouvons avoir « besoin » de faire le plein d'essence, mais quand je suis dans un état de justesse d'esprit, ai-je besoin que les choses soient différentes ? Byron Katie (1942-) a écrit un livre intitulé *J'ai besoin que tu m'aimes : c'est vrai ça ?* Partout où il y a un tel besoin, c'est l'ego qui se manifeste. L'amour n'a besoin de rien. Le besoin est l'expression de la pensée que quelque chose manque. Si je n'ai aucun besoin, je n'exige rien du monde. Dans l'unité de Dieu, il n'existe aucun moment où nous manquons vraiment de quelque chose. Un esprit de miracle s'éloigne progressivement du besoin, du vouloir ou du doit avoir quelque chose.

Les éveils soudains sont rares, mais ils sont possibles. Susan Segal (1945-1997, États-Unis), auteure de *Collision With the Infinite,* nous livre une telle description. Une femme médecin de 27 ans, enceinte et mariée à un médecin français, s'apprêtait à monter à bord d'un autobus à Paris lorsque…

« Alors que je levais le pied droit pour monter dans l'autobus, ma tête heurta une force invisible qui pénétra ma conscience tel un bâton de dynamite silencieux qui fit exploser la porte de ma conscience ordinaire hors de ses charnières. Ce que j'appelais auparavant « moi » fut poussé énergiquement de son emplacement habituel à l'intérieur de moi dans un nouveau lieu, à environ 30 centimètres derrière moi et du côté gauche de ma tête. J'étais à ce moment derrière mon corps à regarder le monde sans utiliser les yeux de mon corps. »

Suzanne, une méditante chevronnée, ne pouvait comprendre quel phénomène s'était produit. Elle n'éprouvait plus de manques ou de besoins, de soif ou de désirs. Elle était devenue une personne qui observe plutôt que de projeter. Elle continua à vivre une vie normale, mais tout avait changé. Elle commença à voir des psychologues afin de découvrir ce qui était arrivé, mais aucun d'entre eux ne put l'expliquer. Elle fut finalement diagnostiquée du « trouble dissociatif de l'identité. » Ne pas éprouver de « désirs » ou de « besoins » signifiait qu'elle n'avait plus de personnalité. Finalement, un de ses thérapeutes conclut qu'elle avait expérimenté une désintégration de l'ego que certains associent à l'insanité. Pour un enseignant de Dieu, toutefois, un tel état sans ego signifie que celui-ci a acquis la santé d'esprit plutôt que l'avoir perdue.

3. Surveiller le mot « mais »

Tu as dit « mais ». J'ai mis le doigt sur le vrai problème. Tu es un homme de « mais ». Ne dis pas « mais ». Ce petit mot « mais » est la différence entre le succès et l'échec.

Sergent Ernie Bilko dans *The Phil Silvers Show* (Des années 1950)

« Mais » devient négatif quand nous l'utilisons pour contredire ce que l'on dit. Quand nous faisons une déclaration positive suivie du mot « mais », nous annulons ce que nous venons de dire. « Je t'aime, mais … » « Tu es un bon garçon, mais… » Ceci ne sera probablement pas perçu comme un compliment. On peut toujours anticiper un « mais » avant qu'il soit dit. Si je dis : « Ce n'est probablement pas de mes affaires, mais… » Ce n'est « probablement » pas de mes affaires. Plutôt que d'employer le mot « mais », mettez un point et commencez une nouvelle phrase. Ou, remplacez le mot « mais » par « et ». En tant que rédacteur de magazine, je dois parfois dire aux gens que j'ai apprécié ce qu'ils ont écrit et que j'ai le sentiment que ce qu'ils ont écrit a besoin d'être peaufiné. Parfois, nous aurons « besoin » de dire « mais ». Selon l'étude de Jan Donges, mentionnée au début de ce chapitre, « mais » peut également être employé lorsque nous « essayons d'être honnêtes », c'est-à-dire lorsque nous essayons de ne pas négliger les détails d'une description ; ou lorsque nous essayons de considérer le pour et le contre d'une situation. Ce que nous devons surveiller est l'utilisation du mais lors d'une critique.

4. Surveiller les phrases d'exagération

Plusieurs de ces mots sont directement associés au régime alimentaire. Par exemple « Je suis bourré » ou « Je suis trop plein », « J'ai exagéré » ou « Je ne peux m'en empêcher » démontrent un manque de maîtrise de notre part et représentent encore notre déséquilibre. Quand les gens ont commis un acte inhumain, ils s'excusent en prétextant qu'ils ne sont que des humains.

5. Surveiller les phrases qui suggèrent une réaction corporelle ou psychologique

« Il me rend malade. » « Je ne peux pas le supporter. » « Il est un lourd fardeau. » « Il me rend fou. » Est-ce que, réellement, vous devenez fou ? Est-ce le résultat que vous recherchez ?

6. Surveiller les mots sournois

J'ai fait tous les efforts pour utiliser des mots presque impossibles à distordre, mais il est toujours possible de déformer les symboles si tu le souhaites.

T-3.I.3:11

Les mots sournois sont des mots « tordus » ou des paroles à double sens. Les mots sournois sont employés pour éviter une réponse franche. Ils dissimulent la vérité et sont utilisés pour manipuler. Nous disons qu'une entreprise est en « restructuration » plutôt que dire qu'il y aura des travailleurs qui seront licenciés. Au Pentagone, on parle de « dommages collatéraux » et de

« tirs fratricides » plutôt que tuer des personnes. On enseigne aux soldats à parler de ceux qu'ils tirent comme n'étant pas des personnes ; on les appelle plutôt « des ennemis ». Les paroles sournoises comportent des généralisations comme « Plusieurs personnes disent... » et « Le présumé voleur... » Même l'emploi du mot « présumé » implique que celui-ci est un voleur.

Tu ne peux pas énerver quelqu'un s'il n'est pas nerveux. Non seulement nous ne devons pas juger, nous n'avons pas à être contrariés si les autres nous jugent. Cela est un vrai signe de maturité spirituelle. Jésus, ayant été porté sur la croix à cause du jugement des autres envers lui, constitue un exemple extrême. Il était prêt à se laisser crucifier pour nous montrer que les projections faites à son égard ne signifiaient rien. Parfois, nous sommes vraiment mis à l'épreuve. N'attendez rien des autres, et si on nous envoie de l'amour, nous pouvons en jouir. Continuez à répandre l'amour, même s'il n'est pas reconnu.

Mo Chao — N'invente pas de mots

Bodhidharma (Ve siècle av J.-C., Chine), fondateur du bouddhisme zen, dit : « N'invente pas de mots. » En Chine, ils appellent cet état d'esprit *mo chao* – quand nous ne projetons pas. *Mo* signifie « serein » ou « silencieux » et *chao* signifie « conscience ». C'est comme un miroir dont la propriété consiste seulement à refléter, à voir, à recevoir – à aimer. Jésus dans les Évangiles dit que toutes nos réponses devraient être oui ou non – toutes les autres réponses viennent du diable. Observez attentivement et voyez ce qu'il est dit. Comme nous vivons jusqu'ici à l'intérieur de l'ego-esprit, nous ne sommes pas entièrement conscients de la raison qui nous pousse à faire ce que nous faisons. Il est possible de s'éveiller de cette noirceur. On peut commencer par surveiller les mots qui franchissent nos lèvres.

Prends garde à tes pensées,
car tes pensées inspirent tes mots.
Prends garde à tes mots,
parce que tes mots précèdent tes actions.
Prends garde à tes actions,
car tes actions deviennent tes habitudes.
Prends garde à tes habitudes,
car tes habitudes bâtissent ton caractère.
Prends garde à ton caractère,
car ton caractère décide de ta destinée.

PROVERBE CHINOIS

Tes paroles ne devraient refléter que la miséricorde, car c'est ce que tu as reçu et c'est ce que tu devrais donner.

T-3.VI.6:2

Chapitre 20

Il n'y a rien à pardonner

Ou il n'y a pas d'avenir dans le passé

Quand la mémoire de Dieu te sera venue dans le saint lieu du pardon, tu ne te souviendras de rien d'autre [...].

T-18.IX.14:1

Un professeur qui enseignait le catéchisme demanda à ses étudiants ce qu'ils devaient faire pour être pardonnés pour leurs péchés. Il s'attendait à ce que quelqu'un dise que nous devions nous repentir. Un jeune homme alla plus loin : « Premièrement, vous devez pécher. » Une autre fois, quelqu'un répondit : « Personne n'oublie à quel endroit la hache de guerre est enterrée. » Parfois, certaines personnes disent : « Je peux pardonner, mais je ne peux pas oublier. » Il nous est probablement déjà arrivé de ramener un événement dans une conversation tout en pensant l'avoir oublié depuis longtemps : « Tu te rappelles en 2008 de quelle manière tu as englouti notre argent dans cet horrible investissement. » Cela n'avait pas été oublié, cela n'a donc pas été pardonné. « Je peux pardonner, mais je ne peux pas oublier » est une autre façon de dire : « Je ne pardonnerai pas. »

Le plan de l'ego consiste à te faire voir d'abord l'erreur clairement, pour ensuite passer par-dessus. Or, comment peux-tu passer sur ce que tu as rendu réel ? En le voyant clairement, tu l'as rendu réel et tu ne peux pas passer par-dessus.

T-9.IV.4:4-6

L'ego ressent le péché d'un point de vue « moralisateur » à partir de quoi les autres peuvent être pardonnés pour le tort que nous croyons qu'ils nous ont causé à un moment donné. Témoigner du péché, c'est attester de sa réalité. Nous ne pouvons pas pardonner un péché que nous croyons réel. Le pardon requiert un revirement total de la pensée. Il nous faut une perspective extérieure au royaume de l'ego. En réalité, l'ego ne pardonne pas vraiment, il porte plutôt un jugement dissimulé en pardon. Alors, nous ne pouvons pas oublier ce que nous rendons réel. En fait, plus nous voyons clairement une erreur, plus nous la rendons réelle, et moins nous sommes capables de ne pas en tenir compte.

Voici un dialogue entre un mari et son épouse :

> Le mari : Pourquoi n'arrêtes-tu pas de me reprocher mes erreurs passées ? Je croyais que tu m'avais pardonné et les avais oubliées.
>
> La femme : J'ai, effectivement, pardonné et oublié, mais je ne veux pas que tu oublies que je t'ai pardonné et que j'ai oublié.

Parfois, nous pardonnons, mais nous nous rappelons que le transgresseur a péché. Ce processus garde le péché vivant. Le Cours nous demande d'aller au-delà des apparences. Il est vrai que cela n'est pas facile à réaliser quand nous demeurons piégés dans la perspective de l'ego. Convaincus de la réalité du « péché » de notre frère, nous sommes dans l'impossibilité de voir le visage du Christ intérieur.

Tout juste avant que Leonard De Vinci entreprenne son œuvre de *La Dernière Cène*, il eut une dispute avec un peintre compagnon. Leonardo était tellement enragé et amer qu'il était déterminé à peindre les traits de son ennemi, l'autre artiste, sur le visage de Judas. Il prendrait ainsi sa revanche et évacuerait sa rancœur en transmettant aux générations futures l'infamie et le mépris de cet homme. Le visage de Judas fut le premier qu'il termina, et tous reconnurent le visage de celui avec qui il s'était querellé. Lorsque Leonardo fut sur le point de peindre le visage de Jésus, il en fut incapable. Quelque chose entravait tous ses efforts. Finalement, il recommença le visage de Judas et peignit celui de Jésus, cette fois avec succès.

Nous ne pouvons pas peindre les traits du Christ dans notre propre vie et à la fois celui du visage d'un frère aux couleurs de l'hostilité et de la haine. Si nous sommes incapables de pardonner, nous ne pouvons connaître la paix. L'affirmation « Puisse Dieu pardonner vos péchés » est une étrange parodie. Un Père aimant ne peut pas nous condamner. Dieu ne peut pas pardonner le péché parce que Dieu ne condamne pas (E-46.1:1). Pour pardonner, il doit d'abord y avoir eu condamnation. Blâmons et nous sommes prisonniers. Pardonnons et nous sommes libres. Il n'y a pas de pardon au Ciel parce qu'il n'est pas nécessaire.

Il y a une histoire concernant un prêtre catholique qui vivait aux Philippines, un homme très aimé qui était accablé par la culpabilité d'un vieux péché. Il avait commis ce soi-disant péché de nombreuses années auparavant alors qu'il étudiait au séminaire. Personne n'était au courant. Il y avait une femme de sa paroisse qui affirmait qu'elle parlait régulièrement avec le Saint-Esprit. Sceptique, le prêtre lui dit :

– La prochaine fois que vous parlerez au Saint-Esprit, demandez-lui quel péché a commis votre prêtre durant son séjour au séminaire.

La femme accepta et retourna à la maison. Quelques jours plus tard, lorsqu'elle revint à l'église, le prêtre lui demanda :

– Avez-vous demandé au Saint-Esprit quel péché avait commis votre prêtre au séminaire ?

– Oui, dit la femme, je lui ai demandé.

– Alors, dit le prêtre, qu'a-t-il dit ?

– Il a dit : « Je ne m'en souviens pas. »

C'est la bonne réponse parce que le Saint-Esprit ne rend pas le péché réel ni ne le recherche dans le but d'aggraver la faute. Dieu ne fait pas de représailles. Dieu ne connaît pas l'illusion. Lorsque nous pouvons mieux en saisir le sens par l'amour que nous avons pour nos enfants, nous pardonnons sans égard à ce qui est arrivé.

Mon ami, le rabbin Joseph Gelberman, a fui le climat de terreur créé par Hitler et s'est envolé vers les États-Unis en 1939 avec l'intention de faire venir par la suite sa femme, sa fille, sa mère, son père, ses frères et ses sœurs. Deux de ses frères réussirent aussi à se rendre aux États-Unis. Tous les autres sont morts dans des camps de concentration, y compris sa femme et sa fille. Joseph avoua que sa haine envers Hitler était si grande qu'il avait finalement compris, qu'à moins qu'il ne s'élève au-dessus de cela, qu'il voie que toute cette affaire était une insanité, puis pardonne, Hitler finirait par le tuer lui aussi. Cela lui prit de nombreuses années pour y arriver et cela avait éprouvé sa foi, jusqu'au jour où il comprit qu'il devait lâcher prise afin de retrouver la paix d'esprit. Alors que j'écris ces lignes, il est maintenant âgé de 98 ans. Parfois, quand on me demande : « Comment puis-je arriver à pardonner ? » Je réponds : « Vous n'avez pas le choix, un jour, vous allez devoir lâcher prise, aussi bien le faire maintenant. » Comme le Cours l'exprime « Pourquoi attendre le Ciel ? » (E-131.6:1)

Le pardon est un processus réciproque

Comme nous pardonnons aux autres, ainsi sommes-nous pardonnés. Le *Notre père* dit : « Pardonnez-nous nos offenses », puis suit le mot très important, « comme » « nous pardonnons à ceux qui nous ont offensés ». *Comme* donner précède recevoir et que juger précède être jugé, *ainsi* pardonner précède-t-il le fait d'être pardonné. Il n'y a rien à pardonner, à moins de croire que ce soit le cas. Quand nous pardonnons sans condamner, nous sommes libérés de la souffrance. Par ce processus, nous guérissons. Quand nous donnons, nous recevons ; quand nous pardonnons (en ne rendant pas l'erreur réelle), nous sommes pardonnés ; quand nous pardonnons, ainsi nous nous souvenons de notre Unité et de notre Maison.

De nombreux exemples incroyables de pardon se sont produits dans des circonstances des plus remarquables. Durant la guerre de Corée, un civil sud-coréen fut arrêté par les communistes et condamné à être fusillé. Mais quand le jeune leader communiste apprit que le prisonnier s'occupait d'un orphelinat, il décida de l'épargner et de tuer plutôt le fils du civil sud-coréen. Ils fusillèrent donc le garçon de 19 ans en présence de son père. Plus tard, le cours de la guerre changea, et le jeune leader communiste fut capturé par les forces des Nations Unies, jugé, et condamné à mort. Mais avant son exécution, le Sud-coréen, dont le fils avait été fusillé, plaida pour la vie du communiste, invoquant qu'il était jeune, qu'il ne savait pas ce qu'il faisait. Les forces des Nations Unies accédèrent à sa requête et le civil sud-coréen accueillit le meurtrier de son fils dans sa propre maison.

Tandis que Dieu ne voit aucune différence parmi les illusions, nous en voyons certainement, et pardonner au meurtrier de notre enfant est ce qui est le plus difficile. Toutefois, il n'y a pas d'ordre de grandeur dans la difficulté des miracles. L'un n'est pas supérieur ou plus compliqué qu'un autre. Si quelque chose d'anodin m'enlève ma tranquillité d'esprit ou si c'est une tracasserie importante — dans les deux cas, j'ai perdu ma paix d'esprit. Sans l'amour de Dieu dans nos cœurs, il est impossible de pardonner. Le Sud-coréen a compris que le meurtrier s'était comporté de façon insensée et ne savait pas ce qu'il faisait. Si quelqu'un est insane, il a besoin de notre aide, et non pas que nous l'agressions.

Il n'y a pas d'avenir dans le passé

Rendre le péché réel puis essayer de pardonner confirme sa réalité. Notre pardon devient donc une vaine tentative de fermer les yeux sur ce que nous pensons être vrai. Si nous rendons l'illusion vraie, le pardon que nous offrons au monde est décevant. Nous ne pardonnons pas réellement et nous démontrons que nous ne pardonnons pas en nous accrochant à nos sentiments de blessures. Le principal problème que nous avons avec le pardon est que nous croyons devoir pardonner la vérité et non l'illusion. Si nous croyons qu'une offense est vraie, nous devons alors croire aussi que le pardon est un mensonge (E-134.3:1 et 4:2). Nous démontrons notre connaissance du Ciel en montrant aux autres que son soi-disant « péché » ne nous affecte pas.

En n'étant pas affectés par le péché, nous lui supprimons sa raison. Le Cours nous demande de n'enseigner à personne qu'il peut nous blesser (T-4.III.8:2). Une autre manière de l'exprimer : le temps ne peut pas troubler l'éternité – l'irréel ne peut pas affecter le réel. L'ego vit dans le temps, répétant constamment le passé et se projetant dans le futur. S'il n'y a pas de passé, il n'y a rien à quoi s'accrocher. Il n'y a rien sur quoi projeter ; il n'y a que ce moment-ci et il n'y a rien à pardonner dans le moment. Le pardon ne tient pas compte du temps. Il l'abolit.

Quand les premiers missionnaires sont arrivés au Labrador, ils ont découvert que les Esquimaux n'avaient aucun mot pour décrire le pardon. Ils ont donc créé un mot, qui dans la langue esquimau est : *is-suma-gi-jou-jung-naimermik,* qui signifie « ne plus être capable d'y penser de nouveau ». Un missionnaire a demandé à une jeune Esquimaude si elle avait fait la paix avec Dieu et elle répliqua : « Je n'étais pas du tout au courant qu'il y avait une querelle quelconque. » De façon similaire, une tante de Henry David Thoreau lui a demandé sur son lit de mort s'il était en paix avec Dieu et il a répondu : « Nous ne nous sommes jamais querellés. » Comme l'a dit le célèbre pasteur baptiste anglais Charles Spurgeon (1834-1882) : « Quand vous enterrez un chien enragé, ne laissez pas sa queue dépasser. » Le passé appartient au passé. Pardonner signifie lâcher prise. Quand nous pardonnons en ne condamnant pas, nous nous affranchissons de la souffrance. Dans le royaume de l'ego, personne n'oublie à quel endroit la hache de guerre est enterrée. Nous pouvons toujours prétendre que nous avons pardonné, mais nous ne pouvons pas pardonner un péché que nous croyons réel.

Un pardon injustifié est attaque. Et voilà tout ce que le monde ne peut jamais donner. Il pardonne parfois aux « pécheurs », mais en restant conscient qu'ils ont péché. Ainsi ils ne méritent pas le pardon qu'il donne. Tel est le faux pardon que le monde emploie pour garder vivant le sentiment de péché.

T-30.VI.3:5-8 ET 4:1

Pardonner pour détruire et pardonner pour le salut

Dans *Le Chant de la prière,* le livret qui a suivi le Cours et qui provient de la même source, il y est fait une distinction entre pardonner pour détruire et pardonner pour le salut. Pardonner pour détruire est un outil dans le monde de la forme qui a comme objectif de rendre différent ce que Dieu a créé égal. Il prend de nombreuses formes, dont :

1. **Dans la généreuse bienveillance, une personne meilleure daigne s'abaisser pour en sauver une de moindre importance.** Ceci n'est pas une empathie authentique, mais une forme d'arrogance et favorise

la séparation. Nous ne pouvons pas pardonner et à la fois mépriser. Il n'y a pas d'union dans le jugement.

2. **Une deuxième forme dit que moi et mon voisin méritons la colère de Dieu.** Le martyr étale son humilité et sa grande bienveillance en dépit de la cruauté d'autrui.

3. **Le pardon pour détruire peut aussi prendre la forme du marchandage et du compromis.** Une bande dessinée du magazine *The New Yorker* montre une femme qui parle à un ami pendant que son époux est assis à l'arrière-plan sur une chaise, et la femme dit : « Lui pardonner ? Gratuitement ? »

Le pardon pour le salut n'a qu'une forme. Il ne demande pas de preuve d'innocence ni de récompense d'aucune sorte. Il ne se dispute pas. Il n'évalue pas les erreurs qui doivent être pardonnées. Reconnaître le péché puis tenter de pardonner, c'est penser à l'envers. S'attarder sur l'erreur n'est qu'une autre erreur. Nous démontrons la paix d'esprit en montrant aux autres que leurs transgressions à notre égard n'ont aucun effet sur nous. S'il n'y a pas d'effet, il n'y a pas de cause ; rien ne s'est produit. Nous ne faisons que démontrer, comme Jésus l'a dit, que nous ne pouvons pas être trahis. Il n'est pas difficile d'oublier des erreurs si nous ne leur donnons aucun effet sur nous (T-30.VI.10:2). N'étant pas affectés par le péché, nous éliminons sa cause. Jésus n'a pas condamné ceux qui l'ont crucifié. Notre rôle ne diffère pas de la sienne.

Ce que tu trouves le plus difficile dans le pardon authentique de ta part, c'est que tu crois encore devoir pardonner la vérité, et non les illusions [...]. Car il est impossible de penser que le péché est vrai et de ne pas croire que le pardon est un mensonge.

E-134.3:1 ET 4:2

L'objectif est de tellement bien lâcher prise qu'il n'y ait pas de souvenir d'actes incorrects, parce que rien en nous ne peut faire incorrectement les choses. Si nous pensons que quelqu'un nous a maltraités, au lieu de nous défendre ne pouvons-nous pas voir à quel point il ou elle a agi sous le coup de la peur et de l'ignorance ? Ne pouvons-nous pas voir les erreurs comme un appel à l'aide ?

[...] il t'est simplement demandé de voir le pardon comme la réaction naturelle à la détresse qui repose sur l'erreur, et ainsi appelle à l'aide. Le pardon est la seule réponse saine.

T-30.VI.2:7-8

Tous ceux à qui tu offres la guérison la retournent. Tous ceux que tu attaques te le retournent. Le coût de donner est toujours de recevoir. Dieu est la seule Cause, et Il ne suscite jamais la culpabilité. Ce qui n'est pas de Dieu n'a pas de pouvoir sur nous (T-14.III.8:1f). Jamais nous ne nous attaquerons à une autre personne, à moins de croire qu'elle soit capable de nous enlever la paix de Dieu. Personne ne peut nous enlever la paix de Dieu, sauf si nous leur en donnons le pouvoir.

Quand tu pardonnes au monde ta culpabilité, tu en es libre.

T-27.VIII.13:2

Le pardon doit être total

Alors Pierre s'approcha et lui dit :
« Seigneur, quand mon frère commettra une faute à mon égard, combien de fois lui pardonnerai-je ?
Jusqu'à sept fois ?
Jésus lui dit : « Je ne te dis pas jusqu'à sept fois, mais jusqu'à soixante-dix fois sept fois. »

MATTHIEU 18,21-22

On ne peut pas pardonner à certaines personnes et ne pas pardonner à d'autres. Il ne peut pas y avoir certains aspects qu'on pardonne à quelqu'un et refuser notre pardon à d'autres aspects de cette même personne. Pardonner n'est pas quelque chose que nous faisons à l'occasion. Pardonner « soixante-dix fois sept fois » signifie pardonner à maintes reprises – infiniment, peu importe jusqu'à quel point nous pensons qu'une personne a eu tort, peu importe le nombre de fois que nous pensons avoir été maltraités. La réponse demeure : « Pardonner, pardonner, pardonner. » « Lâcher prise, lâcher prise, lâcher prise. »

Toi qui veux la paix, tu ne peux la trouver
que par le pardon complet.

T-1.VI.1:1

La paix intérieure s'obtient quand nous respectons les principes suivants :

1. La paix d'esprit, le salut et l'abondance qui en résultent doivent être notre seul but.

2. Par le pardon, nous commençons à voir chacun, y compris nous-mêmes, comme innocents. Si Jésus sur la croix peut pardonner à ses meurtriers, ne pouvons-nous pas être plus tolérants pour de plus petits péchés que nous pensons avoir subis ?

3. En renonçant à nos griefs, nous devenons de plus en plus conscients de la toujours présente et subtile direction attentive du Saint-Esprit. En suivant le Saint-Esprit, nous choisissons la paix d'esprit au lieu de la condamnation. Tant que nous ne pardonnons pas, nous pouvons justifier la croyance que peu importe l'erreur dans le monde, elle est causée par quelque chose qui est extérieur à nous.

- La justification d'un seul grief bloque notre chemin vers le Royaume.
- Tant que nous projetons la culpabilité et le péché sur le monde, nous vivons dans la confusion et le désespoir.
- Tant que nous vivons dans la peur, l'amour n'a pas de place dans nos cœurs.

Un test pratique pour le pardon

Si je laisse vraiment aller et que je pardonne, je me rends compte que « Je suis celui qui est pardonné. Je suis celui qui est libéré. Celui qui est libre. Que cela n'a jamais rien eu à voir avec l'autre. C'est ma propre condamnation que je laisse aller. » Cela ne signifie pas que l'autre n'a rien fait dans le monde. Le monde fourmille d'exemples du frère qui en blesse un autre. Il est aussi rempli de miracles. En effet, on ne voit pas la majorité des miracles. D'innombrables gestes de pardon ont été posés dont on n'entend pas parler. Quand nous pardonnons, nous parvenons à nous connaître de la manière que Dieu nous a créés. Quand nous pardonnons, nous ressentons le Royaume du Ciel intérieur.

J'ai enseigné au collège et à l'université durant 40 ans et pendant cette période, il ne m'est arrivé qu'une seule fois de donner la note A+. La femme qui l'avait obtenu était une étudiante de la prison de Bedford. Lisa n'était que pur délice. Elle s'assoyait dans la première rangée. Elle était drôle et intelligente. Nous avions tous les deux des échanges « intellectuels animés ». Elle avait mérité un A+ parce qu'elle était la seule parmi tous mes étudiants qui, non seulement avait lu le livre du Cours, mais avait également lu tous les livres qu'elle pouvait trouver à la bibliothèque de l'État de New York indiqués à la fin de chaque texte.

Comme professeurs dans une prison, on nous avait dit de ne pas chercher à savoir quels types de crimes nos étudiants avaient commis. Si, volontairement, un étudiant révélait le crime qu'il avait commis, c'était une chose, mais nous ne devions pas le leur demander. Un soir où je quittais la prison avec une autre enseignante, je lui ai demandé si elle avait Lisa comme étudiante et lui ai dit :

– N'est-ce pas la plus merveilleuse étudiante ? Ce n'est que pur plaisir de lui enseigner.

– Oui. Sais-tu quel crime elle a commis ? Elle a noyé sa fille dans la baignoire.

Je n'étais pas au courant. Comment l'aurais-je perçue si j'avais connu plus tôt le crime qu'elle avait commis ? Est-ce que je l'aurais appréciée, voire admirée autant ? Pendant que je travaillais à la prison, j'ai appris à connaître de nombreux étudiants merveilleux sur le plan humain. Ils avaient commis ce que nous qualifierions de faute grave, autrement, ils ne se seraient pas retrouvés à cet endroit ; mais, je les ai connus en tant que personne, non pas en tant que criminels. Sans égard à la nature flagrante de nos crimes, nous ne sommes tous ici-bas que des personnes.

Tout pardon est le pardon de soi

De même que le péché est une idée que tu t'es enseignée toi-même, tu dois aussi apprendre le pardon, mais d'un Enseignant autre que toi-même, qui représente l'autre Soi en toi. Par Lui, tu apprends comment pardonner au soi que tu penses avoir fait, puis tu le laisses disparaître. Ainsi tu rends ton esprit indivisé à Celui Qui est ton Soi, et Qui ne peut jamais pécher.

E-121.6:3-5

Il n'est pas du ressort de Dieu de nous pardonner parce que Dieu ne nous condamne jamais. Il n'en tient qu'à nous-mêmes de nous pardonner, un comportement qui ressemble à Dieu. En fait, c'est notre manière de connaître Dieu. Il n'y a vraiment personne d'autre à pardonner qu'à nous-mêmes, et ce pourquoi nous nous pardonnons concerne notre malperception. Nous pouvons employer le *p* majuscule lorsque nous parlons du Pardon de soi, car nous sommes seulement capables de nous pardonner d'un point de vue supérieur. L'ego ne peut pas pardonner. Avec le pardon vient la réalisation de soi. Comme nous pardonnons ainsi nous sommes pardonnés. Dans le sens le plus profond, pardonner signifie oublier — oublier où la hache de guerre a été enterrée, lâcher prise une autre fois, et aller de l'avant.

Ne vois donc personne comme coupable,
et tu affirmeras la vérité de la non-culpabilité pour toi-même.
Dans chaque condamnation que tu offres au Fils de Dieu
réside la conviction de ta propre culpabilité.
T-13.IX.6:1

Les étapes du pardon

1. **Identifiez le problème.** J'évalue attentivement ce que je pense que mon frère a fait. Je ne le nie pas, ne le réprime pas, ni ne le projette. Personne ne peut m'obliger à me faire sentir, à croire ou à agir d'aucune manière. Personne ne peut me mettre en colère à moins de lui accorder ce pouvoir. Si vous êtes en colère demandez-vous : « Pourquoi ? » Qu'est-ce que je ne veux pas voir ? Personne ne veut affronter sa propre culpabilité ; et pourtant, ce n'est que lorsque je la regarde en face que je peux la laisser aller. La culpabilité est la pensée d'avoir fait quelque chose « contre Dieu ». J'ai essayé de créer mon propre monde.

2. **Soyez responsable ! Lâchez prise !** C'est aussi simple que cela. Quelle que soit la gravité de la blessure, cela n'a aucune importance. Nous avons fait « quelque chose » à partir de « rien ». Nous ne pourrons pas « réellement » lâcher prise tant que nous n'en aurons pas pris conscience. Pourquoi tenir à quelque chose qui nous blesse ? Confiez au

Saint-Esprit l'impardonnable pour qu'il soit corrigé. « Saint-Esprit, j'ai fait cette chose (me fâcher) à moi-même, et c'est cela que je voudrais défaire » (T-27.VIII.11:6).

3. **Arrêtez ! Regardez ! Écoutez !** Le Saint-Esprit est accessible maintenant. Je n'ai pas à attendre une seconde. Pourquoi remettre à plus tard ? Nous sommes déjà sauvés. Comme Dieu est toujours vainqueur, alors laissez-le gagner, maintenant. Maintenant est le seul moment qui existe.

4. **Remerciez le Saint-Esprit** pour Son aide au pardon. Ce faisant, l'amour est partagé.

Le pardon est une illusion

Le pardon est une illusion parce qu'il n'y a rien à pardonner.

> *L'illusion fait l'illusion. Sauf une. Le pardon est l'illusion qui est réponse à tout le reste.*
>
> E-198.2:8-10

Tout comme l'Expiation est la seule défense qui ne mène pas à une nouvelle attitude défensive, le pardon est une illusion qui ne mène pas à de nouvelles illusions. *Le pardon est une illusion parce qu'il n'y a rien à pardonner.* Il n'y a rien à pardonner à moins de rêver. Le pardon est la fin du rêve. C'est un éveil. Le pardon n'est pas la vérité, mais il pointe vers la vérité. À la limite, nous constatons que le pardon n'était pas nécessaire. En pardonnant au monde pour ce que nous pensions qu'il était, nous retrouvons le chemin qui nous mène à la maison. Le salut est un rêve heureux dans lequel nous pardonnons toutes choses que nul n'a jamais faites et a laissé passer ce qui n'est pas là (T-30.IV.7:1-5). Une fois que nous avons pardonné, nous constatons que le pardon n'était pas nécessaire ; nous pensions qu'il l'était. Avec le développement de l'esprit de miracle, nous commençons à voir graduellement la vie d'une tout autre façon ; et, ce qui semblait jadis impossible devient la seule façon de vivre.

Le pardon, par contre, est calme, et tranquillement ne fait rien. Il n'offense aucun aspect de la réalité ni ne cherche à la tourner en des apparences qui lui plaisent. Il regarde simplement, attend et ne juge pas.

E-PT II.1.4:1-3

La tranquillité d'esprit est présente lorsque nous abandonnons l'idée de posséder. Laissez tomber le besoin d'avoir raison et concentrez-vous à donner. Seulement à ce moment recevons nous véritablement. Le pardon est le véhicule pour changer notre perception et laisser aller nos peurs, nos condamnations, nos jugements et nos griefs. Penser qu'il y a quelque chose à pardonner signifie rendre l'erreur réelle. Nous enseignons à nos frères et sœurs qu'ils ne peuvent pas nous blesser en ne rendant pas l'erreur réelle.

Le monde a commencé quand nous avons choisi la culpabilité.
Le monde prendra fin quand nous choisirons le pardon.

Dr Kenneth Wapnick (1942-)

Il n'y a rien sur quoi se retenir. Rien !

Chapitre 21

La clé de la gentillesse

Tel nous enseignons, tel nous apprenons

Par conséquent, les enseignants de Dieu sont toute douceur. Ils ont besoin de la force de la douceur, car c'est en elle que la fonction du salut devient facile.

M-4.IV.2:1-2

La puissance des enseignants de Dieu réside dans leur douceur, car ils ont compris que leurs pensées mauvaises ne venaient ni du Fils de Dieu ni de son Créateur.

M-4.IV.2:8

En supprimant les blocages de la conscience de la présence de l'amour, celui-ci, maintenant dégagé, peut s'exprimer plus librement. C'est facile d'aimer quand rien de tout cela ne fait obstacle. En progressant dans le Cours, nous regardons graduellement le monde d'un centre calme.

Ce centre calme, où tu ne fais rien, te restera, t'apportant le repos au milieu de chaque affaire pressante où tu es envoyé. Car de ce centre, il te sera indiqué comment te servir du corps sans péché.

T-18.VII.8:3-5

Dieu nous a fait une place dans Son Esprit qui est la nôtre pour toujours. Alors que l'arrogance disparaît, que la culpabilité et le besoin d'être particulier se dissipent, que la vérité d'Être survient plus rapidement à l'avant-plan, ainsi la patience et la gentillesse grandissent-elles intérieurement.

Quelle est la principale qualité qui nous vient à l'esprit lorsque nous pensons à mère Térésa, à Gandhi, à Martin Luther King Jr ou au dalaï-lama ? N'est-ce pas leur gentillesse ? Jésus dit dans les évangiles : « Le joug que je vous invite à prendre est facile à porter et le fardeau que je vous propose est léger » (Matthieu 11,29-30). Jésus était gentil envers les pauvres, les malades, les enfants, les prostituées, les percepteurs d'impôts, ses accusateurs et envers ceux qui l'avaient jugé et crucifié. Il était gentil envers les soldats qui se tenaient au pied de sa croix et qui le bafouaient et envers les voleurs qui étaient à ses côtés sur une croix.

Saint François d'Assise considérait tout comme son frère et sa sœur, ainsi découle le titre du film sur sa vie en version anglaise *Brother Sun, Sister Moon* (*François et le chemin du soleil* pour la version française). Il n'était pas intéressé par les possessions de ce monde, mais il aimait tout ce qui l'entourait et il se considérait ainsi comme incroyablement riche. Tous les animaux, les arbres et les fleurs étaient des amis pour saint François. Sa gentillesse était à un point tel que lorsque sa robe prit feu, et qu'un de ses frères approcha pour l'éteindre, il a dit : « Non, ne heurte pas mon frère le feu. »

Lorsque la bonté a quitté les gens, même pour un moment, nous commençons à avoir peur d'eux, comme si leur raison les avait quittés.

WILLA CATHER, AUTEURE AMÉRICAINE (1873-1947), DANS *MON ENNEMI MORTEL*

Si nous sommes fâchés, nous sommes insanes – notre *raison* nous a *en effet quittés.* Chaque fois que nous sommes fâchés, contrariés, perturbés, envieux, jaloux ou que nous projetons d'une quelconque façon, nous ne fonctionnons pas à partir de notre esprit juste, et nous utilisons un autre moyen de considérer le monde. Chaque fois que nous ne sommes pas gentils, nous sommes séparés. Lorsque nous sommes gentils, nous sommes un.

La bonté est impossible, si vous croyez en la séparation.
Dr Kenneth Wapnick (1942-)

Quand je célèbre des funérailles et m'entretiens avec les proches avant la célébration funéraire pour rassembler l'information pour un éloge, je constate que la chose la plus positive et puissante qu'une personne puisse dire à propos d'un autre être humain qui est mort ne vise pas la richesse qu'il a accumulée, le nombre de bâtiments qu'il a construits ou le nombre de livres qu'il a écrits ; la chose primordiale, c'est qu'il a été bon : avec les enfants, les animaux, avec tous. Les gestes de bonté, de gentillesse et de générosité sont les meilleures réalisations dans la vie d'une personne. Qu'aimeriez-vous que l'on dise pour votre éloge ? Pouvez-vous imaginer quelque chose de mieux que « Il était bon » ou « Elle était gentille » ? Les moments les plus gratifiants dans la vie sont ceux où nous sommes bons envers quelqu'un d'autre, ou que quelqu'un est bon envers nous. La bonté est tellement grandiose, tellement au-dessus de nous, tellement puissante, qu'elle est plus *grande que la sagesse du sage.* En fait, il est plus sage d'être bon qu'il est bon d'être sage.

La tendance à la bonté est imprégnée profondément dans la nature de l'homme ; à un tel point que si elle n'est pas dirigée vers les hommes, elle se propagera à d'autres créatures vivantes.

FRANCIS BACON, PHILOSOPHE ANGLAIS (1561-1626)

Quand nous dressons un animal, la meilleure manière d'obtenir le comportement recherché est d'utiliser la bonté. Ainsi, il nous fait confiance et il partage volontiers sa vie avec nous. Rien n'est plus doux que l'eau. Mais pour forcer ce qui est dur et inflexible, l'eau n'a pas son égal. L'eau use la roche. De cette façon, le faible vainc le fort et le dur laisse place au gentil. Peu importe à quel point l'âme d'une personne peut *paraître* sombre, quelque part à l'intérieur réside un *Soi réel*, un être doux, bon qui cherche à se libérer.

Lorsqu'un frère se conduit de manière insane, tu ne peux le guérir qu'en percevant la santé d'esprit en lui. Si tu perçois ses erreurs et les acceptes, tu acceptes les tiennes. Si tu veux confier les tiennes au Saint-Esprit, tu dois faire de même avec les siennes.

T-9.III.5:1-3

L'esprit de miracle ne connaît pas la faute ou l'erreur. Il ne la voit pas. Il ne l'amplifie pas, ne l'examine pas ni ne l'étale aux yeux du monde. Percevoir une erreur puis y réagir consiste à la rendre réelle pour nous-mêmes. En cas de doute quant à la bonne réaction dans toute situation, essayez la bonté. Jamais elle n'échouera. La bonté est toujours appropriée, et il est toujours temps de l'utiliser. Culpabiliser, c'est se déclarer coupable. De même, nous ne pouvons pas faire du bien à autrui sans en bénéficier nous-mêmes. Ce que nous voulons pour un frère, nous le recevons.

Accuser, c'est ne pas comprendre.

T-14.V.3:6

Il y a cette merveilleuse histoire dans une prison où il était permis aux hommes du couloir de la mort de posséder des animaux. On donna un chaton à un homme qui avait la réputation d'être dur et cruel. Il aimait son chaton et en prenait soin avec une grande bonté et il disait : « C'est le seul être qui m'ait jamais aimé. » La bonté est facile à prodiguer à nos animaux domestiques parce qu'ils sont si naturellement gentils avec nous. Il y a une blague qui dit : « Si tu veux savoir qui est ton meilleur ami, enferme ta femme et ton chien dans le coffre arrière de l'automobile. Absente-toi durant une heure, reviens, ouvre le coffre arrière de l'automobile et observe lequel des deux est content de te voir. » Comme quelqu'un l'a déjà observé : « Il n'y a aucun psychiatre dans le monde qui soit aussi bon qu'un chiot qui lèche votre visage. »

Lorsque quelqu'un est malade, nous le traitons avec bonté. Quand les personnes sont vieilles et infirmes, nous les traitons avec bonté. Si la bonté est la meilleure façon d'interagir avec les animaux, le simple d'esprit, le sourd, le boiteux, l'aveugle, le vieux et le malade – pourquoi pensons-nous que la colère et l'attaque peuvent être appropriées avec notre famille, nos amis et nos collègues ? Dieu, dans le Cours, est décrit comme « le Faiseur du monde de douceur » (T-25.III.8:1). À l'instar du soleil qui fait fondre la glace, la bonté fait disparaître l'incompréhension, la méfiance et l'hostilité.

La bonté génère la bonté. La bonté bénit le donneur et le receveur. Ceux qui ensoleillent la vie d'autrui ne peuvent pas la limiter qu'à eux-mêmes. On devient gentil en étant gentil. Lorsque nous sommes gentils, nous éprouvons intérieurement une sensation magnifique. Quelque chose à l'intérieur dit : « Voilà ce que je devrais toujours ressentir. » Tout comme il n'y a pas de niveau de difficulté dans les miracles, il n'y a pas de petit geste de bonté. Chaque geste de bonté se répercute à l'infini. Quand nous condamnons les autres, nous nous condamnons ; quand nous jugeons les autres, nous nous jugeons. Dans la vie, une des compensations les plus étonnantes est que nous ne pouvons pas sincèrement aider quelqu'un d'autre sans nous aider nous-mêmes.

La bonté du pardon

Il y a un passage dans *Le Chant de la prière* intitulé « Te pardonner à toi-même » qui parle de la vraie *douceur du pardon* (Ch-2.I.1:4). Plus que quiconque, nous sommes déçus de nous-mêmes ; et, nous n'avons pas été entièrement pardonnés tant que nous ne réussissons pas, en toute bonté, à nous pardonner aussi. C'est une douceur pour nous-mêmes d'entendre la voix de Dieu et d'apprendre Ses simples leçons au lieu d'essayer de rejeter Ses paroles et de substituer les nôtres à la place des Siennes (E-198.5:3). En étant bons envers nous, nous délaissons les lois tyranniques de l'ego et permettons au Saint-Esprit de guider nos vies. La bonté est si simple. Elle n'est pas difficile à pratiquer. Tout comme nous pouvons être doux envers les animaux ou avec les infirmes, nous pouvons être doux avec le client qui a profité de notre générosité, avec le préposé discourtois de la station-service, le chauffeur de taxi irréfléchi, la serveuse pressée. Abraham Joshua Herschel (1907-1972), un rabbin américain né à Varsovie et un des principaux théologiens juifs du XXe siècle a dit : « Quand j'étais jeune, j'admirais les gens intelligents ; en vieillissant, j'admire les gentils. »

La douceur est une langue que le muet parle et que le sourd entend et comprend.

CHRISTIAN NESTLE BOVE

Êtes-vous Jésus ?

Un groupe de vendeurs qui assistaient à une réunion des ventes de Chicago avaient promis à leurs épouses qu'ils seraient de retour à la maison à temps pour le souper du vendredi soir. De fil en aiguille, la réunion se prolongea. Les hommes devaient se hâter pour se rendre à l'aéroport. Comme ils se précipitaient à travers le terminal, ils renversèrent une table sur laquelle il y avait des pommes que vendait une jeune fille. Sans s'arrêter, ils rejoignirent l'avion à temps et embarquèrent, soulagés – tous sauf un. Il s'arrêta, dit au revoir à ses compagnons, et retourna aider la jeune fille. Il remarqua alors qu'elle était aveugle. Le vendeur ramassa les pommes et nota que plusieurs étaient meurtries. Il sortit son portefeuille et dit à la jeune fille :

— Tenez, je vous en prie, acceptez cet argent pour le dommage que nous vous avons causé. J'espère que nous n'avons pas gâté votre journée.

Alors que le vendeur s'éloignait, la jeune fille, perplexe, lui demanda :

— Êtes-vous Jésus ?

Le souvenir de Dieu vient à l'esprit quiet.
Il ne peut venir là où il y a conflit, car un esprit en guerre contre lui-même ne se souvient pas de l'éternelle douceur.

T-23.I.1:1

Peu importe notre confusion — peu importe à quel point nous sommes contrariés et combien nous pensons avoir été maltraités, il y a toujours une issue. Il existe la simple loi de la bonté. On peut lui donner le nom de courtoisie, de charité, de miséricorde, de grâce, d'hospitalité ou de compromis. La clé marquée « bonté » ouvre toutes les portes. L'amour, c'est la maison. La maison est le lieu du cœur. Finalement, le chemin de la destinée nous mène à la Maison. Durant ce voyage, on peut être désorienté — beaucoup de choses nous détournent de notre voie —, mais il est facile de reprendre le bon chemin. Cela ne requiert que l'application de la loi simple du bonheur ; la loi qui stipule que la bonté fonctionne toujours.

Propagez l'amour partout où vous allez.
Ne laissez jamais quelqu'un qui est venu à vous partir sans être mieux et plus heureux. Soyez l'expression vivante de la bonté de Dieu : bonté dans votre figure, bonté dans vos yeux, bonté dans votre sourire, bonté dans votre salutation chaleureuse.

MÈRE TÉRÉSA, SŒUR CATHOLIQUE ALBANAISE (1910-1997)

La sainteté m'a créé saint. L'aide m'a créé capable d'aider. La perfection m'a créé parfait. La bonté m'a créé bon.

E-PI.67.2:3-6

Post-scriptum

Vivre *Un cours en miracles*

Vivre le Cours signifie arriver en un lieu intérieur calme; cela signifie acquérir l'objectivité. Quand nous pardonnons à nous-mêmes, la culpabilité se dissipe et le passé perturbateur disparaît de notre horizon. Notre équilibre ne peut être secoué. Les illusions nous laissent parfaitement inaffectés et non perturbés (T-24.IV.3:3). Quelqu'un fait quelque chose qui est manifestement égocentrique et il ne dérange pas notre tranquillité. Un serveur est discourtois; quelqu'un nous coupe la route, mais notre tranquillité d'esprit demeure constante.

En vivant le Cours, nous apprenons à ne pas « réagir » au monde. Cela ne veut pas dire que nous n'y répondons pas. Cela signifie, toutefois, que je ne lui donne pas de pouvoir sur moi. Sachant que seul « Dieu est » et ayant placé ma foi en Dieu, alors, bien que les tentations se présentent sur notre chemin, bien que les difficultés économiques ou des troubles physiques surviennent, la tranquillité d'esprit demeure. En pratiquant ces principes, les yeux deviennent plus calmes et le front, plus serein; il est plus facile d'avoir une perspective d'ensemble et je ris plus facilement. Maintenant je peux dire : « Comment ai-je pu penser que le jeu de l'ego était réel. » Je vois maintenant clairement la présence de Dieu et de façon plus constante. Laissez Dieu prendre les rênes. Écartez-vous et jouissez du parcours.

Le 9 mai 2001, après que le médecin m'eut dit : « M. Mundy, je dois vous dire que le cancer s'est propagé », j'ai pris mon exemplaire du Cours et lu ce passage de la leçon 189. Il demeurera toujours l'un de mes passages favoris, et je conclurai avec celui-ci.

Fais simplement ceci : Sois calme et
mets de côté toute pensée de ce que tu es et de ce qu'est
Dieu ; tous les concepts que tu as appris au sujet du monde ;
toutes les images que tu as de toi-même. Vide ton esprit de
tout ce qu'il pense être vrai ou faux, ou bien ou mal, de toute
pensée qu'il juge digne, et de toutes les idées dont il a honte.
Ne t'accroche à rien. N'apporte avec toi aucune pensée que le
passé t'a enseignée, ni aucune croyance que tu as jamais
apprise auparavant de quoi que ce soit. Oublie
ce monde, oublie ce cours, et viens les
mains entièrement vides à ton Dieu.

E-189.7:1-5

Ressources

Si vous avez aimé ce livre, vous aimerez peut-être le magazine *Miracles* (Jon Mundy, Ph. D., éditeur, www.miraclesmagazine.org 845-496-9089). On y trouve des précisions sur la vie d'Helen Schucman, de Bill Thetford, et sur l'écriture du cours dans les livres *Absence from Felicity,* du Dr Kenneth Wapnick, *A Course in Miracles: The Lives of Helen Schucman and William Thetford,* du Dr Neal Vahle, *Une brève histoire d'Un cours en miracles,* de Robert Skutch, *The Complete Story of the Course,* du Dr Patrick Miller, *Remembering to Laugh: Personal Reflections of Bill Thetford,* de Carol M. Howe, et dans mon précédent livre, *Missouri Mystic.*

Il y a plusieurs animateurs, organisations, conférences, etc., d'*Un cours en miracles.* On peut facilement avoir accès à davantage d'information simplement en cherchant en ligne.

The Foundation for Inner Peace, www.acim.org
Éditeurs de *A Course in Miracles* et d'*Un cours en miracles*
P.O. Box 598
Mill Valley, CA 94942-0598

The Foundation for *A Course in Miracles*, www.facim.org
41397 Buecking Drive
Temecula, CA 92590-5668
951-296-6261

Miracles Distribution Center, www.miraclecenter.org
Vend des livres ayant trait au Cours et maintient une liste de groupes d'étude du Cours.
3947 E. La Palma Avenue
Anaheim, CA 92807
741-632-9005

The Institute for Personal Religion
Éditeurs du magazine *Miracles*, www.miraclesmagazine.org
P.O. Box 1000
Washingtonville, NY 10992
845-496-9089

Community Miracles Center, www.miracles-course.org
2269 Market Street
San Francisco, CA 94114

One Mind Foundation
ACIM Radio et ACIM Gather, www.acimgather.org
P.O. Box 11
Hastings on Hudson, NY 10706

Miracles Network, www.miracles.org.uk
Flat 12a, Barness Court, 6/8 Westboune Terrace,
London, W2 3UW, United Kingdom

Rocky Mountain Miracles Center, www.miraclescenter.org
1939 S. Monroe Street
Denver, CO 80210

Pathways of Light, www.pathwaysoflight.org
13111 Lax Chapel Road
Kiel, WI 53042,
800-322-7284

The Circle of Atonement, www.circleofa.com
P.O. Box 4238
West Sedona, AZ 86340
928-282-0790

Foundation for the Awakening Mind www.awakening-mind.org
4443 Station Avenue, Rear Building
Cincinnati, OH 45232
513-898-1364 (Peace House)

Course in Miracles Society, www.jcim.net
7602 Pacific Street, Suite 200
Omaha, NE 68114

MiraclesOne Foundation, www.miraclesone.org
Madison, WI

A Center for Inner Peace, www.acenterforinnerpeace.com
P.O. Box 150538
San Rafael, CA 94901
415-382-1888

Love Communications, www.lovecomm.org
P.O. Box 1023
Belleville, MI 48112

St. Louis ACIM Leadership Council, www.acimst louis.org

Open Doors, www.opendoorsclassroom.com

Be the Love, www.bethelove.us

Remerciements

Les Drs Helen Schucman, William Thetford et Kenneth Wapnick m'ont fait connaître *Un cours en miracles* en avril 1975. Depuis, Ken a été un frère rempli de sagesse et un guide dans ma compréhension du Cours. J'ai écrit un article sur Ken en 1991 intitulé « Impeccably on the Path ». Plus de 20 ans plus tard, il est toujours aussi impeccable que jamais. Nous sommes tous redevables à Ken et à sa femme, Gloria, du modèle qu'ils ont établi en vivant *Un cours en miracles.*

Mes remerciements s'adressent également à Judy Whitson, de la Foundation for Inner Peace, pour son amitié indéfectible depuis plus de 40 ans ; c'est Judy qui a suggéré ce projet et qui m'a aidé à créer les liens le rendant possible. Fran Cosentino, mon assistante, a contribué à chaque étape de sa réalisation. Je lui suis reconnaissant pour sa compétence éditoriale, sa diligence et sa patience. J'ai beaucoup apprécié l'aide apportée par trois étudiants/enseignants du *Cours en miracles* : Ken Mallory, Pauline Edward et Jean Weston ont lu entièrement le texte et fait de judicieux commentaires. Et à quatre autres bons amis étudiants/enseignants et compagnons du Cours, Pamela Silberman, Marty Manson, Janet Ladowski et Lorraine Coburn, merci d'avoir lu certains chapitres en entier.

Mon amie Shanti Rica Josephs qui est, depuis 1972, ma pierre angulaire ; celle à qui j'ai pu ouvrir mon âme ; celle qui a toujours la bonne réponse.

Je suis reconnaissant envers mon agent Ivor Whitson, pour les bons conseils qu'il me prodigue toujours avec gentillesse, sa femme, Ronnie, et mes éditeurs de Sterling Publishing, Michael Fragnito et Kate Zimmermann.

Pour terminer, je veux exprimer toute ma gratitude à ma Dolores chérie, pour son amour indéfectible et son dévouement ; le jour où j'ai rencontré Dolores a été le plus beau jour de ma vie.

À propos de l'auteur

Le Dr Jon Mundy est auteur, conférencier et, sous le nom de scène de Dr Baba Jon Mundane, un comédien philosophe humoriste. Il a enseigné la philosophie et la religion à l'université de 1967 à 2009. Il est l'éditeur du magazine *Miracles*, auteur de neuf livres, et ministre principal honoraire d'Interfaith Fellowship de la ville de New York. Il a rencontré la Dre Helen Schucman, l'auteure d'*Un cours en miracles*, en 1973. C'est Helen qui a fait connaître le Cours à Jon et qui lui a servi de conseillère et de guide jusqu'à ce qu'elle tombe malade en 1980.

AdA
éditions

www.ada-inc.com
info@ada-inc.com

www.facebook.com/EditionsAdA

www.twitter.com/EditionsAdA